基督教经典译丛

何光沪 主编
副主编 章雪富 孙毅 游冠辉

Enchiridion
论信望爱

[古罗马] 奥古斯丁 著
许一新 译

Simplified Chinese Copyright © 2009 by SDX Joint Publishing Company. All Rights Reserved.

本作品中文简体版权由生活·读书·新知三联书店所有。未经许可，不得翻印。

图书在版编目（CIP）数据

论信望爱／（古罗马）奥古斯丁著；许一新译．—北京：生活·读书·新知三联书店，2009.8（2023.4 重印）
（基督教经典译丛）
ISBN 978 − 7 − 108 − 03223 − 2

Ⅰ．论…　Ⅱ．①奥…②许…　Ⅲ．基督教 − 教义 − 研究　Ⅳ．B972

中国版本图书馆 CIP 数据核字（2009）第 065445 号

丛书策划	橡树文字工作室
责任编辑	张艳华
封面设计	罗　洪
责任印制	卢　岳
出版发行	生活·讀書·新知 三联书店
	（北京市东城区美术馆东街 22 号）
邮　　编	100010
网　　址	www.sdxjpc.com
经　　销	新华书店
印　　刷	北京隆昌伟业印刷有限公司
版　　次	2009 年 8 月北京第 1 版
	2023 年 4 月北京第 9 次印刷
开　　本	635 毫米 × 965 毫米 1/16　印张 21.5
字　　数	239 千字
印　　数	29,001 − 32,000 册
定　　价	68.00 元

（印装查询：01064002715；邮购查询：01084010542）

基督教经典译丛

总　　序

何光沪

在当今的全球时代,"文明的冲突"会造成文明的毁灭,因为由之引起的无限战争,意味着人类、动物、植物和整个地球的浩劫。而"文明的交流"则带来文明的更新,因为由之导向的文明和谐,意味着各文明自身的新陈代谢、各文明之间的取长补短、全世界文明的和平共处以及全人类文化的繁荣新生。

"文明的交流"最为重要的手段之一,乃是对不同文明或文化的经典之翻译。就中西两大文明而言,从17世纪初以利玛窦（Matteo Ricci）为首的传教士开始把儒家经典译为西文,到19世纪末宗教学创始人、英籍德裔学术大师缪勒（F. M. Müller）编辑出版五十卷《东方圣书集》,包括儒教、道教和佛教等宗教经典在内的中华文明成果,被大量翻译介绍到了西方各国,从徐光启到严复等中国学者、从林乐知（Y. J. Allen）到傅兰雅（John Fryer）等西方学者开始把西方自然科学和社会科学著作译为中文,直到20世纪末叶,商务印书馆、生活·读书·新知三联书店和其他有历史眼光的中国出版社组织翻译西方的哲学、历史、文学和其他学科著作,西方的科学技术和人文社科书籍也被大量翻译介绍到了中国。这些翻译出版活动,不但促进了中学西传和西学东渐的双向"文明交流",而且催化了中华文明的新陈代谢,以及中国社会的现代转型。

清末以来,先进的中国人向西方学习、"取长补短"的历程,经历了两大阶段。第一阶段的主导思想是"师夷长技以制夷",表现为洋务运动之向往"船坚炮利",追求"富国强兵",最多只求学习西方的工业技术和物质文明,结果是以优势的海军败于日本,以军事的失败表现出制度的失败。第二阶段的主导思想是"民主加科学",表现为五四新文化运动之尊崇"德赛二先生",中国社会在几乎一个世纪中不断从革命走向革命之后,到现在仍然需要进行民主政治的建设和科学精神的培养。大体说来,这两大阶段显示出国人对西方文明的认识由十分肤浅到较为深入,有了第一次深化,从物质层面深入到制度层面。

正如观察一支球队,不能光看其体力、技术,还要研究其组织、战略,更要探究其精神、品格。同样地,观察西方文明,不能光看其工业、技术,还要研究其社会、政治,更要探究其精神、灵性。因为任何文明都包含物质、制度和精神三个不可分割的层面,舍其一则不能得其究竟。正由于自觉或不自觉地认识到了这一点,到了20世纪末叶,中国终于有了一些有历史眼光的学者、译者和出版者,开始翻译出版西方文明精神层面的核心——基督教方面的著作,从而开启了对西方文明的认识由较为深入到更加深入的第二次深化,从制度层面深入到精神层面。

与此相关,第一阶段的翻译是以自然科学和技术书籍为主,第二阶段的翻译是以社会科学和人文书籍为主,而第三阶段的翻译,虽然开始不久,但已深入到西方文明的核心,有了一些基督教方面的著作。

实际上,基督教对世界历史和人类社会的影响,绝不止于西方文明。无数历史学家、文化学家、社会学家、艺术史家、科学史家、伦理学家、政治学家和哲学家已经证明,基督教两千年来,从东方走向西方再走向南方,已经极大地影响,甚至改变了人类社会从上古时代沿袭下来的对生命的价值、两性和妇女、博爱和慈善、保健和教育、劳动和经济、科学和学术、自由和正义、法律和政治、文学和艺术等等几乎所有生活领域的观念,从而塑造了今日世界的面貌。这个诞生于亚洲或"东方",传入了欧洲或"西方",再传入亚、非、拉美或"南方"的世界第一大宗教,现在因为信众大部分在发展中国家,被称为"南方宗教"。但是,它本来就不属于任何一"方"——由于今日世界上已经没有一个国家没有其存在,所以它已经不仅仅在宗教意义上,而且是在现实意义上展现了它"普世宗教"的本质。

因此,对基督教经典的翻译,其意义早已不止于"西学"研究或对西方文明研究的需要,而早已在于对世界历史和人类文明了解的需要了。

这里所谓"基督教经典",同结集为"大藏经"的佛教经典和结集为"道藏"的道教经典相类似,是指基督教历代的重要著作或大师名作,而不是指基督徒视为唯一神圣的上帝启示"圣经"。但是,由于基督教历代的重要著作或大师名作汗牛充栋、浩如烟海,绝不可能也没有必要像佛藏道藏那样结集为一套"大丛书",所以,在此所谓"经典译丛",最多只能奢望成为比佛藏道藏的部头小很多很多的一套丛书。

然而,说它的重要性不会"小很多很多",却并非奢望。远的不说,只看看我们的近邻,被称为"翻译大国"的日本和韩国——这两个曾经拜中国文化为师的国家,由于体现为"即时而大量翻译西方著作"的谦虚好学精神,一先一后地在文化上加强新陈代谢、大力吐故纳新,从而迈进了亚洲甚至世界上最先进国家的行列。众所周知,日本在"脱亚入欧"的口号下,韩国在其人口中基督徒比例迅猛增长的情况下,反而比我国更多更好地保存了东方传统或儒家文化的精粹,而且不是仅仅保存在书本里,而是保存在生活中。这一事实,加上海内外华人基督徒保留优秀传统道德的大量事实,都表明基督教与儒家的优秀传统可以相辅相成，这实在值得我们深长思之！

基督教在唐朝贞观九年（公元 635 年）传入中国，唐太宗派宰相房玄龄率宫廷卫队到京城西郊欢迎传教士阿罗本主教，接到皇帝的书房让其翻译圣经，又接到皇宫内室听其传讲教义，"深知正真，特令传授"。三年之后（公元 638 年），太宗又发布诏书说："详其教旨，玄妙无为；观其元宗，生成立要。……济物利人，宜行天下。"换言之，唐太宗经过研究，肯定基督教对社会具有有益的作用，对人生具有积极的意义，遂下令让其在全国传播（他甚至命令有关部门在京城建造教堂，设立神职，颁赐肖像给教堂以示支持）。这无疑显示出这位大政治家超常的见识、智慧和胸襟。一千多年之后，在这个问题上，一位对中国文化和社会贡献极大的翻译家严复，也显示了同样的见识、智慧和胸襟。他在主张发展科学教育、清除"宗教流毒"的同时，指出宗教随社会进步程度而有高低之别，认为基督教对中国民众教化大有好处："教者，随群演之浅深为高下，而常有以扶民性之偏。今假景教大行于此土，其能取吾人之缺点而补苴之，殆无疑义。且吾国小民之众，往往自有生以来，未受一言之德育。一旦有人焉，临以帝天之神，时为耳提而面命，使知人理之要，存于相爱而不欺，此于教化，岂曰小补！"（孟德斯鸠《法意》第十九章十八节译者按语。）另外两位新文化运动的领袖即胡适之和陈独秀，都不是基督徒，而且也批判宗教，但他们又都同时认为，耶稣的人格精神和道德改革对中国社会有益，宜于在中国推广（胡适：《基督教与中国》；陈独秀：《致〈新青年〉读者》）。

当然，我们编辑出版这套译丛，首先是想对我国的"西学"研究、人文学术和宗教学术研究提供资料。鉴于上述理由，我们也希望这项工作对于中西文明的交流有所贡献，还希望通过对西方文明精神认识的深化，对于中国文化的更新和中国社会的进步有所贡献；更希望本着中国传统中谦虚好学、从善如流、生生不已的精神，通过对世界历史和人类文明中基督教精神动力的了解，对于当今道德滑坡严重、精神文化堪忧的现状有所补益。

尽管近年来翻译界出版界已有不少有识之士，在这方面艰辛努力，完成了一些极有意义的工作，泽及后人，令人钦佩。但是，对我们这样一个拥有十几亿人口的千年古国和文化大国来说，已经完成的工作与这么巨大的历史性需要相比，真好比杯水车薪，还是远远不够的。例如，即使以最严格的"经典"标准缩小译介规模，这么一个文化大国，竟然连阿奎那（Thomas Aquinas）举世皆知的千年巨著《神学大全》和加尔文（John Calvin）影响历史的世界经典《基督教要义》，都尚未翻译出版，这无论如何是令人汗颜的。总之，在这方面，国人还有漫长的路要走。

本译丛的翻译出版，就是想以我们这微薄的努力，踏上这漫长的旅程，并与诸多同道一起，参与和推动中华文化更新的大业。

最后，我们应向读者交代一下这套译丛的几点设想。

第一，译丛的选书，兼顾学术性、文化性与可读性。即从神学、哲学、史学、伦理学、宗教学等多学科的学术角度出发，考虑有关经典在社会、历史和文化上的影响，顾及不同职业、不同专业、不同层次的读者需要，选择经典作家的经典作品。

第二，译丛的读者，包括全国从中央到地方的社会科学院和各级各类人文社科研究机构的研究人员，高等学校哲学、宗教、人文、社科院系的学者师生，中央到地方各级统战部门的官员和研究人员，各级党校相关教员和有关课程学员，各级政府宗教事务部门官员和研究人员，以及各宗教的教职人员、一般信众和普通读者。

第三，译丛的内容，涵盖公元1世纪基督教产生至今所有的历史时期。包含古代时期（1—6世纪），中古时期（6—16世纪）和现代时期（16—20世纪）三大部分。三个时期的起讫年代与通常按政治事件划分历史时期的起讫年代略有出入，这是由于思想史自身的某些特征，特别是基督教思想史的发展特征所致。例如，政治史的古代时期与中古时期以西罗马帝国灭亡为界，中古时期与现代时期（或近代时期）以17世纪英国革命为界；但是，基督教教父思想在西罗马帝国灭亡后仍持续了近百年，而英国革命的清教思想渊源则无疑应追溯到16世纪宗教改革。由此而有了本译丛三大部分的时期划分。这种时期划分，也可以从思想史和宗教史的角度，提醒我们注意宗教和思想因素对于世界进程和社会发展的重要作用。

中国人民大学宜园
2008年11月

目　录

中译本导言 1

论信望爱手册：致劳伦修

英译本导读 3
英译编者序言 24
原版本导言 26
正文 27

论向初学者传授教义

英译编者序言 119
正文 121

论信仰与信经

英译本导读 189
英译编者序言 194
美国编者补序 197
正文 199

论信经

给初信预备受洗者的一篇讲道 229

信之功用

英译本导读 …………………………………………… 247
英译编者序言 ………………………………………… 259
正文 …………………………………………………… 260

论信那未见之事

英译本导读 …………………………………………… 303
正文 …………………………………………………… 306

译后记 ………………………………………………… 320

中译本导言

李锦纶

奥古斯丁的这部著作所选的内容均围绕基督教信仰基础这一主题。在这些作品中，数其晚期的作品《论信望爱手册》最为系统；其次写于393年的《论信仰与信经》虽属其早期作品，但作为北非主教会议中发表的讲词，则可视为尼西亚大公会议后北非拉丁教会对正统信仰的告白；《论信经》是一篇以慕道者为对象的讲章，其编排比较松散。另外，《信之功用》与《论信那未见之事》两篇谈及信心问题。基于以上考虑，本文重点阐释《论信望爱手册》，其次略论《论信仰与信经》与《信之功用》要旨，盼能于有限篇幅提供迅速理解奥古斯丁基本理念之视角与洞见。

关键的态度

奥古斯丁在《论信望爱手册》的开始便指出态度的重要性，他引用《约伯记》27：28："敬畏主就是智慧"，以此表明真理不是为提供新奇的信息，乃是让我们可以走在其中的生命之途，以致跟造物主关系正常化而生命获得提升。"敬畏"一词不是敬而远之的意思，相反是敬而近之！因为是值得敬重的对象，所以更加要寻求亲近。不过敬中有畏是在于生命的距离,已经堕落的人类如何面对至圣者?然而通过在基督里的信望爱,这鸿沟便得以跨越。奥古斯丁把修复神人关系的核心焦点对准在基督身上,并断言正统与异端的分别就是在于是否存在以基督为真实的基督;换言之,基督不是一个可有可无的名字,乃是真正能够打通上帝与人生命关系的主宰。奥古斯丁所言信望爱的落实也是在这个前提下讨论的。

创造主与被造界

至于所信的内容,奥古斯丁依循拉丁教会流传的使徒信经内容加以阐释,首先面对的是宇宙存在的议题,他同意柏拉图对于存有等同善的观点,认为凡是存在的东西从本体意义上都是好的。不过跟柏拉图不一样的是他并不认为宇宙是永恒的,相反地,只有上帝是永存的而其他一切都是他所创造的,故此我们看见有两种存在,永恒的创造主与非永恒的被造界,前者是必然而不会改变的,后者是偶然而可能改变的,上帝在其三位而一体中彰显其存在的美善,被造宇宙则以其丰富的多样性在井然有序中反映出来。

被造界既然是可变的,那么就可能因亏损原初被造的完美而产生恶。按奥古斯丁的逻辑,恶并非一种存在的东西,而是从本来美好的存在中变质,他以疾病作为安康的亏损为例说明这个道理。他的思想虽然使用了柏拉图的存有观,但从存有问题的终极性的追寻却又超越了柏拉图的理形世界观念,以三一上帝为一切美善的基础。这背后隐含的位格议题(personhood)使得整个存在议题不再限制于抽象理念中,而是可以与生活结合的,从而跨越了柏拉图分割理形与现实世界的二元本体论。所说的位格议题简言之便是奥古斯丁常常提到的主体意志（volition），意志是位格者能够生发爱的基础，其误用也是被造界堕落的终极原因。

虽然在文中并未提及，不过奥古斯丁以恶为非实体的论述是针对当时盛行于地中海地区的摩尼教而发的回应。从波斯传来的摩尼教认定宇宙善恶二元的观点，以为恶跟善一样都是实有的，源于恶的终极基础。从表面看这样的观点似乎很容易解决为何世界中同时存在善恶的问题，但深一层的反省将发现一个更严重而不能解决的问题，那就是如果宇宙果真是二元对立，那么善恶的斗争便永不停止。因此，奥古斯丁的三一神观实际上是肯定了一个永恒议题的答案——善最终必然得到最后胜利，因为创造并掌管宇宙的永活主宰是一切美善的根源。不过奥古斯丁在此必须回应两个新问题：邪恶是如何在美善的状态中产生？善恶同时存在的世界又如何还算得上是个美善的世界？第一个问题涉及被造界主体意志的误用，第二个问题牵涉宇宙秩序的安排。

第一个问题留待下文分解，在此让我们先看第二个问题的处理。对应于三位一体永恒不变的上帝，在第十章中奥古斯丁说：被造界即便是个别而论都是美好的，但整体而言则更是美好，因为在合成一体中便构成宇宙奇妙之美（在此可能暗示三位一体合一之美，正反映在被造界中合一的和谐）。宇宙即便有恶的发生，但在合宜的秩序安排中便得到解决，让宇宙作为整体而言仍然和谐，这秩序取决于全能上帝的安排，甚至可以利用恶而产生善的结果。沿着奥古斯丁的本体论思维，如果恶只是善的亏损，那么上帝作为美善的源头当然有能力弥补任何的缺欠，这弥补便落实在上帝对于罪恶的审判与罪人的救赎上。

何为邪恶

什么是邪恶？一切不真的都是恶的。奥古斯丁以存有为美善作为出发点，认定美善只有从真实而来，因此任何虚假和欺骗都是因真实的缺欠而成为恶。他举了一个蛮有说服力的例子，就是欺骗他人的骗子也不愿意自己被欺骗，这从人的本性行为说明了虚假是反理性的。而以为可以靠着虚假欺骗的人正是在自我欺骗，受伤害最重的是自己而不是被骗的他人。虚假并不因为导致害人的结果才是邪恶，即便为了救人而撒谎仍然是恶的，虽然人被救是好事，但是仍然没有改变撒谎为恶的事实。因此，后果的好坏并不能改变所用手段的正当性，这是基本的道德原则，显然奥古斯丁不能赞同今天所谓的处境伦理。

从认知的角度避免虚假的祸害，我们应尽量排除任何因为不真实的表象所导致的错误，但是又不可能以系统性的怀疑作为面对所有事情的态度。奥古斯丁针对当时的怀疑主义者指出这样的生活态度是不合理的，甚至是自相矛盾的，因为当我们怀疑所有事情的时候，也必将怀疑自我的存在。但当如此怀疑时，便肯定了我这怀疑者是存在的，不然连怀疑也不能产生，所以当怀疑自身存在之时，我便肯定了我的存在，奥古斯丁提出的 *si fallor sum*① 已经预告了一千多年后笛卡儿的"我思故我在"。

意志的扭曲是从完美的亏缺所引申出来的问题，正如之前奥古斯丁所举的例子，疾病是安康完美状态的亏缺，在被创造时天使和人类本来美善的意志，也因着亏缺其完美而扭曲，产生了两个相关结果，对于应有的责任产生无知，对伤害的事情产生欲望。他解释人的恐惧来自当面对错误与痛苦时理性的萎缩，奥古斯丁似乎预设了在亏缺中的空洞化状态，其理性再也没有内在的支撑力量，缺乏了在堕落前创

---

① 《教义手册》20；比较清楚的表达见《上帝之城》XI.26。

造主生命的支撑。这种情况进一步影响心灵的渴望变质，不再能分辨好与坏的东西，反而乐意追逐有害之事并从中寻求快乐，邪情私欲反映了被造完美本性的变异。

堕落与原罪

奥古斯丁认为在上帝的创造中，只有天使和人类是有理性的，因此也只有他们是可能犯罪的，天使与人的堕落都同样由于误用了被造的自由意志。所不同的是，人类犯罪是在经历魔鬼试探中同意背叛上帝而堕落，天使犯罪则不是因着试探而是骄傲的结果。另一相异之处是人类有身体，始祖犯罪对于后代产生的变异性影响牵涉原罪的议题。奥古斯丁对天使与人类在堕落中作了一个比较：天使堕落后上帝仍继续给予他们生存的能力；而在始祖犯罪后，上帝也让人类的后代繁衍，却继续着堕落的结果。天使因为没有繁衍的可能，其堕落也就限于自身，但人类的后裔则因亚当的犯罪而身受牵连，让全人类陷入无奈的困境中，人一出生在世便无法脱离罪，也不能依靠自己的行为自救，因为根本不能产生真实使自己得救的好行为。在原罪中人的意志已经扭曲，其意志的自由也只有犯罪的自由。

奥古斯丁对意志特别重视，真正定义一个作为主体的人其核心就是意志。换言之，意志的自由有一种终极性，意志只能从内在于主体自身的"抉择自由"来解释，因为既然是自由，所以理应没有外在因素使然的必然性，不过我们仍可说某人的性格也许决定他的抉择偏向，构成在性格特质范围内的自由。故此，只有犯罪的自由这变异其实反映了主体本质性的变异。人的解放所必须要求的是可以扭转这变异的能力，亦即恩典的力量。

恩典的力量

恩典的能力得以落实在个人身上包括两个方面，客观的实际是基督为人类的罪代赎的功效，主体的实际是人通过信心接受这代赎的果效可以落实于自身。基督的救赎固然不是人的作为，连信心的部分也是上帝恩典的作用。奥古斯丁认为人在罪中无法自己产生信靠上帝的心，除非上帝已经暗中在人心里开始准备的工夫，这预备的恩典是要让不愿意的心灵成为愿意。

至于基督的代赎又为何产生扭转已经变异的人性的功效，奥古斯丁回到尼西亚大公会议的结论，因为基督为童贞女马利亚所生，有灵魂与身体的完全人，①所以可以替代人类，又因为作为上帝的独生子他是完全的神，因此有能力承担所有人类的罪，并恢复人与上帝的关系。道成为肉身的意义便是永恒的上帝独生子在其主体位格内，透过童女怀孕取了人性。代赎的有效性压根儿是基于罪人与基督的认同，罪人受洗归入基督的名下，便是与基督产生身份的联合，好比夫妻在婚约的共同身份关系中，不但彼此相属，在法律上也产生了责任连带关系。同理，当有罪的人归入基督，生命的联合便产生命运的联合，无罪的基督所付上赎罪的代价，让人的罪得以赦免。

救赎不单涉及法律逻辑，还有更核心的实际改变现状的能力。奥古斯丁偶尔把恩典与上帝的圣灵画上等号，这是非常值得注意的。在基督出生（与复活）的事情上，都是借着圣灵的能力做成的，马利亚从圣灵感孕而基督生出（generation）与罪人重获新生或重生（regenera-

---

① 奥古斯丁以身体和灵魂定义基督的人性似乎是倾向于安提阿学派的"道—人"基督论，参见《论信望爱手册》35、40。

tion）有着重要的关联意义，两者皆牵涉新事（生命）的发生，在基督而言是永恒的上帝独生子成为人，对人而言则是从堕落扭曲的生命转变为有新力量的生命。两者的关联不只是象征性的，更是赋予生命的圣灵的作为。

圣灵给予人的新生力量，见于胜过罪恶的能力，在堕落中的人类有不能不犯罪的"自由"，而获得新生的人虽然仍然可能犯罪，但可以有不犯罪的自由。不过对于已获新生的人的更大盼望是得到不能犯罪的自由，这是将来身体复活的境地。整全的人不能与身体分家，身体复活是新生命彰显的最终阶段，是罪恶扭曲的破坏完全得以逆转，这并非人自己的力量可以达成，乃是上帝恩典的圣灵在人身上所做的工，但都是在基督里面做成的，因为基督已经从死里复活，突破了死亡的权势，为圣灵打开了工作的管道。

预定与祷告

"预定"是奥古斯丁思想中最不容易明白的题目之一，他在《论信望爱手册》中也以一定的篇幅讨论这问题。他把预定安排在上帝全能的恩典中讨论，一方面如上所述是上帝的恩典致使罪人得蒙拯救，但同时是在预定中彰显了上帝的全能，换言之，施恩的对象是上帝自由的选择。这个结论不光是对于上帝全能的前设所致，也同时是因为看见只有有限的人得救的事实，前后合并便得出有限救恩的论点，而从上帝旨意的角度出发，便是上帝不可抗拒的恩典的说法。在此我们了解奥古斯丁是尝试从结果整体的视角来解释问题，或者说是把重点放在最终结果上进行神学讨论。

不过在《论信望爱手册》当中，我们看见他也尝试从教牧辅导角度来讨论预定，就是祷告在上帝拣选过程中的意义，虽然上帝在最后实际上而言并没有拣选所有人得救，但是我们却应当向他祈求他的旨意让我们得救 (ideo sit rogandus ut velit)。奥古斯丁指出此祷告行动的关键性乃在于上帝以怜悯回应"谦卑"祷告他的人，给予他们荣耀的救恩。不是说人的谦卑可以迫使上帝拯救我们，而是上帝的恩典愿意拣选谦卑的人，故此在上帝全能的恩典中包含俯就谦卑的人的爱与怜悯的原则。奥古斯丁所提供的这一角度看预定问题，显得十分重要，因为从上帝旨意与人的祷告的互动中看见预定问题的动态一面，超越了平常我们印象中柏拉图式的静态框架，或者说，在奥古斯丁提出的静态结果中其实隐含着动态的内容，也就是上帝与人之间作为位格主与被造的位格者的互动的实际。

奥古斯丁提出上帝全能恩典的另一面，则牵涉对于拒绝上帝的人的审判问题。他的意思是全人类在罪中本来在上帝的审判底下，人对于上帝的拒绝只是落实了上帝原本向罪人定罪的旨意。因此，不论是上帝拣选谦卑的人以致他们得救，或是不拣选拒绝的人以致他们被定罪，从结果上都是上帝全能旨意的落实。所以也许我们可以从这个角度对奥古斯丁提出上帝不能抗拒的恩典有进一步的理解，就是恩典对于谦虚相信的人而言是得救的大能，对于心灵刚硬拒绝上帝的人是定罪的依据，无论如何上帝的旨意对不同的人都得以落实。当然，这里又再次牵涉上帝与人的互动，上帝在呼召人的时候是主动的，正如彼得的悔改先有耶稣对他最后一瞥（路加福音22：61）；而所谓亵渎圣灵不得赦免的罪便是人对救恩持续的拒绝，因此不能得救。

论信仰与信经

奥古斯丁在《论信仰与信经》中主要依循《使徒信经》的内容作

解释，特别针对处理三位一体的圣父与圣子的同等关系，以及圣灵的身份问题。要确立圣子的神性与父同等，首先肯定圣子并非被父创造的，所以不是被造界的一分子。相反，一切万物是借着称为道的圣子而造成。如果不是创造与被造的关系，父与子便是"生与被生"的本质性关联，分受着同一生命本质，奥古斯丁特别引用尼西亚信经的句子："从上帝而出的上帝，从真光发出的真光。"①为成全救赎，通过马利亚怀孕圣子成为肉身的人，但却没有罪或受肉身带来的任何污染，完全的神性与人性让道成肉身的圣子可以成为圣父与人类之间救赎的桥梁。圣子死而复活、升天、再来审判世界都是表明其神性的身份取了人性的结果，得以让上帝的国度最终落实在人间。

圣灵的身份相对于圣子而言是较晚才得到理清，一方面圣灵不是圣父，但也不是圣子，也不能说是第二位圣子（因为没有生与被生的关系），奥古斯丁把圣灵跟父与子之间的爱关联起来，认为圣灵是联结圣父与圣子的一位。奥古斯丁引用《罗马书》11：36 来说明父、子、圣灵的特性与关系："因为万有都是本于他，藉着他，归于他之内。"本于他所指是圣父，借着他是指圣子中保（Mediator），归于他之内则指联结一切的圣灵。因此圣父的自存不因为另外的原因而自存，圣子却是因为圣父所生而永存，圣灵便是从父而出又联结父和子的。

信之功用

奥古斯丁在《信之功用》中最重要的贡献，是指出了怀疑主义的不切实际，人不可能每样事情都有把握得到绝对确定的知识，在生活中人际的相处便必须有彼此信任，因为我们无法完全透视对方心灵深

---

① 《论信仰与信经》4 章 6 节。

处的实际。奥古斯丁举了一个例子，如果按照怀疑主义的态度，小孩子也无法相信他们最亲密关系的父母亲，因为谁晓得他们真正是自己的父母呢？其实我们都是因为相信权威，相信父亲是因着母亲的权威，相信母亲因为助产士的权威。严格说，凡事都必须怀疑的人必将生活在恐慌当中。这是十分深刻的观察，反过来说，只有在有爱的环境中才能产生信任。

同样的道理也可以延伸至信仰，信仰上帝也是因为大公教会的权威，奥古斯丁特别重视教会的大公性，因为这代表了一种从普遍性而来的可信性（credibility by universality），虽然我们不能以眼睛看见上帝，但是借着遍布世界各地的历代圣徒的真实见证，这权威便有了牢靠的根基。不过奥古斯丁并非否定理性的重要，他乃是提出理性得以正常运用不是从怀疑的拒绝态度开始，而是由谦虚愿意寻求真理的心开始，安瑟伦的至理名言"我相信以至我明白"（*Credo ut intellegam*）由奥古斯丁首先提出。人看不见真理与所持的态度有密切关系，这态度又反映着人自身被罪恶蒙蔽的心灵状态，以至即便神迹在眼前发生，也只会产生惊奇，却不能带来医治。惊奇是旁观者的回应，得医治是信心的功用。

虽然活在一千五百多年前，奥古斯丁的思想却极具现代性，他不单预告笛卡儿的立场，从对怀疑主义的批判中也回应着启蒙运动的思维态度，他提出信心与权威的重要性的前提是我们活在一个上帝创造的有情宇宙世界，而大公教会却是这个事实的见证。虽然堕落的人类及产生的各样败坏似乎掩盖了这个实际，但奥古斯丁对我们的信息仍然是：信心的眼睛看见真理！

论信望爱手册
致劳伦修

英译本导读

至高上帝的恩典是奥古斯丁全部著作的总纲。奥古斯丁所谓"上帝的恩典"的涵义是,上帝出于爱而非出于任何外在需要或控制的自主行动。上帝的一切作为——他的创造、审判、救赎、将自己的儿子赐给人类作中保和救赎者、赐教会以圣灵的能力与引导,以及为一切被造的设定结局——均属在此意义上的行动。上帝的恩典是上帝白白赐下的爱与恩宠。这恩典使人的灵魂觉醒,能知罪悔改,能信上帝,能赞美他。恩典使人的意志改变,能够行善。靠着赦免并赐盼望,上帝的恩典解除人的宗教焦虑。恩典荡涤人类的骄傲,使基督徒变得谦卑。上帝的恩典化作道成肉身的耶稣基督,并在教会中以圣灵的方式依然临在于世。奥古斯丁主要的关注是,人类通过上帝救赎的爱这一充满恩典的作为,从自己无望的苦境中得救。作者主要致力于对此的理解和诠释。若要认识西方文明,奥古斯丁是极少数不容忽视的人物之一。

奥古斯丁于公元387年复活节期间受浸成为基督徒,为他施洗的是米兰主教安布罗斯(Ambrose at Milan)。此后不久,他的母亲莫尼卡在返回非洲途中于奥斯蒂亚(Ostia)去世。一年后,他回到罗马帝国治下的非洲，住在家乡塔加斯蒂（Tagaste）的一座修道院里。于391年被按立为近海小城希波的教会长老。395年，在此地任年迈的瓦列留斯（Valerius）主教的副职，次年继任主教正职。

《论信望爱手册》是论述上帝恩典的短篇论文，代表了奥古斯丁全然成熟了的神学思想。在421年间，一位基督教平信徒劳伦修向奥古斯丁索文，前者是罗马护民官杜尔希修（Dulcitius）的兄弟，作者曾于423—425年间为他写下《答杜尔希修八问》（De Octo Dulcitii Quaestionibus）。劳伦修盼望获得一本袖珍手册（enchiridion），以概述基督教的基本教义。作者评论说，对基督教信仰最简短而完整的归纳就是：人类应在信、望、爱中敬拜上帝。他接着承认这一解答未免过于简略，因此将此扩展为一篇论述。《论信望爱手册》系奥古斯丁最重要的著作之一，因为它是这位西方教会神学导师有意识地站在"最后阵地"上，为基督教真理所作的见证。

作者选择《使徒信经》和"主祷文"为本书的框架。论文的开头部分阐述了上帝创造的作为。他将次等重要的自然知识与头等重要的关于自然之创造者的知识加以清楚地区分。但受造界置身于罪与恶的阴影之下，奥古斯丁在此处重申了他关于"恶是善之亏缺"的教义。他进而用较长的篇幅对谬误、谎言进行阐述，尤其列举了恶的实例。他继而再次谈到，堕落的人类处于无望的境地，上帝对此作出的反应就是在中保和救赎者耶稣基督的降世为人中白白赐人以恩典。从上帝恩典之赐予的问题引发出关于洗礼、称义、圣灵和教会的论述。奥古斯丁阐明了救赎之恩所带来的益处，并比较了信与善行在罪人赦免中的地位。但救赎预示着死人复活。接着，作者探讨了永恒生命的性状与模式，他又谈到恶人的结局以及预定论的奥秘问题。他在上帝对下地狱者的无情审判问题上发表了极为严厉的观点。论述过基督徒的信与望之后，奥古斯丁在本书结尾部分简要地表明，基督式的爱这一善德是基督徒生命的核心所在。

奥古斯丁从来不是一个盲目的信仰主义者，即便是在面对奥秘的问题时，他也对人类理性有限而实在的能力表现出信心，竭力追求论述的清晰度，使其易懂。①

本书系循《使徒信经》的顺序写成：上帝——天地的创造者；基督——上帝的独生子，人类的中保；圣灵——使信徒成圣。

《论信望爱手册》的概要如下（文内括号中的数字表示原文的章节序号）：

一切智慧均来自于上帝。人类真正的智慧就是敬虔（*Homines sapientia pietas est*）。由此引出本书的主题——人类当以信、望、爱敬拜上帝。(1—3) 人类的理性要捍卫的是信、望、爱以及**自然的真理**（natural truths）。有些事人类既不能以感官体验，也不能以心智测透。

有些真理是上帝启示给人类的，人们只能依据圣经作者的见证来相信这些真理。此处可见公教对于信仰的理解以及基督教教义就"自然的真理"与"启示的真理"之学术区分。在奥古斯丁看来，圣经是"具有至高规范性的、唯一绝对可靠的权威"。(Seeberg 1954, 358)

"人类以信心为起点，因眼见而得完全。"奥古斯丁此言的涵义是，在此生我们从信开始，在未来天上的生活中则无须再信，因为到那时一切就全明白了，因此是在眼见中得完全（哥林多前书 13:12）。基督教信仰的根基是基督。(4、5)

---

① 参阅 St. Augustine, *Confessions*, *introduction*, Albert C. Outler 的新译本（University Dallas, Texas 出版）。

神学家们一向赞本书为"地道的奥古斯丁主义袖珍本"。参阅 Portalie Eugene, S. J., *A Guide to the Thought of Saint Augustine*（译者为 Ralph J. Bastian, S. J., Greenwood Press, Publishers, Westport 1975 年版，p. 64）。

我们手中有《使徒信经》和"主祷文"。"信是信上帝，望和爱是向上帝祷告。"若没有信，便没有望或爱，因此信也是祷告。(6、7)

信心是好的，但它既可以相信好事，也可以相信坏事。信心所涉及的事有过去的、现在的，还有将来的。比如说，我们相信基督在过去死了，现在坐在上帝的右边，将来他要再来，审判死人、活人。望的对象只是好的，且是发生在将来的事。我们无法看见自己相信或盼望中的事。若没有爱，信便没有益处，而且也没有盼望。(8) 哈纳克 (Harnack) 就此归纳道："信则一切皆明，信因爱而有效，信则赢得盼望。"(Harnack 1965, 143)

基督徒相信，一切被造之物——无论是天上的、地上的，可见的、不可见的——其存在的唯一根由就是真神上帝造物主的恩慈。上帝是三而为一的真神——也就是"圣父，父的独生子，以及由父而来同为圣父、圣子之灵的圣灵"。是这至善、同善、恒善的三一真神创造了宇宙万物。(9、10) ①

全能上帝是至善的。他不允许自己的创造中存在任何恶。恶的本质是善之缺失或亏缺 (*privatio boni*)。疾患是健康之缺失。当人康复的时候，疾患并不是另谋他途，而是不复存在。同理，当我们灵魂的诸恶得到医治时，那恶便不复存在，而不可能是去往他处。凡被造的都是好的，但并非至善或恒善的。被造之物的善可以消长。任何存在物都

---

① 在奥古斯丁看来，"上帝的三个位格之外并无神性存在。"参阅 Clark, Mary T. 所著 "De Trinitate"，见于 *The Cambridge Companion to Augustine* (编者 Eleonore Stump 和 Norman Kretzmann, Cambridge University Press, Cambridge 2001 年版，pp. 91 – 102)。另见 Clark, Mary T. 所著 *RSCI, Augustine*, (Geoffrey Chapman, A Cassell imprint, London 1996 年版，pp. 65 – 72, "创造"条 pp. 34 – 41)。

奥古斯丁认为，上帝从无而造出万有。见 Knuuttila, Simo 所著 "Time and Creation in Augustine"，见于 *The Cambridge Companion to Augustine*, pp. 103 – 115。另见 Portalie Eugene, S. J. 所著 *A Guide to the Thought of Saint Augustine*, p. 136。

是可败坏的，但不是完全地败坏。若完全败坏，那存在物便不复存在。换言之，对使存在物存在之善的损坏便是对存在物自身的损坏。这意味着，所有存在物都是好的。作者写道："若存在被败坏完全耗尽，那么败坏本身自然也不复存在，因为它已无可依存。"在奥古斯丁看来，人们可以说，存的主要特性就是善。(11、12)

奥古斯丁进一步探讨善与恶。恶总是依存于善。上帝没有恶，他的善是完全的善。所有存在物只要存在便是好的。含有恶的善是有缺陷或不完美的善。有缺陷的存在是带有恶的存在。就存在本身而言，它是善的，于是，善的才是恶的。只有善才能成为恶。人是善的，因为人是一存在。恶人是一个恶的善。作者写道："人是善的，因为他是人，又是恶的，因为他有了恶。"他还说："每个存在，就其存在而言都是善的，就其缺欠而言则是恶的。"(13)

塞贝尔（Seeberg）就此评论道："恶是存在之缺乏，它以善为先决条件并意味着善之存在。'除非有善，恶便无以生存。'"（Seeberg, 1954, 358）这似乎意味着，最大的恶事就是善从其中衰减到最小程度，但仍有善遗存的事物。这遗存的善是存在所必需的。这意味着，使恶存在之特性是善而恶其余的本质则是亏缺，从而成为恶。没有善，恶则无法生存；而没有恶，善却可以生存。败坏是对善的损害，唯其是善才能被败坏。恶由善而生。若不是在善的事物中，恶就无法存在。(14) ①

人的天性是好的，从中"既可生出善的，也可生出恶的意志"。恶

---

① 塞贝尔（Seeberg）认为，不能从奥古斯丁的文字中推衍出所谓"万物被造都是善的，即便是恶也适存于其和谐之中"（Seeberg, p. 358），即恶与陈它以外的世界相容的思想。相反，作者认为善之亏缺（即恶）与它以外的世界是相对立的。只有恶寓于其中的存在是善的（Only the existence of evil is good），但恶的本质是善之缺乏，而善之缺乏则是与善相矛盾。另请参阅 Mann, William E. 所著"Augustine on Evil and Original Sin", *The Cambridge Companion to Augustine*, pp. 40–48。

的意志出自于天使或人的善良天性。恶的意志无法生出善行来。(15)

作为基督徒,人无须知晓宇宙的总规律,却应了解善、恶的由来,以避免犯错或招致烦恼。人的目的是达到幸福的境界而避免谬误与烦恼。(16)

谬误的本质是信假为真。假如"知道"某些事物是有害的,则"无知"远胜于"有知"。说谎者不是出错,因为他知道真相如何,却掩盖真相,他以为说谎于己无害。"罪对犯罪者本身的危害更甚于对他犯罪的对象。"(17)

凡谎言都是罪。说谎为帮助他人,虽掩盖了真相却应得到原谅,其罪的性质较说谎而伤人者轻。将假的信以为真而说出来,这不是说谎。所言虽是真,说话者自己却相信所言是假,就其有意而言则是在说谎。说话者的动机是决定性的。说谎的本质是心里所想与口中所言相违。蒙蔽者较受蒙蔽者其恶尤甚。作者说,一个例外情形是,"在无关宗教的事上说谎比在按正意敬拜上帝的根本知识与信念上误导人其情节要轻"。(18、22)

谬误因其造成恶果之大小而有所不同。谬误即是恶。(19)

谬误并非都是罪。我们只有相信某些真理,才能获得快乐的人生和永生。(20) ①

有些谬误不影响我们对上帝的信仰,这种谬误不都是罪,但依然

---

① 奥古斯丁不敢肯定是否应与那些不知前面有永生的人及甚至不知自己当下是否活着的人辩论。他说:"人不知自己是否活着,这是不可能的……'不知'本身也只是说明此人活着。""这些人以为不承认自己活着便可以避免谬误,而即便他们的谬误也证明他们活着,因为若不是活着,人便不会犯错。"

笛卡儿 (Rene Descartes, 1596–1650) 后来以其"我思故我在"(Cogito ergo sum.) 的名言阐明了怀疑论者提出的问题,它反映出"思"是明知"我"之存在的。奥古斯丁是西方传统中第一位从主体观点阐发了自己思想的 (develop his thought from a first-person of point of view) 重要哲学家。见 The Cambridge Companion to Augustine 中 "Descartes and Augustine, Matthews, Gareth, Post-medieval Augustinianism" 等内容 (pp. 267–279, 267–270)。

是"今生之恶 (mala)"。(21)

凡谎言都是罪。有时,人说谎是为他人着想。这种欺骗应受原谅,因其善良动机值得赞赏。(22) 总之,奥古斯丁强调说,一切善的唯一根源是上帝之良善;一切恶的根源是"对创造者之恒善的偏离",先是一天使,后是人类。(23)

奥古斯丁对恶也有其心理层面的解释,即情欲与忽视责任所带来的导致惧怕的谬误与痛苦。当人心达到贪求的目标时,人便误入歧途,不能明白错误的真实性质,或得到的是愚妄的快乐。人类一切的痛苦都源自这一恶的源头。(24)

人虽已陷入恶,却渴望幸福,对祝福的热望 (appetitus beatitudinis) 并没有失去。死亡是对人的一个特别刑罚。上帝曾警告人类,若犯罪就必定死。尽管如此,上帝仍将自由意志留给了人类,只要求人类顺服他。他把人类安置在伊甸园的幸福之中。如果人类能在那里保持自己的义,便可以从那里升至更美好的去处。(25)

亚当的所有后裔都是从情欲或色欲而生,因而都带有原罪。针对这罪的刑罚则是死。当初是女人诱使亚当犯罪,因此与亚当一起被定了罪。他们受的刑罚与那堕落天使的相同,后者是人类的"败坏者兼主子"。(26) ①

人类被定罪,处于上帝的义怒之下。造物主出于仁慈,仍赋予罪恶天使以生命,并眷顾着人类。上帝"断定,从恶中引发出善,胜于不允许任何恶的存在"。假如上帝只有公义而没有怜悯,他早就被滥用自由意志而抗拒他的人类以罪有应得的永刑惩罚了。上帝所赐予人的不

---

① 关于奥古斯丁的天使论,见 Portalie Eugene, S. J. 所著 *A Guide to the Thought of Saint Augustine*, pp. 143–145。

配得的怜悯在不配的对象的对比之下闪耀出更加夺目的光彩。(27) ①

悖逆上帝的天使被逐出天庭，落入了最深的黑暗。其他仍与上帝同在的天使则生活在"恒久不变的纯洁与福乐之中"。这些天使顺服了上帝，从而避免了堕落犯罪的可能性。(28)

上帝必然要挽救一部分堕落了的人类，让他们填补因堕落而被逐出天庭的天使所留下的空缺。到复活的时候，圣徒将要变得和上帝的天使一样。唯有上帝知道那天上的耶路撒冷，即上帝之城里将有多少公民。(29)

人得救不是因为自己的善行。借用自由意志而行恶败坏了自由意志和人类自己。人在用自己的自由意志犯罪时，其意志的自由便丧失了，成为罪的奴仆，只有犯罪的自由。他们在离罪之前没有行义的自由。而离罪之后他成为义的奴仆。奥古斯丁写道："这才是真正的自由，因为他乐意行善；同时也是圣洁的奴仆，因为他甘愿遵从上帝的旨意。"行善的自由来自那位救赎主，上帝的独生子，是他使我们得自由。**人得救是本乎恩，也因着信。**(30)

信是上帝所赐的礼物。信自然会有善行相随。(31) 自由意志也是上帝所赐。他使人的意志成为正直的，并借此预备人的意志去接受上帝的帮助，然后他帮助人的意志。上帝的怜悯使人的不愿意成为愿意。②

---

① 塞贝尔指出，奥古斯丁强调恩慈的上帝没有让人类沦于自己应得的下场，从奥古斯丁的时代起，这成为基督教教义中规范化的理念。见 Seeberg 1954, 359。

② 哈纳克（Harnack）下结论说："上帝将人变成新造的人（nova creatura）之后，人就自由了，由此生出意志的行动及成就。上帝的恩典使人的意志成为良善（misericordia praeveniens）并扶助它（misericordia subsequens）。"见 Harnack 1965, 147. 32。施通普（Stump）批评这种认为上帝是人类意志的最终操控者的观点说，"除非奥古斯丁愿意承认上帝赐恩典是对人类身上某种东西的反应——即令这东西不好或不配得恩典——我不知他如何免咎于神学上的决定论及其一切不幸后果。"见 Stump, Eleonore 所著"Augustine on Free Will", in *The Cambridge Companion to Augustine*, pp. 124–147, 142。关于奥古斯丁的恩典教义，请参阅 Portalie Eugene, S. J. 所著 *A Guide to the Thought of Saint Augustine*, pp. 190–229。

由于人类带有原罪，因此本质上是"可怒之子"。除原罪之外，人且有实际所犯的本罪。正因如此，人需要一位中保，一位说和者（reconciliator）。这位中保用他独特而一次性的牺牲来平息上帝的义怒（justa vindicta）。通过这位中保，我们与上帝和好了，并受了圣灵，"因而我们从上帝的仇敌变成他的儿子，这是上帝借我们的主耶稣基督赐下的恩典"。上帝之义怒不像人发怒时那样内心躁动不安，它是对罪出于公义的反感。(33)

　　那位中保就是成为肉身的"道"。他是由童贞女马利亚所生。除了罪之外，它拥有人类的一切特性。那"道"由童贞女马利亚而获得完全的人性。"道成肉身"不是靠母亲的情欲（libido matris）怀胎，而是靠着信，因此不带有罪。那母亲生出耶稣后仍是童贞女。(34) 奥氏的基督论教导说，上帝的独生子耶稣基督的身份含有两个性质，即神性与人性。作为"道"，他与父同等，而作为人，他又低于父。基督既是没有起始点的上帝，也是有起始点的人。(35) ①

　　基督满有恩典。恩典使他没有犯罪的可能。他本是从父那里来的独生子。他担当我们的人性是出于恩典。(36) 圣灵是上帝的恩赐，他与上帝同等。耶稣是从圣灵和童贞女马利亚而生。是圣灵使马利亚受孕。(37) "圣灵并非作为基督的父亲而生他，不像童贞女马利亚作为他的母亲而生他那样。"(38、39)

　　基督从圣灵而生向人类彰显出上帝的恩典。(40) 基督的受孕、出生毫无肉体情欲的参与，因此他不带有任何原罪，也没有本罪。尽管如此，他被称为罪、牺牲，以洗净人的罪。借着他的牺牲，我们得与上

---

① 关于奥古斯丁的基督论，参阅 Portalie Eugene, S. J. 所著 A Guide to the Thought of Saint Augustine，pp. 152－176。

帝和好。正如我们被当作义那样，耶稣基督被当作罪。这义不是我们自己的，而是上帝的义，它不是我们里面的义，而是上帝里面的义。[这与路德所强调的"外来之义"（*justitia aliena*）的观念相近。] 耶稣被当做罪，那是我们的罪，而不是他自己的罪。他以罪身的形状被钉十字架，他又以复活预表了我们"出死入生"的新生命。(41) 基督作为赎罪祭替我们的罪而死，又作为他赐我们新生命之明证而复活。我们的洗礼所体现的便是这一含义。所有信徒都需要受洗。在洗礼中，我们向着罪而死，又借重生之洗而活。对于婴儿来说，洗礼只是向着原罪而死，年长的人在受洗的同时还向着自己有生以来所犯的罪而死。(42、43) 亚当的原罪包括有多种罪。洗礼的目的是赦免诸多的罪。(44、45) 孩童可能不仅在始祖的罪中有份，也在自己父母的罪中有份。每个人都需要重生以摆脱与生俱来的罪。洗礼本质上是救人脱离与生俱来的罪。人后来（如受洗之后）所犯的罪可借悔改得医治。(46)

奥古斯丁不能断定人其他前辈的罪是否也归在人身上。(47) 唯有耶稣基督降生后无需重生。人类始祖的罪过极重，以至非借着降世为人的上帝与人的中保耶稣基督则不能得赦免。(48) ①

奥古斯丁诠释了施洗约翰的工作。耶稣和其他人都没有因约翰的洗礼重生，那洗礼只是预备人们信基督并借圣灵重生。天父上帝在耶稣受洗后说"我今日生你"，是指永恒的"今日"而言。耶稣受约翰的洗以彰显他的谦卑，而不是为洗净自己的罪，因他本无罪。耶稣被交给死亡，不是因罪而受刑罚，而是为了以此除去世上的罪。(49)

基督除去了人类始祖所导致的原罪。仅因这原罪就可以将我们

---

① 塞贝尔就此解释道："原罪作为万罪之根只有借唯一的中保——即成为人的耶稣——才能除去并销毁。"见 Seeberg 1954, 360。

定罪,除此之外人还有自己所犯的罪,基督将这些罪也一并除去了。(50)但凡人类都是从亚当而来,因此都被定了罪。人只有在基督里重生才能免于定罪。(51)①

在基督里的洗礼是基督死在十字架上的表征,而基督死在十字架上表明的就是赦罪。洗礼是"基督的十字架所蕴含的极大奥秘"。因此,基督之死是实在的,赦罪、基督之复活、我们之称义也都是实在的。我们不可仍活在罪里,以让恩典显多。无论是成人还是婴孩,凡受洗进入基督之死的人都已向罪死了,他们不再活在罪里,而是"向上帝在基督耶稣里……看自己是活的"(罗马书6:1—11)。(52)基督的十字架、埋葬、复活、升天,并坐在上帝的右边,都是基督徒生命的真实范本。(53)

将来到了世界末了,基督将要从天上再次降临,以审判活人、死人。(54)"活人"指的可能是基督再来时仍活着的人,"死人"则是那些在他再来之前死去的人;也有可能"活人"、"死人"是指义人和不义的人。(55)

奥古斯丁在写过创造之主上帝和中保基督之后,便开始阐述《使徒信经》的第三部分——使人成圣的圣灵。

圣灵使三位一体的上帝的三个位格完整无缺。教会从属于这三一真神。整个教会是由两部分组成:其一是"在地上作客旅的"人;其二是"从被造以来对上帝坚贞不渝的"天使。天上的那部分教会从未陷入过罪,构成这一部分的天使"享有的快乐从未间断过"。这部分的教会还时刻在帮助地上的部分。教会的两个部分"在相爱的关系中合

---

① 哈纳克指出,基督是亚当的反面翻版。亚当将罪带入世界,而基督则将始祖以来人类所犯的罪全部清除。见 Harnack 1965, 150。

一"。这教会的整体都敬拜唯一的真神上帝,这教会的整体是至高神三一上帝的圣殿。(56)

天上的教会里没有邪恶的天使。(57)我们对天上教会的组织形式一无所知。(58)

从天使与人交往的方式判断,天使似乎没有可触知的身体,但雅各却曾与一位天使摔跤。探讨天使身体的性状如何益处不大。(59)

但当撒旦将自己扮作光明天使时识别他却是十分必要的。撒旦若想诱使基督徒步入他的歧途,基督徒就必须有能力识别他,拒绝跟从。唯有在上帝的帮助下,基督徒才能做到这一点。(60)

到世界的末了,我们就会认识那天上的教会。那时,天上的教会将要与地上的教会会合,是上帝无罪的独生子将地上的教会从一切的罪中赎出来。上帝的儿子基督没有为天使而死,却为人类而死。然而,他的死对天使也是有益的,因为这死消除了天使与人类的敌对状态,使两下和好。(61)天地两个世界也因此而同归于好。(62)

天上的平安是我们现在无法明了的。但到我们与天使同等的时候,就要与天使同享平安,彼此相爱,我们因此也能得晓那平安。一切智能被造者的福乐都是由上帝的福乐而来。(63)

我们的罪既得了赦免,天使就是现在也与我们和平相处。《使徒信经》接下来的信条是罪得赦免。尽管人类的罪——原罪和本罪——都在洗礼中洗净,可是人在自然倾向的影响下仍会犯罪。每个罪行都是罪,但并非每个罪都是罪行(crimen)。圣徒可能没有罪行或犯罪,然而却不可能没有罪。(64)

奥古斯丁继而阐释了他悔改教义的基本内容。即便是罪行,在圣教会中也可以得到宽恕,因为上帝赐怜悯给每个悔改的人。在悔改一事上,悔改者痛悔的心很重要,因为"忧伤痛悔的心,上帝必不轻看"

(诗篇51：17)。教会管理者规定了悔罪的次数。在教会以外，罪不能得赦免。(65)

赦罪是指未来的审判而言。(66) 奥氏驳斥了一种想法，即教会成员若犯罪而不悔改，在受过火的刑罚后最终仍会得救。相信此想法的人在作者看来"是被人的良好愿望引入歧途"。使人生发仁爱的信心才能使人得救。(67) 哈纳克解释说，在奥古斯丁看来，只靠信心本身还不能使人免于未来的审判，只有信心与出于爱心的善行结合才可以。(Harnack 1965，153)

所谓"虽然得救，乃像从火里经过的一样"(哥林多前书3：11—15) 的意思是，依恋今世好处的人失去它们时会感受五内俱焚的痛苦。人若将自己生命的根基建立在耶稣基督之上，视基督重于世上万物，才能得救。(68)

奥古斯丁承认，某些承受上帝之国的信徒未来也有可能经炼狱之火而得救。(69)

除非人的生命改变，施舍就不能为人赎罪。"施舍在上帝面前只能用来补偿过往的罪"，却无法补偿未来的罪，因为上帝从未给人犯罪的许可。(70)

奥古斯丁此处谈到如何实施悔改的行动。

信徒每天祷告可除去平日的小罪。只要他们能宽恕伤害自己的人，他们的祷告也可除去自己已戒除的严重罪过。(71)

奥古斯丁将施舍的概念加以拓展，认为凡出自怜悯之心而有利于他人的行为都是施舍，诸如帮助有需要的人，宽恕人伤害自己的罪，甚至包括纠正并责备犯罪者。在施舍的同时，我们不仅帮助了他人，自己的罪也得到赦免。(72) 最慷慨的施舍是饶恕别人且爱仇敌。(73) 上帝只赦免那些能饶恕求宽恕者的人。(74) 人若非信基督并因他的恩典重生，则不能靠施舍得洁净。(75) 人首先应向自己施舍，施舍出于怜悯的善行，怜恤自己的灵魂是上帝所喜悦的。(76) 人不能以施舍买换免受惩罚。爱罪恶，便是恨恶并残酷对待自己的灵魂。(77) 唯有上帝知道何罪为轻，何罪为重。(78) 有些罪在人看来很轻，但依圣经所言，事实上是极为严重的。(*peccata levia*, *peccata gravia*, 如哥林多前书7：5，6：1) (79) 人们若对重罪习以为常，就会轻看其性质。有些人甚至以这类的罪夸口。(80) 罪的起因有二："不是不知自己的本分，就是明知自己的本分却不履行之。"前者是无知，后者是软弱，我们应与这两者抗争。若是犯了罪，我们就只能祈求上帝宽恕我们。还应祈求上帝引导我们，使我们不犯罪。(81) 悔改需要上帝怜悯的帮助。(82)

基督在圣灵里赦罪，因此干犯圣灵的罪总不得赦免（马太福音12：32），因为这好比藐视上帝的恩慈且"至死执迷不悟"一样。(83) 奥古斯丁感到难以就身体复活、进入永生提供一个简略而令人满意的解答。(84) 流产胎儿的生命已在母腹中生成，只是还没有出生以成为能够重生的生命。(85) "胎儿在母腹中的生命从何时开始？"人的生命一旦开始，即便是在母腹中，他就必然会死。奥古斯丁不能想象根据何事认为这样的人不能复活。(86) 人们不能说畸形的人复活时仍是畸形，而不是有"修复完好之形体"的人。(87) 构成人体的原材料绝不会消亡。(88) 复活时，人体的原材料将被以不同方式整合起来。上帝是伟大的艺术家（*artifex*），这位艺术家有"神奇莫测的能力"，会用构成我们身体的原材料顷刻间恢复这身体。(89) 在复活时，人类的身体将会变得完全适合与天使为伍。(90) 在复活时，圣徒将拥有完美无瑕的灵体，但不是灵。(91) 失丧的人也要在自己的身体中复活，与魔鬼及其使者同受刑罚。若问他们的身体到时是否有缺陷是没有意义的，因为幸福的生命才是真正的生命。作者意欲表明，假如不允许不

幸的人死去，那么"死亡本身就是不死的了"。这就是所谓"第二次的死"。(92)

第一次的死是灵魂脱离肉体，第二次的死是灵魂不允许离开备受折磨的肉体。两次的死都是因人犯罪。凡只有原罪没有本罪的人，如幼童，所受刑罚则轻。有本罪的人则会按其罪情量刑。(93)

圣徒得赎皆因上帝白白赐予的恩典。任何人只要被定罪皆是因其完全该受的审判。(94)

人无法知道上帝何以拣选一些人获救，而丢弃另一些人。有些人藐视神迹而不悔改，我们不知为何上帝要在这些人面前行神迹。还有些人若能经历神迹则可能悔改，我们也不知为何上帝不在这些人面前行神迹。所发生的一切均出于上帝的旨意。(95) 上帝的旨意有时甚至允许恶事发生，他只依照自己判断的公义才允许这种事。凡公义的事都是好的。(96)

奥古斯丁此处意欲探讨保罗的说法，上帝"愿意万人得救"。事实上却不是人人都得救，这是否意味着人的意志可以阻挡上帝的旨意？而人类软弱的意志又如何能阻挡上帝强大的旨意呢？(97) 面对这一问题，奥古斯丁提出了预定论的教义。只要上帝决意改变人类邪恶的意志，他就一定能办到。他这样做时是出于他的怜悯，他不这样做时是出于公义。(98) 上帝的怜悯是白白赐予的，而他的审判则是公平的。作者解释说，在上帝的审判中人类被定罪是因他背叛上帝。这一裁决是公平的，"假如人类中不曾有一个成员得救赎，也就没人有理由提出上帝是否公平的问题了"。(99)

有智能的受造界——人类和部分天使——犯了罪，对抗上帝。上帝则利用他们以及他们对抗上帝的意志完成自己的旨意，使坏事变为好事。他判自己以公义预定的人接受刑罚，又判自己以怜悯预定的人

接受救恩。尽管受造界对抗上帝的旨意,但上帝对他们的旨意依然得以成就。对抗上帝的行为无法战胜他的旨意。(100)

上帝的旨意永远是美好的。有许多事例表明,上帝可以通过恶人邪恶的愿望成就自己美好的旨意。(101)上帝依照自己的旨意行每件事。"他的旨意他从来也不会不实行。"(102)哈纳克在解释奥古斯丁预定论的教义时切中要害,他说:"上帝自由地拣选人进入恩典。亚当堕落之后,上帝即或一个人也不赎回也无可厚非;所以,他以自己的怜悯只赎回少数人,不让人因自己的功德夸口,却仅在主里夸口,这同样无可厚非。"(Harnack 1965, 156)

奥古斯丁解释《提摩太前书》2:4所写的上帝"愿万人(英文作 everyone)得救"。他发现圣经中的"every"指的是各种各样的人,并解释说,"万人"意指各个阶层中都有人得救。若非上帝愿意就无人可以得救。也有些人上帝没有使其得救的意愿。对此,奥古斯丁从属灵意义上看待:没有一个人得救不是出于上帝的旨意。我们应祈求他愿意让我们得救,因为只要他愿意的事就一定会发生。(103)

上帝预知人类的始祖可能犯罪,人类始祖也正是这样犯罪而滥用了自己的自由意志。于是上帝做出安排,使"他良善旨意不因人邪恶的意志而失去效用"。(104)①

人在自己原始的状态中既可选择做正确的事而得奖赏,也可选择做错误的事而受惩罚。在天国里,人将不再能有邪恶的意志或犯罪的

---

① 有关预定论,请参阅 Wetzel, James 所著"Predestination, Pelagianism, and Foreknowledge",见于 *The Cambridge Companion to Augustine*, pp. 49 – 58。另见 Wetzel, James 的"Snares of Truth, Augustine on free will and predestination in Augustine and his critics", *Essays in Honour of Gerald Bonner*(编者 Robert Dodaro and George Lawless, Routledge London and New York 版, pp. 124 – 141)。有关上帝没有将恩典赐给每个人,他只愿意救他拣选的人。见 Portalie Eugene, S. J. 所著 *A Guide to the Thought of Saint Augustine*, pp. 228 – 229。

欲念，但到那时，他的意志比作罪的奴仆时更为自由。未来人不可能再犯罪，那时他不朽坏的生命将比他最初可能犯罪时的不朽坏更完美。(105)

人因错误地行使自己的自由意志而失去了最初不朽坏的生命，却可以因上帝的恩典而得到未来那不朽坏的生命。倘或人当初没有犯罪，他早就因此而得到不朽坏的生命了。即便如此，他也仍需要上帝的恩典，因为人的自由意志不足以使他自己保持义，所以，以上帝帮助（adjutorium）的形式出现的恩典在当时也是必要的。人类堕落之后，其意志需要上帝更多的恩典才能从罪与死的奴役下得自由。这意志的自由全靠上帝的恩典，"这恩典是由信耶稣基督而来"。(106) 永生尽管是对善行的奖赏，却更是上帝的恩赐，是从上帝的恩典而来。恩赐不是挣得的，否则就不是恩赐了。人的功德也是上帝所赐。人若获得永生作报偿，"只是人因一个恩典而获得另一个恩典"。(107)

上帝与人类之间的中保——作为人的耶稣基督——也必须是上帝。亚当在作义人时无需中保，而当罪成为上帝与人类之间的鸿沟时，中保就是必不可少的了。基督的降生、他的一生、他的死都没有罪。他使我们与上帝和好，使我们的身体能够复活，进入永生，为的是让"上帝的谦卑暴露并医治人的骄傲"（ut suberbia humana per humilitatem dei argueretur），而且通过耶稣基督也击败了魔鬼。基督道成肉身才能将人带回到上帝面前，这显示出人类是何等远离了上帝。神—人耶稣基督的顺服是为悖逆的人类树立的光辉典范。(108)

人死后到复活前尚有一段时间。在这段时间里，人类的灵魂居住在一个隐秘之地，或称"退隐"状态（in abditis receptaculis）。依据人

在地上一生的功过，人的灵魂在那里或是享福，或是受苦。(109)①

活着的人能以有限的方式影响及死者的灵魂。"活着的人若生活敬虔，在教会中代他们死去的朋友献上中保的牺牲或者行施舍，会对死者的灵魂有益。"这种奉献只对生前有同类德行的人有帮助。有些人一生德行甚佳，也许无需活着的朋友为他们这样做，也可能有些人一生德行过于败坏，死后朋友做什么对他们也于事无补。在这些仪式有效的情况下，其益处在于得到完全的赦罪，"或至少使他所受的刑罚容易忍受一些"。(110)

死人在复活并经受审判后，将分别进入两个截然不同的国度——或是良善的天使和良善人居住的基督之国度 (civitas Christi)，或是邪恶的天使和恶人居住的魔鬼之国度 (civitas diaboli)。这两部分人都不能再度死去，两个国度都将永久长存。前者将在不同程度的快乐中度过永生，而后者则在不同程度的痛苦中尽受永死的折磨，而没有能力死去。(111)

尽管有些观点想使事情变得比较平和，但永刑和永生皆是客观事实。有人也许认为上帝或可以使刑罚减轻，然而没有比与上帝和他的仁慈相隔绝更严酷的折磨了。(112) 这永死和与上帝相隔绝是同一概念，它会永远持续下去，永生也同样。(113)

在论述过《使徒信经》中的"信"之后，作者说，"望"自"信"而生，并与"爱"相伴。所"望"之事都包含在"主祷文"之中。(114) 根据马太福音的记载，"主祷文"的七项祈求中有三项所求的是永恒的祝福，其余四项求的是世间的祝福，后者是获得永恒祝福的

---

① 奥古斯丁相信，"灵魂是肉体的生命，上帝是灵魂的生命。"见"Wetzel, James 所著 Predestination, Pelagianism, and Foreknowledge", *The Cambridge Companion to Augustine*, pp. 49 – 58, 56。

必要前提。在今世我们需要宽恕，面临各样的试探，也渴望上帝救我们脱离那恶者。（115）路加以五项祈求的形式再现了主祷文的内容。（116）

爱是比信与望更大的恩赐。爱得正确的人自然有正确的信与望。没有爱的人即令所信的是真理也无用，他盼望的目标即令是真正的幸福也徒然。"信可以藉祷告得到律法所命令的。"真正的信心是在爱中运行。没有上帝的恩赐，没有圣灵，律法就只能命令人却不能助人达到它的要求。它"显出人违犯律法，因为人不再能以不知法为借口"。圣灵将爱浇灌在我们心里，爱能去除情欲，成全律法。（117）哈纳克解释本段时认为，没有爱，信与望虽可能存在却毫无益处。他写道："信心在爱中运行，也就是说，那将爱灌注在我们心里的圣灵才是最主要的，哪里缺少爱，肉体的情欲就在哪里掌权。"（Harnack 1965, 117）

基督徒的生活经历四个阶段，教会的历史也经历相应的四个阶段。基督徒生活的第一阶段是在律法之前，此时人不知罪，"顺着肉体活着"，没有判断力和良心。在第二阶段人活在律法之下，因律法而知罪，①人企图依照律法生活，但既不成功，且落入有意犯罪的境地，结果成为罪的奴仆。在第三阶段基督徒活在恩典之下，有美好的盼望，且上帝的灵开始在他身上做工，此时他出于对圣洁的爱而战胜自己败坏的情欲。人若靠着坚定的敬虔循此道路向前，就会获得平安。这平安在人死后身体复活之时将变得完全。在这第四阶段，基督徒将进入完全的平安。教会在律法之前就已存在。律法颁发给摩西后，教会处

---

① 这种观点与所谓"律法的属灵功用"（*usus spiritualis*）或马丁·路德等宗教改革者提出的"律法的第二功用"相近。见 Haikola, Lauri 所著 *Usus legis, Schriften der Luther-Agricola-Gesellschaft A 20* (Helsinki 1981 年版), pp. 24 – 47, 108, 109)。

于律法之下。到中保耶稣基督降世并彰显出恩典之后，教会则处在恩典之下。此前也有恩典，却是隐藏的。(118)

人无论处在哪个阶段，重生之恩都在人重生时赦免他一切的罪，去除他的愧疚。有些人从未经历过律法之下的第二阶段，他们在接受诫命的同时也接受了上帝的帮助。(119)

在承受诫命之前，人们顺着肉体活着。在承受重生的恩典之后，死亡不再能伤害他们，甚至在他们离世之后也如此。基督死而复活的目的就是要做活人、死人的主。(120)"一切诫命都以爱为依归。"这爱包括爱上帝和爱邻舍。在此生我们凭着信心爱上帝，在来生我们要凭着眼见去爱他。在此生爱不断增长，情欲不断消退。爱心可以增长到今世无以复加的地步。我们不知在来世爱是何等的浩大。(121) ①

在末尾处，奥古斯丁请受信者判断是否可将本书命名为"论信、望、爱手册"。(122)

本文采用的来源及文字：

St. Augustine, *Enchiridion ad Laurentium* (*de Fide*, *Spe et Caritate Liber Unus*).

St. Augustine. The Enchiridion, Shaw, J. F. Transl. St. Augustine. *The Enchiridion*: *or On Faith*, *Hope*, *and Love*. The Works of St. Augustine. The present translation by Professor Shaw was first published in *Dr. Dods's series of Augustine's works*, Edinburgh, (T. and T. Clark,) 3d ed. 1883. Also in Paolucci's edition below.

St. Augustine, *The Enchiridion on Faith*, *Hope and Love*. Edited with an Introduction by Henry Paolucci, With an analysis and historical appraisal by Adolph von Harnack. A gateway Edition, henry Regnery Company Chicago, 1965.

The Cambridge Companion to Augustine, Ed. By Eleonore Stump and Norman Kretz-

---

① 关于爱，参阅 Kent, Bonnie 所著 "Augustine's Ethics", *The Cambridge Companion to Augustine*, pp. 205 – 233, 特别是 pp. 213 – 217。

mann, Cambridge University Press, Cambridge 2001, several articles from this work.

Clark, Mary T. ; RSCI, *Augustine*, Geoffrey Chapman, A Cassell imprint, London 1996.

Harnack, Adolph von, "Analysis and Historical Appraisal of the Enchiridion", in St. Augustine, *The Enchiridion on Faith, hope and Love*. Edited with an Introduction by Henry Paolucci, With an analysis and historical appraisal by Adolph von Harnack. A gateway Edition, henry Regnery Company Chicago, 1965, pp 142 — 168.

Haikola, Lauri, *Usus legis*, *Schriften der Luther-Agricola-Gesellschaft A 20*, Helsinki 1981.

Outler, Albert C., St. Augustine, *Confessions, introduction*, Newly translated and edited by Albert C. Outler, Southern Methodist University Dallas, Texas First published MCMLV.

Portalie Eugene, S. J., *A Guide to the Thought of Saint Augustine*, translated by Ralph J. Bastian, S. J., Greenwood Press, Publishers, Westport 1975.

Seeberg, Reinhold, *Text-Book of the history of Doctrines*, translated by Charles E. Hay, Vol I., Baker Book House, Grand Rapids, Michigan 1954, pp. 357 — 368. Summary of Augustine's Theological and Ecclesiastical Views in the Enchiridion ad Laurentium.

Wetzel, James, Snares of Truth, "Augustine on free will and predestination in Augustine and his critics", *Essays in honour of Gerald Bonner*, Edited by Robert Dodaro and George Lawless, Routledge London and New York, pp. 124 — 141.

英译编者序言

在他的《订正录》(Retractations)的第一卷第二章中,圣奥古斯丁这样谈到本书:

> 我尚著有一本论信、望、爱的书,该书是应某人之邀而写,也题记给此人。他希望拥有一本我所写的,如同希腊人称为"手册"(Enchiridion)一类的著作,以便随时携带。我想,我在该书中精心地阐述了应以何种态度敬拜上帝的问题,圣经将此了悟定义为"人的真智慧"。该书以"我不知如何形容"等词句作开篇。①

该手册是奥古斯丁的最晚期著作之一,写于哲罗姆420年9月30

---

① 拉丁原文作:Scripsi etiam librum 'de Fide, Spe et Charitate' cum a me ad quem scriptus est postulasset ut aliquod opusculum haberet meum de suis manibus nunquam recessurum, quod genus Græci ENCHIRIDION vocant. Ubi satis diligenter mihi videor esse complexus quomodo sit colendus Deus quam sapientiam esse hominis utique veram Divina Scriptura definit. Hic liber sic incipit, 'Dici non potest, dilectissime fili Laurenti, quantum tuâ eruditione delecter.

日逝世之后，因为他在第八十七章中暗指哲罗姆已成为"受祝福的回忆"(*sanctæ memoriæ Hieronymus presbyter*)。

该书为劳伦修而写，以回答他所提出的问题。劳伦修除此之外别无记载。有一抄本称其为执事，另一抄本称其为罗马城的一位文书。他也许是一位平信徒。

作者惯称本书作《论信望爱》，原因是他所论述的内容均不出此三要义（参考《哥林多前书》13：13）。他在解释第一个要义时因循了《使徒信经》的次序，不指名地批驳了摩尼教、阿波利拿里派、阿里乌派以及帕拉利等异端。在解释第二个要义的同时，他简明扼要地就"主祷文"作了阐释。而第三部分则是一篇关于基督徒之爱的论述。

本书原文出自《本笃会文库》第六卷。另一纯正的拉丁文版本连同奥古斯丁的另三篇宗教论文（*De Catechizandis Rudibus*；*De Fide Rerum quæ non creduntur*；*De Utilitate Credendi*）也发表在马里奥特（C. Marriott）的 *S. Aurelius Augustinus* 一书第四卷（pp. 151 - 251）中，编者为罗姆斯丁（H. de Romestin），1885 年由 Oxford and London（Parker and Comp.）出版社出版。罗姆斯丁以科尼施（C. L. Cornish）的译本为基础，还将上述诸篇译作英文，见于《牛津教父文库》（牛津 1847 年版），载于 *Seventeen Short Treatises of St. Aug.* 一书（pp. 85 - 158）。

本书的英文译本为 Professor Shaw 所译，最先收于 Dr. Dods 的奥古斯丁著作系列（Edinburgh, 3d ed. 1883），比科尼施的译本行文更流畅，语言更地道，有些地方更贴近原文。

萨蒙德

原版本导言

劳伦修请求奥古斯丁为他撰写一本基督教教义手册，并在其中就他提出的问题简要作答。奥古斯丁首先表明，凡懂得信、望、爱之真义的人都能对这些问题作出完满的回答。接着在著作的第一部分（第九至一百一十三章）中，奥古斯丁依据《使徒信经》阐述了信的主题；并在阐述中一方面驳斥了各种异端，一方面又发表了对人生的许多见解。著作的第二部分（第一百一十四至一百一十六章）阐述的是望的主题，内容是对"主祷文"中各项祈求之简略阐述。第三部分即最后一部分（第一百一十七至一百二十二章）专论爱的主题，表明福音书中突显了上帝爱的恩典，爱是诫命的宗旨，律法的成全，上帝就是爱。

正　文

第一章——作者愿上帝赐劳伦修真智慧。

亲爱的爱子劳伦修，我不知如何形容你在知识上取得的进步为我带来何等的快慰，同样难以形容的是我对你成为智慧人的殷切期望，不是作"智慧人在哪里？文士在哪里？这世上的辩士在哪里？上帝岂不是叫这世上的智慧变成愚拙吗？"[1]这段经句中指的那种人，而是作"智慧人众多，世界才有救"[2]一句中的那种人，正如使徒保罗寄希望于众圣徒的："我愿意你们在善上聪明，在恶上愚拙。"[3]既然没有人因自己而生存，也就没有人因自己而得智慧；人得智慧唯有靠上帝的启示，正如圣经论上帝所言："一切智慧皆来自耶和华。"[4]

---

[1] 《哥林多前书》1：20。
[2] 《所罗门智训》6章26节。希腊文经文中6：25：πλῆθος σοφῶν σωτηρ ία κόσμου。——萨蒙德
[3] 《罗马书》16：19。
[4] 《便西拉智训》1章1节。

第二章——敬畏上帝是人的真智慧。

人类真正的智慧就是敬虔。你从《约伯记》中可看到这一点，其中我们读到智慧本身对人说："敬畏主就是智慧。"①你若进而问到这里的"敬畏"的含义是什么，只消看到"敬畏"一词在希腊文中更精确的表达"*theosebebeia*"，便可明白，其含义是"对上帝的崇拜"。希腊人有时也用"*eusebeia*"一词表示"敬虔"，其意为"合宜的崇拜"，当然特指的是对上帝的崇拜。人们若想赋予"人的真智慧"一个定义，最恰当不过的就是用来表达对上帝"敬畏"的词汇了。你让我用寥寥数语阐明如此庞大的命题，难道还有什么说法比这更简明扼要的吗？也许你要我做的是概要地解释这一表达本身，并在一篇简短的论述中解说对上帝崇拜的适切方式。

第三章——要以信、望、爱敬拜上帝。

如果我答复说，上帝要我们以信、望、爱敬拜他，你会说这样的解答过于简单，并要求我概要地说明这三种恩赐各自的对象若何，即我们当信的是什么，所望的是什么，当爱的又是什么。在我讲解之后，你信中的问题就都有了答案。假若你存有来信的副本，不妨找出来一读；即或没有副本也无妨，在我重提这些问题时，你就不难记起信中的内容了。

第四章——劳伦修所提的问题。

你在信中希望我为你写一本袖珍手册，以便随身携带，其中含有对你所提问题的解答。这些问题是：人生的主要目的应是什么？在诸异端面前，人应防范的主要是什么？宗教在何种程度上得到理性的支

---

① 《约伯记》28：28。

持？理性在哪些方面无法支持信仰，信仰因此只能遗世独立？宗教的起点和目标是什么？基督教教义的总体如何概括？什么才是公教信仰之坚实而正确的根基？毫无疑问的是，你若能透彻了解信、望、爱的正确对象，这些问题就都迎刃而解了。因为这些不仅必须是人在宗教中寻求的主要对象，而且也是唯一的对象。反对这些对象的不是全然不认识基督之名的人，就是异端。这些对象是要用理性捍卫的，理性必既有肉体感官的来源，也有心智本能的来源。而对于感官未曾经历，心智也未能领悟的事，人就必须相信圣经作者所做的见证。这些作者借助上帝的帮助，或通过感官，或通过领悟，得以见到或预见到我们所谈论的事。

第五章——对上述问题的简要解答。

人的内心若被上帝灌输了第一要素，即"使人生发仁爱的信心"，①就会追求靠生活圣洁去获得那可以眼见的景象，内心圣洁、完全的人熟悉那不可言喻之美，得见其全景更是无与伦比的幸福。以下就是对你"何为宗教的起点和目标"这一问题的回答：我们自信心出发，因眼见而得完全。这也是对教义总体的概括。但公教信仰之坚实、合宜的根基乃是基督。使徒保罗曾经说："因为那已经立好的根基，就是耶稣基督，此外没有人能立别的根基。"②不要因我们在这一点上看似与某些异端无异，就否认这是公教信仰的正确根基。你若认真思考关于基督的事，就会发现那些自称为"基督徒"的异端只是徒有其名而已，基督其实并不在他们中间。不过说明这一点所需的篇幅过长，

---

① 《加拉太书》5：6。
② 《哥林多前书》3：11。

必须将所有过去的、现存的、将来可能产生的异端逐一审视一番，并证明他们无一例外都是徒有基督徒之名，如此论述即令多卷著述也难竟其工。

第六章——辩论非这样一本手册可为。

你有求于我的是一本袖珍手册，而不是载满书架的长篇论著。阐明何为上述三种恩赐——即我们借以崇拜上帝的信、望、爱——的真正合宜对象并不难，而若想在反对者的攻击面前为此符合真道的教义作辩护，则需要既全面又详尽得多的讲解。若想得到这样的解答，就不是一本小册子在手可以解决问题的了，唯有在心中燃起寻求上帝的极大热情方可。

第七章——《使徒信经》和"主祷文"都要求信徒操练信、望、爱。

你手中有《使徒信经》和"主祷文"，有什么能比这两者听来、读来更言简意赅的呢？有什么能比这两者更容易记诵的呢？早在人类因罪的缘故还在痛苦的重压下呻吟，亟需上帝悲悯的时候，一位先知就预言说，上帝恩典的时代即将来临，他宣告："到那时候，凡求告耶和华名的就必得救。"[①]于是便有了"主祷文"。而使徒保罗为了突显这信的恩赐，则在引用先知的见证后随即补充道："然而人未曾信他，怎能求他呢？"[②]于是就有了《使徒信经》。"主祷文"和《使徒信经》示范出信、望、爱这三种恩赐究竟是什么：信是相信上帝，望和爱则是向上

[①] 《约珥书》2：32。
[②] 《罗马书》10：14。

帝祈求。若没有信，望与爱又焉存？因此可以说，信也是祈求。正因如此，经上才这样写着："然而人未曾信他，怎能求他呢？"

第八章——信与望之间的区别，以及信、望、爱的相互依存关系。

那么，不是信心对象的事物是否可能为人所望呢？不是盼望对象的事物确实可能为人所信。比如，真正的基督徒都相信恶者将要受罚，但惩罚并非他们之所望。相信惩罚将临到自己的人更是因此而恐惧，所以说他们"惧怕惩罚"比说他们"盼望惩罚"更贴切。一位罗马诗人对这两种不同的心理状况谨慎地加以区分，他写道："让那惧怕者产生盼望。"[1]另一位通常比他高明得多的诗人却错用了"盼望"一词，他写道："我若当初盼望如此的悲哀……"[2]有文法学者将此当作措辞不当的一个范例，说"他将'惧怕'（*timere*）错用成'盼望'（*sperare*）了"。同样，相信的对象既可以是善的，也可以是恶的；因为善的与恶的事物都有人相信，而信者的信心不是恶的，却是善的。而且，信心涉及过去、现在和将来。比如，我们相信基督曾经死去——这是信过去的事；相信他正坐在天父的右边——这是信当前的事；也信他要再来，审判活人、死人——这是信将来的事。同时，信既适用于自己的环境，也适用于他人的环境。举例而言，人人都相信自己的存在有起点，而不是自有永有的，也相信其他人和事亦然。我们对许多有关宗教之事的信念，不仅涉及其他人，还涉及天使。然而，盼望的对象却总是好的，只关乎未来，只影响及盼望者。因此缘故，信必须与望加以

---

[1] Lucan, *Pharsalia* 2：15.
[2] Virgil, *Aeneid* 4：419.

区分,两者不仅是词语不同,且在本质上有差异。信与望唯一的共同点在于人们所信、所望的都是未见之事。以《希伯来书》为例,它将"信"定义为"未见之事的确据"①(大公信仰的主要捍卫者均以此定义为准)。有人若说自己基于信心而相信,依据的是自己感知的直接证据,不是别人的话,不是别人的见证,也不凭借思辨,尽管如此,他也不该被指责为,"你是有所见,而不是有所信"。所以信心的对象不见得是不可见的。但我们最好仍以圣经教导的方式使用"信"这个字,将它用在未见之事上。论到望,使徒保罗又说道:"所见的盼望不是盼望,谁还盼望他所见的呢?但我们若盼望那所不见的,就必忍耐等候。"②于是,当我们相信好事将要来临的时候,就无异于盼望它了。至于爱,我又当如何解释呢?没有爱,信则于人无益;没有爱,望也无以存在。使徒雅各说:"鬼魔也信,只是战惊。"③那是因为魔鬼既没有盼望也没有爱,只是相信我们所爱、所望之事即将来临,所以战惊。正因如此,使徒保罗才赞扬那"使人生发仁爱的信心"④;若没有盼望,这样的信心自然不会存在。所以,世上没有不存盼望的爱,没有不存爱的盼望,也没有不存信心的爱与盼望。

第九章——我们当信的是什么。就自然界而言,基督徒只须知道造物主的仁慈是万物之源。

就宗教而言,若有人问我们所信的是什么,我们不必像希腊所谓的"自然科学家"那样探究万物的性质,也不必唯恐基督徒不懂得自

---

① 《希伯来书》11:1。
② 《罗马书》8:24、25。
③ 《雅各书》2:19。
④ 《加拉太书》5:6。

然的能量和数量——诸如天体的运行、秩序、圆缺；天空的形态；动植物、石、泉、山川的种类与特性；有关时间与空间的事；风暴将临的预兆；还有哲学家们了解到或自认为了解到的其他诸种事物。那些人被赋予极高的天分，火一般的热忱，足够的闲暇，借助人类的思辨能力，借助历史、经验探索各样事物，尽管如此，他们也只是管中窥豹。即便是他们自诩的"发现"，也多属猜测而非确知。作为基督徒，我们只须相信以下几件事：无论天上的还是世间的，无论是可见的还是不可见的，一切被造之物的起源都是唯一真神造物主的仁慈；除上帝自身之外，没有一样事物的存在不源自于上帝；这位上帝是三位一体的真神——即圣父、圣父所生的圣子以及由同一位父而来的圣灵，这圣灵又同为圣父、圣子之灵。

第十章——至善的造物主所造万物皆性善。

万物都是至善、同善而恒善的三一真神上帝所造。它们虽不具有上帝的至善、同善与恒善，但仍然是善的，甚至个别来看，也是如此。就总体而言，受造界甚为美好，由它构成了奇妙而瑰丽的宇宙。

第十一章——宇宙中所谓的恶，只是善之亏缺而已。

在宇宙之中，即令所谓的恶，若校准其性质并还原其本位，也只能使我们更加爱慕善，因为在将善与恶做对比的同时，我们就会更加欣赏、珍视善。连异教徒也承认，全能的上帝对万物拥有至高的权柄，上帝自己就是至善。若不是他如此的全能、至善，以至能让恶事也结出善果来，他就绝不会容许恶存在于自己的作品之中。我们所谓的"恶"究竟是什么？它无非是善之缺乏。正如在动物身上，所谓伤病无非是健康之缺乏，当身体痊愈时，先前的"恶"，即伤病，并非离开身体而寄居他方,而是完全不复存在。因为伤病并非实体,只是肉身实体的缺欠而已。肉体本身才是实体,因而是善的事物;伤病之"恶"只是我们所谓健康之"善"的缺欠,属于偶然。同理,我们所谓"灵魂的罪"也只是人原本之善的缺失。一旦这些缺失得到医治,它不会转移他处;当缺失不复存在于健康灵魂的时候,它也不复存在于其他地方了。

第十二章——万物被造皆为善,但不是尽善而不可败坏的。

创造万物的造物主是至善的,万物因此也都是善的。但因它们不像其造物主那样至善而恒善不变,所以它们的善可以消长。善之亏缺便是恶,然而善无论怎样减少,只要该事物依然存在,必定是因它有善尚存,使其得以维继。无论一存在如何渺小,种类如何,使其存在的善之损毁必定损毁这一存在本身。一个未曾败坏的天性固然可贵,但更进一步,如果它是不可败坏的,其价值无疑就高得更多,可是它若受到败坏,那败坏便是一个恶,因为这天性之善受到了某种减损。它的善若没有减损,其自身就没有受到伤害;如果它受了损害,便说明这天性的善减损了。因此,只要某一存在处于败坏的过程之中,其性质的某种善就在减损着;假如该存在的某个部分不能败坏,那么该存在一定是不能彻底败坏的存在,其败坏的过程却显示出善之伟大。它若不停地败坏下去,只是说明它仍有善可让败坏去减损。但它若被败坏吞噬殆尽,它的善便荡然无存,因为其存在已不复存在了。所以说败坏只有在吞噬一事物之存在的同时才能吞噬善。由此可见,每一存在都具有某种善;不可败坏的是大善,可败坏的是小善;无论何种情形,唯有愚顽无知的人才会否认它具备善。倘若该存在被败坏完全耗尽,于是败坏本身必然也停止存在,因为它已无所依存。

第十三章——没有善的地方便不会有恶；恶人只是一个有恶的善。

因此，完全没有善的地方便不会有人们所谓的恶。完全没有恶的善是完美的善。含有恶的善是有缺陷或不完美的善，没有善的地方恶也将无存。由此，我们便得出一个奇特的结论：由于但凡存在，只要它是存在就是一个善；既然每个存在都是某种善，且恶若不在一个存在之中便无法生存，因此当我们说一个有缺欠的存在是一个有恶的存在的同时，似乎是在说，善的才是恶的，而且唯有善的才能是恶的。于是，除善的事物之外没有什么可能是恶的。如此的表达看似矛盾，但思维的严谨性使我们除此结论之外别无选择。然而我们必须警惕，不要招致先知这样的谴责："祸哉！那些称恶为善、称善为恶，以暗为光、以光为暗，以苦为甜、以甜为苦的人。"①我们的主也说："善人从他心里所存的善，就发出善来，恶人从他心里所存的恶，就发出恶来。"②请看，恶人岂不是一个恶的存在吗？因为一个人就是一个存在。既然一个人只因是一存在就是一个善，那么一个恶人岂不就是一个带有恶的善吗？但我们在明确地区分这两者的同时就发现，并不是因为他是人才是恶的，或因为他是恶的才是善的；而是因为他是人才是善的，又因为他是恶人才是恶的。因此，无论谁说"作人就是罪孽"，或者"作恶是好事"，都难免受先知的咒诅："祸哉！那些称恶为善、称善为恶的。"这是因为说这种话的人或是诋毁上帝创造的精品——人类，或是赞许人的亏欠——他的罪恶。所以，凡是存在，即便是有缺欠的存在，就其是一存在而言都是善的，而就其缺欠而言则是恶的。

---

① 《以赛亚书》5：20。
② 《路加福音》6：45。

第十四章——就"同一主体不会兼有相矛盾之属性"的法则而言，善、恶是一例外。恶自善的事物而生，若不是在善的事物之中，恶便无以生存。

因此，逻辑学家"同一主体不可能兼有相矛盾之两个属性"的法则在善、恶这对矛盾的情形下不再有效。诚然，天色不能既亮又暗；饮食不能既苦涩又甜美；物体在同时、同地不能既是黑的又是白的；人在同时、同地不能既丑陋又美丽。上述法则在许多——确切来说几乎所有——情形下都有效，也就是说，一事物的属性不能自相矛盾。不过，尽管无人能怀疑善、恶是一组矛盾，但它们不仅能同时共存，而且恶只能依存于善，不能存在于不是善的事物之中。然而，善却不依存于恶。人或者天使可以没有恶而生存；但除人或天使之外没有什么可以是邪恶的，而只因他是人或天使，他便是善的；只要他变恶，他又是恶的。就此而言，这对矛盾的双方是共存的，也就是说，善若不存在于恶的事物之中，恶也就不能存在；因为若没有可败坏的对象，败坏便无处寄身，也失去生发之源；而唯有善的事物才能被败坏，因为败坏无非是对善的损毁。于是，恶便是从善而生，若非有善，恶便无以生存；而且除善之外，恶也没有发生的其他来源。即或有，只要这来源是一存在，它也必定是一个善。一个不可败坏的存在是大善，即使是可败坏的存在也必然在某种程度上是一个善，因为只有在败坏其善的同时，恶才对它有所损毁。

第十五章——上述观点与主所谓"好树不能结坏果子"的说法并不矛盾。

不过，当我们说恶自善而生的时候，不要让人以为这与主"好树不能结坏果子"①的说法相矛盾。这位身为真理的主说，从荆棘上摘不到葡萄②，因为葡萄不会长在荆棘上。但我们知道，葡萄树和荆棘均可从好土地中生长。同样，正如坏树不能结出好果子一样，恶的意念不会生出善行。从人原本善的天性中，既可生出善的也可以生出恶的意念来。可以肯定的是，若不是有天使或人善的天性，恶起初就无从而生。我们的主在谈到那树及其结果子的同一地方清楚地表明了这一点，他说："树好，果子也好；树坏，果子也坏。"③这明显是在提醒我们，坏果子不会长在好树上，好果子也不会长在坏树上。尽管如此，那土地本身——他指的是当时听他讲道的人——则可能长出两种不同的树。

第十六章——人要想幸福，知晓自然激变之成因不是最根本的，知晓善、恶的由来才是最根本的。

依据上述理由，我们在读马罗的诗句"通晓万事之因的人是幸福的"④时，就不会认为幸福的要素在于了解所谓"大地震动，翻江倒海，随即恢复平静"⑤这类大自然激变的成因，这成因隐藏在自然王国奥秘的深处。我们应竭尽毕生所能去认识的却是善、恶之由来，以免陷入充满今生的谬误与烦扰之中。因为我们追求的目标一定是达至幸福的境界，在其中没有烦恼困扰我们，没有谬误误导我们。倘或我们一定要了解大自然激变的原因，最应关注的莫过于那些影响我们健康的原因，我们既对这些原因不甚了了，就只能求助于医生。由此可见，

---

① 《马太福音》7：18。
② 《马太福音》7：16。
③ 《马太福音》12：33。
④ Virgil, *Georgics* 2：490.
⑤ 同上。

我们可以容忍自己对天地所蕴藏奥秘的无知。

第十七章——论谬误的本质。并非所有谬误都有害，然而人却有责任尽可能避免谬误。

尽管我们应尽最大可能，不仅在大事上而且在小事上避免谬误；尽管我们发生谬误唯一的原因是无知，但这并不意味着人对某一事物缺乏认知就一定陷入谬误。唯有以不知为知之的人才会如此。因为他以假当真，这就是谬误的本质所在。至关重要的是，人在哪些问题上犯错误。因为在同一个问题上，我们更喜欢一个有知的人胜过无知的人，更喜欢一个没有陷入谬误的人胜过陷入谬误的人，这是合理的。而在不同的问题上——也就是说，某人知晓某一事物，另一个人知晓另一事物，前者所知是有益的，后者所知是不太有益的，甚或是有害的——对于后者所知的事，有谁不想宁愿在前一件事上无知，也不在后一件事上有知呢？因为此处无知比有知更好。同理，有时在旅途中——而不是在道德上——走错路尚有其好处。一次我在交叉路口处走了错路，因而未能从携带武器的多纳徒分子设下的埋伏之地经过。我绕了一大段弯路才到达目的地，当听说在我本该走的道路途中有人设下埋伏，我由衷庆幸自己走错了路，并为此感谢上帝。请看，谁不情愿作这位走错路的旅行者，而不是未出错的埋伏者呢？或许正因如此，那位诗圣才借一位苦恋中的情人之口说道："我完全失去了自己，是邪恶的错误让我迷失！"①因为美好的错误是存在的，它不但不为害，而且还带来好处。但当我们仔细审视真理的本质，并想到谬误不过是以假为真，以真为假，或以肯定的为不肯定的，以不肯定的为

---

① Virgil, *Eclog* 8：41.

肯定的；又看到灵魂的谬误越是貌似合理，讨人喜欢，或越是容易让人随声附和的时候，就越发可怕且可憎。假若我们仅为生存着想，为了保全生命不得不陷入谬误，那么此生又是多么可怜啊！切望在永生中我们不再如此，在那里真理是灵魂的生命，没有人欺骗，也没有人受欺骗。但在此生中，人们既骗人也受骗，那些误导他人步入歧途的人其实比轻信欺骗者而误入歧途的人更可怜。尽管如此，一个清醒的灵魂总是极力远离虚妄并真心地与错误抗争，即便是喜欢欺骗的人也极不喜欢受欺骗。因为欺骗者不以为他自己出错，而是在诱使相信他的人进入谬误之中。欺骗者自己若知道真相如何，在他说谎的事上他自己固然没有出错，但他误以为他的谎言不会伤及自己，在这件事上他就是大错特错了，因为事实上，所有罪对犯罪者本身的危害更甚于其受害者。

第十八章——谎言永远是不可容忍的；但谎言因其动机和所涉及问题不同而过犯的程度大有不同。

这里提出了一个费解而复杂的问题，笔者认为有必要在此加以解答，我还就此撰写过一部长篇著述。这问题就是：说谎是否有时是善良人的责任？有些人甚至强词夺理说，在某种情况下，哪怕就对上帝的崇拜，以至上帝自身属性上作伪证、说假话也是善良敬虔之举。但在我看来，每个谎言都是罪，这一点是肯定的，只是罪的性质因其动机与涉及的问题不同而大有区别。因为意在帮助他人的说谎者，其罪过远不及意在伤害他人的说谎者更恶劣；而说谎使旅行者走错路所造成的危害，又远不及用假道或误导使人终生误入迷途。当然，错将假象当事实讲出来的人不应受到说谎的指控，因为他无意欺骗他人，而是自己受到了假象的蒙蔽。依照同一原则，尽管有时人会因粗心而将假的信以为真，尽管此人可以被指责为草率，却不应说他说谎；然而，有人明知是假，却说是真，就其有意而言，他是在欺骗，因他所说非他所信，即便他所说的是事实，就其有意而言却是在说谎。同样，有人若讲出事实而不自知，自己内心的愿望却是说谎，则不能从任何意义上免于说谎之罪。因此，撇开所讲的内容不谈，唯从讲话者的动机看，无意中说出有违事实的话却始终以为是事实的人，比无意中说出事实却意在说谎的人要好得多。因为前者没有指鹿为马，而后者尽管在道出事实的情况下，却是口是心非，而口是心非正是说谎的本质所在。论到所涉及内容之真伪，在什么问题上欺骗或受欺骗则成为至关重要的了。尽管就人自己的意识而言，欺骗比受骗是更大的恶，但就与宗教无关的事情说谎，其恶就远不及在关系到按正意敬拜上帝的知识、信仰上受误导。让我举例来说明这个道理：假设有人硬说某个死去的人仍然活着，又明知这是不实之词，而另一个人受蒙蔽而相信基督终有一天会死去（无论你是说在多么遥远的将来）；前者说谎岂不是比后者受骗的情形要好得多吗？导致某些人陷入前一种谬误，岂不比被人误导陷入后一种谬误贻害要小得多吗？

第十九章——人的谬误依造成贻害之程度而大有分别；然而每个谬误本身都是恶。

因此，在有些事上受骗是大恶，在有些事上受骗是小恶，在有些事上受骗无恶可言，在有些事上受骗还带来好处。危害最大的莫过于人受骗而不信那通向永生之道，或相信那通向永死之道。人受骗以假当真，若招致的只是世上的烦恼，那还算是小恶；误信者存心忍耐，甚至可以将烦恼变作好的用途，比如将坏人当作好人而受伤害就属这种情形。但人若相信恶人是好人却也不曾受伤害，受骗也就无恶可言，也不会遭到先知这样的谴责："祸哉！那些以恶为善的人！"①因为我们应当明白，此话不是指恶人而言，而是指使人成为恶的事情而言。因此称奸淫为善的人就该当受先知的这种谴责。但称犯奸淫者为好人的人，若不知他是奸淫者，以为他是贞洁的，就没有在善与恶的性质上犯错，而只是未能了解人类行为的诡秘性而已。他之所以称那人是好人，是因为他相信那人无疑是好人。他不是不称奸淫者为恶，贞洁者为善。他称那人为善，是因他不知那人是奸淫者，却以为他是圣洁的。再者，如前所述发生在我身上的事，有人因错误而死里逃生，甚至反从自己的错误中得益处。不过，我说在某种情形下人受蒙蔽有可能不受伤害，甚至有时还有好处，意思不是说错误本身不是恶，或在某种意义上是善，我指的只是人犯错却免于受害或反得益处的情形。就错误本身而言，它是一种恶：与大事相关的是大恶，与小事相关的是小恶，但总归是恶。凡心智正常的人，谁能否认将假的当真的接受，将真的当假的排斥，或者错把不肯定的当成肯定的，把肯定的当成不肯定的，这些都是恶呢？不过，把恶人看作善人是一回事，这是一个错误；而未因这错误受害则是另一回事，只要我们误以为善人的恶人没有为我们招致祸患。同样，走错了路却以为走在正确的路上是一回事，而这错误虽恶，却带来了某种益处是另一回事，免中坏人的埋伏便是一例。

第二十章——谬误并非都是罪。对学园派哲学家"凡事都暂且不信方能避免错误"的观点之检视。

我不能肯定如下的错误应否被视为罪：譬如，有人因不了解对方的品性，对一个坏人产生了好的看法；或者，人有可能错把不寻常的

---

① 《以赛亚书》5：20。

属灵经历当成寻常的实际感官经历，或错把感官经历当成属灵经历（天使突然让使徒彼得从捆锁监禁中得自由时，彼得错把这实际经历当成异象①，便是一例）；或者，对于可感知的物件，我们也会错把粗糙的当成平滑的，苦涩的当成甘甜的，腐臭的当成馨香的，或错把隆隆的马车声当作雷鸣，将两个相像的人张冠李戴，一如常发生在孪生兄弟姐妹身上的情形（我们的大诗人称之为"令父母开怀的错误"②）。此刻我并非要解决那些才思敏捷的学园派哲学家纠缠不清的问题：即，既然人会因认同虚妄而陷入谬误，那么一个有智慧的人是否还应认同任何事呢？那些哲学家断言说，天下任何事都是未知的或难以确定的。我信主后不久曾写过一部三卷之作，意在清除自己在信仰上遗存的阻碍。在初信之时，清除这一哲学观点所导致的对认识真理感觉无望的心理的确很有必要。在学园派哲学家眼中谬误统统都是罪，他们认为，唯有完全暂且不信才能防范错误。他们声称，认同不肯定之事物的人难免陷于谬误；他们竭力想用激烈而莽撞的争论表明，即便一个人的见解是正确的，其正确性也是不能肯定的，原因是人没有可能辨明真伪。但基督徒的观点是，"义人因信得生"。③认同若是被抽去，信也同时被抽去了，因为没有认同便没有信。而且，无论我们是否认识真理，真理依然存在着，人只有相信真理才能获得幸福人生，即永恒的生命。不过，我不知人们是否应同这种人争论，他们非但不了解自己前面有永生，也不知道自己眼下是否活着，甚至对自己不可能不知的事也说"不知道"。人不可能不知道自己是否活着，因为人若不是活着，就不会有不知一回事，知与不知都只是人活着时的表现。

---

① 《使徒行传》12：9。
② Virgil, *Aeneid* 10：392.
③ 《罗马书》1：17。

他们的确以为不承认自己活着便可以避免谬误，然而即便是他们的谬误也证明他们活着，因为人若不是活着便不会犯错。那么，既然我们活着这件事不仅是真实的，而且是可以肯定的，另有许多事情同样是真实而肯定的。拒绝认同这些事绝不是所谓的"智慧"，而只是愚蠢之极。

第二十一章——谬误虽不尽是罪，却尽是恶。

有些事我们信或不信、其真伪或被认为真伪，对于我们是否能进入上帝的国度无关紧要。在这类事上出错则不应被视为罪，至多是属于甚小、无足轻重的罪。总之，这类的错误无论其性质、轻重，均与通往上帝之道无关，这道就是有"仁爱功效"①的基督之信仰。错认孪生兄弟（姊妹）这类"令父母开怀的错误"便丝毫没有偏离此道之嫌；使徒彼得错将天使解救他的实际行为当作看到异象，也没有偏离此道②；族长雅各错以为儿子被恶兽撕碎，其实儿子还活着③，雅各同样也没有因此偏离这道。在这类情形下，我们的确是受了假象的蒙蔽，但对上帝的信仰却未受到影响。我们虽走错了路，却没有离开通往上帝之道。尽管这些谬误不是罪，却当看作今生诸恶的表现。我们今生服在虚空之下，乃至以假当真接受，以真当假拒绝，又将不肯定的当肯定的坚持。尽管这类谬误未伤及真实而肯定的信仰，我们因此信仰仍可得到永恒的祝福，但谬误毕竟与我们今生的痛苦密切相关。可以肯定的是，我们若想享受前面真实、完美的幸福，就不该受任何意义上的欺骗，无论是身是心，莫不如此。

---

① 《加拉太书》5：6。
② 《使徒行传》12：9—12。
③ 《创世记》37：33。

第二十二章——即便为避免使他人受伤害,也不能说谎。

但每个谎言却必定都是罪。因为不仅在人了解真相的情况下,甚至在人受误解或受蒙蔽的情况下,都有责任说心里话,不管事实本身就是如此,或只是他认为如此。可是,欺骗者所说的却总与内心所想的相违背,意在欺哄他人。很明显的是,上帝赐人言语的目的并非是让人用它彼此欺骗,而是为让他人了解说话人所想。因此,以言语作欺骗之用而非用于它应有的用途,这便是罪。我们也不应以为有些谎言就不是罪,理由是人有时说谎可能是为了他人的好处。因为偷盗者也可以这样想:我偷了富人,富人不觉得受损失,偷来的东西给了穷人,穷人却显然会因此而受益。对于奸淫也可以这样讲:我若不顺从这个女人的意思,她看上去就要殉情而死,而这女人若是不死,或许还能悔改而洁净自己。尽管如此,没有人能说犯奸淫因此就不是罪。我们若是理应如此看重贞洁,不想因设想对别人有益而犯奸淫来破坏它,真理又没有冒犯我们,我们怎能轻易因说谎而冒犯真理呢?不可否认的是,有些人道德水准很高,除非是为避免别人受伤害,他们绝不会说谎。但在道德达到如此水准之人的情形下,值得赞扬甚至褒奖的也不是他的欺骗,而是他的善良用意。这种欺骗充其量只能得到宽恕,却绝非足以称道的事,尤其是对于承受了新约的人,主对他们的教导是:"你们的话,是,就说是;不是,就说不是;若再多说,就是出于那恶者。"①我们一日尚存于这必死的肉体之中,说谎的罪就会不停地潜入我们的心灵。是这罪,使得与基督同受基业的圣徒祈求说:"赦免我们的罪。"②

---

① 《马太福音》5:37。
② 《马太福音》6:12。

第二十三章——以上讨论结果之综述。

我们理应了解善、恶之根源,至少要达到足以使我们去往天国的程度。在那个国度里,我们的生命没有死亡的阴影,真理没有谬误的掺杂,幸福不因悲哀而间断。我已在有限的篇幅之内,就上述问题作了简要的阐述。到此为止,我认为毫无疑问的是:我们享有的一切善的根源是上帝的善;而众恶的根源则是具有可变之善的受造者离弃了创造者的不变之善——先是一天使,后是人类。

第二十四章——恶的第二根源是无知与贪欲。

发生在智能被造者身上的第一个恶是善的初次丧失。从此以后,对责任的**忽视**和对有害事物的**贪求**便悄然潜入了人的心,这甚至有违人自己的意志。接踵而来的是人的**谬误**与**痛苦**,人在意识到谬误、痛苦逼近时,心便蜷缩,这就是所谓的**惧怕**。当人心达到贪求的目标时,无论这目标何等有害或虚妄,谬误却使人不能认识它的真相,或者人病态的欲念此时胜过了他的知觉,愚妄的快乐于是使人自鸣得意。由此亏缺而非丰盛的恶泉中,便流淌出困扰人类理智本性的各色各样的痛苦。

第二十五章——上帝审判堕落的人类和天使。肉体的死亡是专门对人的刑罚。

人类的本性虽陷入自己的众恶之中,却未能失去对幸福的渴求。我所谓的恶是所有因败坏而受到上帝审判的人和天使所共有的。但有一种刑罚是专门针对人类的——那就是,肉体的死亡。上帝警示人类在先,他若犯罪就必受死亡的刑罚。[①]上帝虽留给人类以自由意志,却

---

① 《创世记》2:17。

又以死亡的痛苦告诫他要顺服。上帝还将人安置在伊甸园的福乐之中,让他们过着安然无忧的生活。人若不失去他的义,上帝的意图是让人类从那里上升到更美妙的去处。

第二十六章——因亚当犯罪,其后裔全都沦于败坏,生来处于亚当导致的死亡刑罚之下。

犯罪之后,亚当被逐出伊甸园。又因亚当犯罪,以他为根的整个人类都在他里面败坏了,因而都处于死亡的刑罚之下。从亚当和诱使他犯罪从而同被定罪的女人所出的全部后裔——因他们都出自于因背逆而遭受同样刑罚的情欲——就都染上了原罪,并因这原罪而淹没在种种谬误与痛苦之中,与堕落的天使一同遭受永无休止的刑罚。堕落的天使是人类的败坏者和主人,也是人类厄运的共同承受者。因此,"罪是从一人入了世界,死又是从罪来的。于是死就临到众人,因为众人都犯了罪。"① 使徒保罗所说的"世界",当然是指整个人类。

第二十七章——人类因亚当犯罪而陷入苦境,又因上帝的怜悯而得以复兴。

于是,事实便成为这样:整个人类都被定了罪,淹没在痛苦之中,在其中挣扎翻滚,身不由己地由一种罪恶被抛向另一种罪恶,并因与堕落天使为伍而遭受背叛上帝所应受的刑罚。无论恶人凭自己盲目、放荡的私欲如何为所欲为,也无论他们如何不甘受公开惩罚之苦,这一切显然都与上帝的义怒有关。然而,造物主的仁慈从未停止供给罪恶天使以生命和生存能力(若非如此,其生存早已完结了);对

---

① 《罗马书》5:12。

于发自于被定罪的败坏之根的人类，造物主也没有停止将自己的形象和生命赐予他们的子孙，并造就他们的肢体；造物主又按照他们生命的各个时期，以及所处的世界各地，使他们感觉敏锐，还赐予他们所需的营养。因为他断定，从恶中引发出善，胜过不容许任何恶存在。假如上帝决意不让人类重归快乐境地（正如堕落的天使），那么——因人类背叛上帝，因他滥用自由意志而藐视、干犯造物主极易遵守的诫命，因他顽梗地背离上帝之光，从而损害造物主赋予他的形象，因他滥用自由意志来破坏造物主律法的有益约束——这样的被造物被上帝全然、永远地弃绝，任凭其永无休止地遭受应得的刑罚，岂不是再公正不过的了吗？若是上帝只有公义而没有怜悯，若是他没有定意让人所不配的恩典在不配蒙恩的臣属面前闪耀出无尽的光辉，他当然会那样做。

第二十八章——叛逆天使被逐之后，留下的天使仍与上帝同享永远的福乐。

有些天使因骄傲和不敬而悖逆上帝，所以被逐出天庭，陷入最幽深的黑暗之中；与此同时，留下的天使仍与上帝同在永恒不变的圣洁、福乐之中。因为众天使不是出自于一个堕落受审判的天使，所以他们不像人类那样都在始祖的原罪上有份，或因一个天使的缘故而共受刑罚。只是那后来成为魔鬼的天使及其同伙骄傲地抬高自己，要与上帝同等，他们因自高而被抛下黑暗的深渊。而其余留在天国的天使对上帝的敬虔、顺服却始终不渝，他们确知自己享有前所未有的永恒保障，不再有堕落的可能。

第二十九章——按照上帝的应许，人类被修复的部分将取代叛逆天使失去的地位。

令宇宙的创造者和主宰者上帝喜悦的是，并非天使的全体都沉沦背叛，已沉沦的天使必将永久地陷于万劫不复之地；对上帝忠贞不渝而没有背叛的另一部分天使则因确知自己进入永恒的福乐而欢喜。另一方面，除天使之外的智能被造者——人类，尽管无一例外地将因罪（原罪、本罪①）的刑罚注定灭亡；但上帝所喜悦的是，他必定要挽救人类中的一部分，令其填补背叛且沦为魔鬼的天使在天使团队中留下的空缺。上帝曾应许圣徒说，复活后，他们将"和天使一样"②。这样，那天上的耶路撒冷——我们众圣徒之母，上帝之城——国民的数目便不会流失，她或许还要统治更多的子民。我们无从知道圣天使或魔鬼的数目究竟有多少，但我们知道，那曾被称为在地上不生养的神圣之母，她的儿女将要填补堕落天使留下的空缺，并让他们永远地安居在那平安的住所之中。伟大的造物主对其子民现在、未来的数目了如指掌，他是那"使无变为有的神"③，他命定万物的"尺度、数目和衡量"④。

第三十章——人得救不是因为善行，也不是自己意志的决定，而是因上帝的恩典，人因信而得此恩典。

然而，上帝应许赦罪并在他永恒国度中有份的这部分人类能否靠自己的善行而得复兴呢？绝无可能。因为一个失丧的人除非从灭亡中被救，何有善行可言？靠他自己意志的决定能有所为吗？我还是说，绝无可能。因为人类正是因滥用自己的自由意志，才毁坏了他的自由

---

① *Actual sin*，指在原罪之外，各人因违背上帝的旨意而犯的罪。——中译者
② 《路加福音》20：36。
③ 《罗马书》4：17。
④ 《所罗门智训》11章21节。

意志并他自己。显然，人在活着的时候才能自杀，在他自杀之后便不再活着，而且无法让自己死而复生。人既因自由意志而陷入罪，便为罪所胜，其意志的自由也因此而丧失了。"人被谁制伏就是谁的奴仆。"①这就是使徒彼得的判断。这显然是事实。试问一个被罪捆绑的奴仆，除犯罪的自由之外还有什么别的自由呢？他只在甘心实行主子的意旨上有自由。所以，罪的奴仆只有犯罪的自由，没有行善的自由，直到有一天，他从罪的捆绑下被解救出来，并成为义的奴仆。这才是真正的自由，因为他在行善中有喜乐，同时，这是圣洁的束缚，因为此时人顺服上帝的旨意。但当人在卖给罪为奴的时候，何来行善的自由呢？只有到他被基督救赎之后这才成为可能，基督说："天父的儿子若叫你们自由，你们就真自由了。"②在基督的救赎施行在人里面之前，在人没有行善的自由之前，他又有什么自由意志或善行可言呢？是出于无知的骄傲，人才以善行自诩。也正是为了使人免于如此的愚妄，使徒保罗才如是说："你们得救是本乎恩，也因着信。"③

第三十一章——信心本身也是上帝所赐；信的人必不缺少善行。

为防止人们自以为至少还有信的功德，不明白信心同样是上帝所赐，那位在另一处写下"我既蒙主怜恤能做忠心的人"④的保罗，又在这里写道："你们得救……不是出于自己，乃是上帝所赐的；也不是出于行为，免得有人自夸。"⑤唯恐有人以为信的人还缺少善行，保罗继而补充道："我们原是他的工作，在基督耶稣里造成的，为要叫我们行

---

① 《彼得后书》2：19。
② 《约翰福音》8：36。
③ 《以弗所书》2：8。
④ 《哥林多前书》7：25。
⑤ 《以弗所书》2：8—9。

善,就是上帝所预备叫我们行的。"①因此,在上帝重造我们成为新人之时,我们就有了真正的自由。他此次的工作不是把我们造成人——他早已完成了这项工作——而是造成良善的人,这才是上帝的恩典要成就的,让我们在基督耶稣里成为新人,正如《诗篇》作者所写:"上帝啊!求你为我造清洁的心。"②上帝早已为人造了肉体的心,诗人此处祈求的是生命的更新。

第三十二章——自由意志也是上帝所赐,我们立志行事,都是上帝在我们心里运行。

倘若有人仍要自夸,不是夸他的善行,而是夸他自由的意志,仿佛第一个功德非他莫属,而自由行善是他赢得的奖赏,那么就请听这位上帝恩典的忠实传讲者是怎样说的吧:"你们立志行事,都是上帝在你们心里运行,为要成就他的美意。"③在另一处保罗又写道:"据此看来,这不在乎那定意的,也不在乎那奔跑的,只在乎发怜悯的上帝。"④毋庸置疑的是,一个人到了有思想的年纪,若不是他有心愿,就不能信、不能望,也不能爱;若非他自愿地猛跑,也不能得上帝呼召人要得的赏赐。而所谓"这不在乎那定意的,也不在乎那奔跑的,只在乎发怜悯的上帝",意思不是说"人心里的谋算出于耶和华"⑤,又是什么呢?若不然,有人认为"这不在乎那定意的,也不在乎那奔跑的,只在乎发怜悯的上帝"的意思是说,事情在乎双方——既有人的意志,也有上帝的怜悯——因此要将这句话理解为,若没有上帝怜悯的

---

① 《以弗所书》2:10。
② 《诗篇》51:10。
③ 《腓立比书》2:13。
④ 《罗马书》9:16。
⑤ 《箴言》16:1。(和合本作"心中的谋算在乎人,舌头的应对由于耶和华。")

参与,只有人的意志是不够的;接着就可以说,若没有人的奔跑,只有上帝的怜悯也是不够的。于是,如果人们可以说,"这不在乎那定意的,只在乎发怜悯的上帝",因为单靠人的意志不够,为什么不能反过来说"这不在乎发怜悯的上帝,只在乎那定意的"呢?因为单靠上帝的怜悯也不够。可以肯定的是,没有基督徒敢说这样的话,"这不在乎发怜悯的上帝,只在乎那定意的",否则就是公开与使徒保罗唱对台戏了。既如此,"这不在乎那定意的,也不在乎那奔跑的,只在乎发怜悯的上帝"的真正涵义则应该是,全部工作都属于上帝,他使人的意志成为正直的,他也预备这意志接受帮助,到这意志预备好了的时候,他又帮助它。因为人意愿的正直在上帝的许多其他恩赐之先,却不在所有恩赐之先,它本身必须包括在并不在先的恩赐之中。我们在圣经里既读到:上帝"要以慈爱迎接我"[1];也读到:上帝的"慈爱随着我"[2]。这慈爱行在未立善志的人之先,以使他立善志;又行在立了善志的人之后,使他能将这意愿付诸实施。基督何以教导我们为显然不愿过圣洁生活的仇敌祷告?[3] 无非是因为上帝可能在他们里面做工,让他们有一天愿意过圣洁的生活。他何以又教导我们说,祈求才能得着呢?[4] 无非是因为他自己先在我们内心造成了意愿,又亲自来满足这意愿。因此,我们为仇敌祷告,是在求上帝的慈爱在仇敌前面引导他们,就如同他曾引导我们一样;我们为自己祈求,则是求他的慈爱跟随着我们。

---

[1] 《诗篇》59:10。
[2] 《诗篇》23:6。
[3] 《马太福音》5:44。
[4] 《马太福音》7:7。

第三十三章——人既是可怒之子，就需要一个中保。上帝的震怒在圣经中的涵义如何？

人类先前处于上帝公义的定罪之下，所有的人因此都是可怒之子。圣经论到上帝之"怒"时写道："我们经过的日子都在你震怒之下；我们度尽的年岁好像一声叹息。"①约伯也论及上帝的怒，说："人为妇人所生，日子短少，多有患难。"②主耶稣更论及这怒道："信子的人有永生；不信子的人得不着永生，上帝的震怒常在他身上。"③他没有说这震怒"将临到他"，而是说"常在他身上"。原因是，人人都生在上帝的震怒之下，因此保罗说："我们……本为可怒之子，和别人一样。"④既然人都因自己的原罪处于上帝的震怒之下，而且这原罪与各人添加其上的本罪——不论数量大小、情节轻重——相比更加严重而致命，所以在上帝与人之间就需要一位中保，即调解人，他借律法和先知所预表的一次性献祭，就可以平息上帝的义怒。使徒保罗就此写道："我们作仇敌的时候，且藉着上帝儿子的死，得与上帝和好；既已和好，就更要因他的生得救了。"⑤所谓上帝之"怒"，并不是说他会像人一样发脾气，而是说因他的义而对罪陡生憎恶，暂且借用人类的情感用语而称作"怒"。但我们既借着中保得与上帝和好，又受了圣灵，上帝已使我们这些往日的仇敌成为他的儿子（"因为凡被上帝的灵引导的，都是上帝的儿子。"⑥），这是上帝借我们的主耶稣基督而赐下的恩典。

---

① 《诗篇》90：9。
② 《约伯记》14：1。
③ 《约翰福音》3：36。这些归给主耶稣的话，实际上是施洗约翰所说。
④ 《以弗所书》2：3。
⑤ 《罗马书》5：10。
⑥ 《罗马书》8：14。

第三十四章——中保基督借童真女马利亚所生，是一个难以言喻的奥秘。

若想就这位中保做一充分的评价，需要的篇幅恐将过长，而且是人的能力难以企及的事。试问，有谁能以恰如其分的词语解释"道成了肉身，住在我们中间"①这一宣告，使我们信那位由圣灵从童贞女马利亚所生的全能父上帝的独生子呢？"道成了肉身"的意思并非基督的神性变成了肉体的性质，而是说神性披戴了我们的肉身。此处我们应把"肉身"解作"人"，人的肉身部分被看作人的整体，正如经上所说："凡有血气的，没有一个因行律法能在上帝面前称义"②，也就是说，没有一个人能那样做。我们必须相信，基督所披戴的人性是完整无缺的人性，只是这人性完全没有受罪的污染；也就是说，耶稣的人性不是随情欲经性关系而来，那样的人性生来就常在罪里，只有重生才能涤除罪。基督的人性是从童贞女而来，得来的条件是马利亚的信心，而不是她的情欲。马利亚即便仅是为了让基督出生而破坏了自己的贞洁，基督也就不是童贞女所生的了；若是那样，整个教会所信的基督为童贞女马利亚所生便不是事实了，这是绝无可能的事。教会也如同马利亚，每天都在生养主的肢体，自己却仍是童贞女。读者若有意，可以读我就马利亚的贞洁性写给敬爱的沃鲁夏努大人的信。③

第三十五章——耶稣基督既是上帝的独生子，同时也是人。

因此，上帝的独生子基督耶稣既是上帝，也是人。他是先于诸世界的上帝，也是我们世界中的人。他是上帝，因为他是上帝的道，

---

① 《约翰福音》1：14
② 《罗马书》3：20。
③ 奥古斯丁书信集，第一百三十七封。

而"道就是上帝"①；他是人，因为他的人格中，道与人的肉体和理性心灵合而为一。因此，就他是上帝而言，他与天父本为一；而就他是人而言，天父又比他伟大。基督原本就是上帝的独生子，并非因恩典才如此。这样他才能满有恩典地成为人子，集神性、人性于一身，成为一位基督；因为"他本有上帝的形象，不以自己与上帝同等为强夺的"②。他的属性本与上帝同等，但他谦卑自己，取了仆人的形象，同时又没有失去或减损自己上帝的形象。这样，他既降卑，又仍与上帝同等，兼两种身份于一身，正如前面所说，但他既是其中的道，又是其中的人。作为道，他与父同等；而作为人，他的尊贵不如天父。他是上帝的独生子，同时又是人子；他是独一的人子，同时又是上帝的儿子。他不是上帝的两个儿子——一个是上帝、一个是人，而是上帝独生的儿子。我们的主耶稣基督，他既是没有起始点的上帝，又是有起始点的人。

第三十六章——作为人的基督耶稣拥有上帝独生子的尊贵，上帝的恩典在此清楚地显明了。

上帝的恩典在此极强有力而清晰地表明出来。作为人的基督，其人性有什么功德可以空前绝后地被提高到能与上帝独生子之位格合一呢？是他先有了什么意志的良善，什么善良的意愿和动机，什么善行，才使得这个人配得成为上帝的一个位格呢？是否他之前为人为他赢得了如此空前的奖赏，以至被视为配成为上帝？绝对不是。在基督开始成为人的那一刻，他本就是上帝的儿子，是上帝的独生子，是成为肉身的道，因此，他是上帝。正如每个人都是肉体与理智灵魂的结

---

① 《约翰福音》1：1。
② 《腓立比书》2：6。

合体一样，基督也是道与人的结合。那么，上帝何以要将如此前所未闻的荣耀赋予人性呢？这荣耀既然不是来自先前的功德，就当然完全是恩典；目的是让一切冷静而真诚地考察此事的人能看到上帝白白赐下的恩典是如何浩大，是为让他们明白，让基督耶稣没有犯罪可能的同一恩典也能让他们从罪中称义。正因如此，天使在向马利亚宣告她要生子时，这样向她道贺："蒙大恩的女子，我问你安。"①未几，又说："你在上帝面前已经蒙恩了。"②天使之所以说马利亚"蒙大恩"，又说她"在上帝面前蒙恩"，是因为她将要成为她的主的母亲，更毋宁说将成为全人类之主肉身的母亲。使徒约翰在谈到基督"道成了肉身，住在我们中间"之后，补充道，"我们也见过他的荣光，正是父独生子的荣光，充充满满地有恩典，有真理。"③约翰所说的"道成了肉身"就是"充充满满地有恩典"；而他所说的"正是父独生子的荣光"就是"充充满满地有真理"。这真理本身就是上帝的独生子，不是出于恩典，而是出于他的本性；他因着恩典而担当人性在身，并使这人性与他自己的位格相结合，以便亲自成为人子。

第三十七章——基督的肉身是因圣灵感孕而生，这更清楚地彰显出上帝的恩典。

这位主耶稣基督——上帝的独生子，我们的主——是因圣灵感孕，从童贞女马利亚而生。我们都知道，圣灵是上帝的恩赐，这恩赐却与其赐予者同等。因此，圣灵也是上帝，其地位不逊于圣父和圣子。所以，基督因圣灵而降生在人性之中是上帝恩典的又一彰显。因为，马

---

① 《路加福音》1：28。（钦定本作"大蒙喜悦的女子"。）
② 《路加福音》1：30。（钦定本作"你在上帝面前已经蒙喜悦了"。）
③ 《约翰福音》1：14。

利亚问天使,她从未与任何男人亲近,如何会有他所宣告的事情发生,那天使回答说,"圣灵要临到你身上,至高者的能力要荫庇你;因此所要生的圣者,必称为上帝的儿子。"①而正当约瑟因怀疑马利亚犯了奸淫而想休了她的时候,有天使告诉他:"不要怕!只管娶过你的妻子马利亚来,因她所怀的孕是从圣灵来的"②;意思是说,你怀疑是从另一男人来的孩子,其实是因圣灵感孕而来。

第三十八章——耶稣基督作为肉身,是因圣灵感孕而生,不是指圣灵是他的父亲。

尽管如此,我们是否因此可以说圣灵是基督的肉身之父呢?是否因为天父上帝生了那道,而圣灵上帝生了基督的肉身,这两个特性构成了一个基督呢?是否基督作为道是天父上帝的儿子,而作为人却是圣灵上帝的儿子,圣灵作为父亲从童贞女马利亚生了他呢?有谁如此放肆地说这种话?我们无需推论由此可引发出多少谬论,这说法本身便是极端荒谬的,没有一位信徒不感到不堪入耳。我们认信的是:"我们的主耶稣基督,出于上帝而为上帝,因圣灵从童贞女马利亚所生,同具神性与人性,他是全能父上帝的独生子,圣灵也自天父上帝而来。"③基督若不是圣灵所生,那么,在何种意义上我们又说基督因圣灵而生呢?他是否圣灵所造?是否我们的主耶稣基督作为上帝,"万物都是藉着他造的"④,而作为人,他却是被造的呢?因为使徒保罗说,"按肉体说,(他)是从大卫后裔生的"⑤。但既然仅与圣子的位格结

---

① 《路加福音》1:35。
② 《马太福音》1:20。
③ 引自拉丁教会早年所使用的一种形式的《使徒信经》。
④ 《约翰福音》1:3。
⑤ 《罗马书》1:3。

合,又藉童贞女怀孕所生的受造者,是三一的上帝所造(因为三一神上帝的工作从来都是不可分的),何以只说他是因圣灵而生的呢?是否只需提到一个位格在工作,便说明三个位格都在工作呢?事实正是如此,而且可以举例加以证实。但在此问题的解答上,我们无需花费更多的笔墨,因为令人困惑之处仅仅在于,从何种意义上说耶稣基督"因圣灵所生",却不是圣灵之子。我们只需看到,尽管上帝造了这个世界,我们却不能说世界是上帝的儿子,或说世界是上帝所生;我们可以说世界是上帝创造、造成、制作、立定的,或用任何其他恰当的字眼。所以当我们在信经中说耶稣基督"因着圣灵感孕,从童贞女马利亚所生"的时候,难以解释的只是,他既"因圣灵从童贞女马利亚所生",为什么不是圣灵的儿子,却是童贞女马利亚的儿子。一个清楚无疑的事实是,圣灵并非作为父亲而生了基督,而童贞女马利亚却是作为母亲生了他。

第三十九章——因谁而生的未必就该说是谁的儿子。

我们无需想当然地认为,甲因乙而生就一定该称作乙的儿子。且不说儿子虽是从人而生,毛发、虱子也是从人而生,但毛发和虱子却不是人的儿子,对如此重要的命题来说,这个比喻未免过于俗鄙;但可以肯定的是,从水和圣灵而生的基督徒不能恰当地称作水的儿女,却是天父上帝的儿女,教会母亲的儿女。同样,因圣灵而生的耶稣基督也是圣父上帝的儿子,而不是圣灵的儿子。我所说的毛发等物足以说明,因谁而生的未必都可以称作谁的儿子,正如称作某人儿子的不一定是某人所生的一样,因为有的儿子是领养而来的。还有人被称作地狱之子,这并非说他是地狱所生,而是说他要下地狱,正如天国之子将去天国一样。

第四十章——基督因圣灵而生,彰显了上帝的恩典。

因此,正如甲可以因乙而生却未必是乙的儿子,且某人的儿子也未必是某人所生一样,很明显,基督因圣灵而生却不是圣灵的儿子,从童贞女马利亚而生又是她的儿子,这一安排的目的是彰显上帝的恩典。因着这一恩典,一个不靠先前功德的人,从他作为人而存在之初就完全与上帝的道这一位格紧密结合,因此这人子同时也是神子,而这神子同时又是人子。在将他的人性披在他的神性上的同时,恩典本身就在这个人身上变得如此自然,乃至没有留下任何余地使罪可以进入其中。于是,这恩典是以圣灵为标志,因为圣灵尽管本质上就是上帝,却也可以说是上帝的恩赐。若要就此问题作充分的解释,即便可能也需要冗长的论述。

第四十一章——基督自己虽无罪,却为我们成为罪,好使我们与上帝和好。

基督的坐胎、降生不是因肉体的情欲,所以他不是带着原罪而来。因着上帝的恩典,他神奇莫测地与道之位格相结合,这道就是上帝的独生子,他原本就是上帝之子,而非出于恩典才如此,因此他自身没有罪。尽管如此,因他降世为人成为罪身的形状,就被称为罪,为的是将自己献上以洗清众人的罪。在旧约之下,赎罪祭被称作罪。①旧约时代所有的赎罪祭都是对基督的预表,而他自己也果真被当作罪。所以使徒保罗在写过"我们替基督求你们与上帝和好"之后,又补充道:"上帝使那无罪的,替我们成为罪,好叫我们在他里面成为上帝的

---

① 《何西阿书》4:8。

义。"①保罗并没有像一些错误版本那样说,"那无罪的为我们而犯罪",就好像基督为了我们的缘故而犯了罪一样;他是说,我们要与之和好的上帝,使"那无罪的基督替我们成为罪",意思是,基督被当作我们的赎罪祭,以使我们与上帝和好。于是,正如我们被算作义一样(这义不是我们自己的,而是上帝的,这义不在我们里面,而是在上帝里面),基督也被算作罪;同样,他被算作罪,那罪也不是他的,而是我们的,那罪不在他里面,而是在我们里面。基督成为罪身的形状被钉在十字架上,罪虽不在他里面,但在某种意义上说,他成为罪身形状的肉身死去,是向罪而死。尽管他自己从未曾活在有罪的旧生命里,他的复活却预表着我们"出死入生",得到新生命。

第四十二章——洗礼表明我们向着罪与基督同死,并向着新生命与他同复活。

庄重的洗礼仪式在教会中举行,其意义在于:凡蒙受这一恩典的人都必须向罪死去,正如基督向罪死去一样,因为他在肉身中死了,这肉身便是罪的形状;凡蒙恩的人又从施洗池中站起来,正如基督从坟墓中复活一样,他们应当在圣灵里开始自己的新生命,无论他们的肉身年龄有几何。

第四十三章——洗礼及洗礼所代表的恩典向一切人敞开,不分长幼。

因为从新生儿到耄耋之年的长者,人人都可以受洗,所以凡受洗的人无不向着罪而死去。但婴儿只是向着原罪而死,而比他们年长的

---

① 《哥林多后书》5:20、21。

则是既向与生俱来的原罪，也向自己添加其上的本罪而死。

第四十四章——论及罪时，其复数形式常用以表示单数的罪，而单数形式常用以表示多数的罪。

我们说到年长者时，也常说他们向着罪（单数）死去，尽管他们无疑不是只向一种罪，而是向着自己思想、言论、行动中所犯的一切实际的罪而死。其原因是，我们常以单数表示复数的概念，正如诗人所写的，"他们用全副武装的兵士（单数）装满它的肚腹"①，尽管此处谈论的是许多兵士的情景。在圣经中我们也读到："求你祷告耶和华，叫这蛇（单数）离开我们。"②作者说的不是"这些蛇"，尽管以色列民受到许多蛇的危害。在别的例子中，也是用单数来指多数。相反，我们在说婴儿受洗得赦罪（复数）时，没有用单数形式，反而用复数的形式表达原罪的概念，此为以复数代单数的用法；这正如《马太福音》在谈到希律之死时所写，"因为要害小孩子性命的人（复数）已经死了"③，而没有说"要害小孩子性命的那人（单数）已经死了"。在《出埃及记》里，摩西说："这百姓……为自己做了金像（复数）"④，尽管以色列民只做了一个金牛犊。他们还指着这牛犊说："以色列啊，这是领你出埃及的神（复数）。"⑤这里同样是用复数代单数。

第四十五章——亚当的第一个罪涉及多重的罪。

---

① 拉丁原文作，*Uterumque armato milite complent*。Virgil, *Aen*, 2：20。
② 《民数记》21：7。（美国版和修订版均为复数。）
③ 《马太福音》2：20。
④ 《出埃及记》32：31。
⑤ 《出埃及记》32：4。

然而，即便是那一个罪——也就是"从一人入了世界……临到众人"①的那个罪，也就是婴孩也要因之受洗礼的罪——若加以分析，便可以从中分辨出多重不同的罪。其中有骄傲之罪，因为人决意要作自己的主，而不是降服在上帝的主权之下；有亵渎之罪，因为他不信上帝；有故意杀人之罪，因为他让死亡临到自己身上；有灵里的淫乱之罪，因为人类灵魂之圣洁为蛇的诱惑所败坏；有盗窃之罪，因为人擅自摘取上帝禁止他碰的食物；有贪婪之罪，因为他贪图所需之外的东西；此外，只要我们仔细省思就可以发现，这一次犯罪中还涉及其他不知多少的罪。

第四十六章——孩童有可能不仅在始祖的罪中有份，而且在父母的罪中有份。

有人说，婴儿不仅在始祖的罪中有份，且在生身父母的罪中有份，看来这种可能性很大。理由是上帝在审判以色列人时曾经说："我必追讨他的罪，自父及子。"②在婴孩重生，并置身于新约之下以前，这句话肯定是适用于他们的。先知以西结说儿女不再承担父辈的罪孽时，预言的正是这新约，他说："父亲吃了酸葡萄，儿子的牙酸倒了"③，必不再成为以色列地的谚语。其中隐含的意思是，人人都必须经过重生，才能从与生俱来的罪中得释放。后来犯的罪可以借悔改而得医治，正如我们所知，人在洗礼之后犯罪就是一例。因此，人必须重生，不仅仅在于人第一次出生是带罪而来，这罪孽是如此之深，乃至因合法婚姻所生的人也要说："我是在罪孽里生的，在我母亲怀胎的时

---

① 《罗马书》5：12。
② 《出埃及记》20：5；《申命记》5：9。
③ 《以西结书》18：2。

候就有了罪。"①诗人此处没有说是在单数的"罪孽"或"罪"里,尽管他那样说或许也并没有错,可他却情愿使用复数形式的"罪孽"和"罪"。原因恰恰如前所说,从那临到众人并使人性沦于必死的一个罪里可分辨出许多的罪来。同时,还有来自于生身父母的其他罪,这些罪虽未产生败坏人性的作用,却也使孩童陷入罪疚,除非上帝的恩典和怜悯介入,并从罪中拯救他们。

第四十七章——难以肯定的是,人是否也承担其他前辈的罪。

至于始祖亚当以后到人亲生父母间其他前辈的罪对此人的影响如何,的确是个值得一提的问题。是否人人都在其众前辈累加的恶行上有份,背负他们一切的罪疚,所以出生越晚,情形越糟糕;抑或,上帝警告要追讨前辈的罪到三四代为止,是因他怜悯人,不将因人们更早的前辈犯罪所发的怒气发在人们身上,免得未得重生之恩的人因被迫承受人类之初以来所有前辈的罪与刑罚,而不胜重负被压碎;抑或,经过对圣经更勤奋的研读和更细心的解释,可得到对此问题的其他答案,我不敢贸然断言。

第四十八章——人类初次犯罪,其性质极为严重,唯有中保耶稣基督之血才能洗清。

尽管如此,始祖在那乐园中犯的那个罪,其性质极其恶劣,乃至在一个人里,整个人类从根本上就被严重地定了罪。若不通过上帝与人之间的唯一中保——唯一无需重生的人,基督耶稣——这罪便无法得到赦免和遮盖。

---

① 《诗篇》51:5。(钦定本中"罪孽"和"罪"都作单数。)

第四十九章——基督并非因约翰之洗而获重生,只是以此甘愿为我们树立谦卑的榜样;正如他甘愿受死并非因罪而受刑罚,乃是以自己的死为世界除罪一样。

那些受约翰之洗的人并未获得重生,而只是为从基督获得重生做好准备,也唯有从基督那里才能获得重生;基督也受了约翰的洗,①约翰在基督以先而来,并喊着"预备主的道"②。基督不像约翰那样只用水施洗,而也用圣灵施洗,③好让凡信他的人都由圣灵得重生。基督是因圣灵而生,因此他无须重生。天父在基督受洗后宣告:"我今日生你"④,此处指的并非基督受洗的那一日,而是永恒中的一日,以显示出他是上帝的独生子。假如这日既不始于前一日之末,也不终于后一日之初,那么它必然是永恒中的"今日"。他请求接受约翰的洗礼,并非因为他有罪需要洗净,而是借此彰显出他谦卑到何等的地步。那施洗者发现基督无罪可洗,正如死亡发现他无罪可罚一样,这样,基督便是以极端严格意义上的公义,而不是仅仅用强权胜过并征服了魔鬼;原因是,基督尽管没有罪,魔鬼却以极端的不公义将他处死,因此因着基督,魔鬼失去了对因罪而受其奴役的人的控制便是再公正不过的了。如此看来,洗礼和死去都是基督心甘情愿而受,不是出于不得已,而是出于他对我们的怜悯。这样,罪既因一人进入世界(即整个人类),罪也因一人从世界除去。

第五十章——基督除去的不仅是一个原罪,且有各人添加其上的

---

① 《马太福音》3:13—15。
② 《马太福音》3:3。
③ 《马太福音》3:11。
④ 《诗篇》2:7;《希伯来书》1:5;5:5。奥古斯丁误称此话为主受洗时所说。

一切本罪。

其区别在于：人类始祖将原罪带入世界，而这个人（基督）却不仅除去那一个罪，且连各人加在其上的一切罪都除去了。使徒保罗因此写道："因一人犯罪就定罪，也不如恩赐；原来审判是由一人而定罪，恩赐乃是由许多过犯而称义。"① 即便只有与生俱来的那个罪，显然也足以将我们定罪；然而上帝白白赐予的恩典使人从众多的过犯中，即从人们与生俱来、无一幸免的原罪和所犯的许多罪中，得称为义。

第五十一章——凡从亚当而生的都被定罪，而唯有在基督里重生的才免于定罪。

保罗稍后又写道："如此说来，因一次的过犯，众人都被定罪；照样，因一次的义行，众人也就被称义得生命了。"② 这足以清楚地表明，凡从亚当而生的无一不被定罪，除非在基督里重生，他就不能免于定罪。

第五十二章——洗礼是基督死与复活的象征，受洗的人无论长幼，都因此向罪而死，又活在新生命里。

写过人类因一人而被定罪，又因一人而白白得恩赐之后，这位使徒认为书信的该部分已经写足，便进而谈到在基督十字架里洗礼的伟大奥秘。他清楚地向我们解释说，基督里的洗礼象征的不是别的，正是基督的死，而基督死在十字架上象征的不是别的，正是赦罪。所以，

---

① 《罗马书》5：16。
② 《罗马书》5：18。

正如基督的死是真实的一样，我们的罪得赦免也是真实的；正如基督的复活是真实的一样，我们称义也是真实的。保罗写道："这样，怎么说呢？我们可以仍在罪中，叫恩典显多吗？"①因为他在前面曾写过，"只是罪在哪里显多，恩典就更显多了"②，所以提出这样的问题，即人继续活在罪里好使恩典更显多是否合宜。他自答道，"断乎不可"，又说："我们在罪上死了的人岂可仍在罪中活着呢？"接着，为表明我们确已在罪上死了，他说："岂不知我们这受洗归入基督耶稣的人，是受洗归入他的死吗？"假如我们受洗归入基督的死，证明我们向罪死了，那么即便是初生儿在基督里受洗，也是向罪而死，受洗归入了他的死。在此事上无人例外，凡受洗归入基督耶稣的人，都是受洗归入了他的死。以上是为证明我们是向罪而死。那么，初生的婴儿重生时是向什么罪而死呢？岂不是向那与生俱来的原罪吗？这样，保罗接下来的话就同样适用于婴儿了："所以我们藉着洗礼归入死，和他一同埋葬，原是叫我们一举一动有新生的样式，像基督藉着父的荣耀从死里复活一样。我们若在他死的形状上与他联合，也要在他复活的形状上与他联合。因为知道我们的旧人和他同钉十字架，使罪身灭绝，叫我们不再作罪的奴仆，因为已死的人是脱离了罪。我们若是与基督同死，就信必与他同活，因为知道基督既从死里复活，就不再死，死也不再作他的主了。他死是向罪死了，只有一次；他活是向上帝活着。这样，你们向罪也当看自己是死的；向上帝在基督耶稣里，却当看自己是活的。"于是，他以证明我们不可继续活在罪里以使恩典显多作为开始，说："这样，怎么说呢？我们可以仍在罪中，叫恩典显多吗？"为说明我们向

---

① 《罗马书》6：1。
② 《罗马书》5：20。

罪已死，他补充道："岂不知我们这受洗归入基督耶稣的人，是受洗归入他的死吗？"又以相同的词句结束这整段内容。他在谈到基督之死时意指基督自己也是向罪而死。他是向什么罪而死呢？难道不是向着肉体吗？在他的肉体里并没有罪，只是那肉体取了罪的形状，因此被称为罪。那些已受洗归入基督之死的人不仅包括成年人，也包括新生儿。保罗说："这样，你们向罪也当看自己是死的；向上帝在基督耶稣里，却当看自己是活的。"①

第五十三章——基督的十字架、埋葬、复活、升天，并在父的右边坐下，正是基督徒生命的典范。

基督被钉十字架、埋葬、第三天复活、升天以及在父的右边坐下，所有事件之所以如此，是为让基督徒的生命有效仿的模式，不仅在神秘意义上如此，在实际生活中亦如此。因为论到基督被钉十字架，经上说："凡属基督耶稣的人，是已经把肉体连同肉体的邪情私欲同钉在十字架上了。"②论到基督的埋葬，经上说："所以我们藉着洗礼归入死，和他一同埋葬。"③论到他的复活，经上说："原是叫我们一举一动有新生的样式，像基督藉着父的荣耀从死里复活一样。"④论到他升天并坐在父的右边，经上说："你们若真与基督一同复活，就当求在上面的事，那里有基督坐在上帝的右边。你们要思念上面的事，不要思念地上的事。因为你们已经死了，你们的生命与基督一同藏在上帝里面。"⑤

---

① 《罗马书》6：1—11。
② 《加拉太书》5：24。
③ 《罗马书》6：4。
④ 《罗马书》6：4。
⑤ 《歌罗西书》3：1—3。

第五十四章——基督的第二次降临不是过去的事,而是要在世界的末了发生。

至于基督将来的作为,我们当信的是什么?将来,他要再来,审判活人、死人,这与我们今世的生活无关。因为那不是他曾经在地上所做的,而是属于他到世界末了时要做的事。于是,保罗上述的话紧接就是这样:"基督是我们的生命,他显现的时候,你们也要与他一同显现在荣耀里。"①

第五十五章——就"基督将审判活人、死人"可有两种解释。

对于"审判活人、死人"这一说法可做两种解释:其一,是将"活人"理解为基督再次降临时尚未死去,仍旧活在肉身里的人,而将"死人"理解为现已离开肉身,或在基督再来之前离开肉身的人;其二,也可将"活人"理解为义人,而将"死人"理解为不义的人,因为义人也要与其他人同受审判。"上帝的审判"有时是贬义,如,"作恶的,复活受审判"②;有时又是褒义,如,"上帝啊,求你以你的名救我,凭你的大能审判我"③。再想到是上帝的审判分别善恶,并将善者分在他的右边,从恶中解救他们,使他们不致与恶者同遭毁灭,就不难理解这一说法了。因此缘故,诗篇的作者才呼求道:"上帝啊,求你审判我",又像是对此作注脚,诗人写道:"从不虔诚的国中将我分别出来。"④

第五十六章——圣灵与教会。教会是上帝的殿。

---

① 《歌罗西书》3:4。
② 《约翰福音》5:29。(钦定本与和合本的"复活定罪"相同。)
③ 《诗篇》54:1。中文和合本译作,"凭你的大能为我伸冤。"——中译者
④ 《诗篇》43:1。(钦定本与和合本的"求你伸我的冤,向不虔诚的国为我辨屈"相同。)

到此为止，我们以适于信仰自白内容的简短篇幅，论述了我们的主耶稣基督——上帝的独生子。接下来，我们要说，我们信圣灵。这样，对三一上帝之三个位格的论述才能完成。之后，我们还要论及圣教会。我们由此就得以明白，构成所谓"自主的耶路撒冷"①的智能被造者，在谈论的次序上应从属于其创造者——至高的三一真神上帝。因为论到为人的基督耶稣所说的一切，都必然指的是与上帝独生子之位格合一的那一位。因此，信经的正确顺序要求教会从属于三一真神上帝，正如居所对于其居住者，圣殿对于住在其中的上帝，城市对于建造者来说，都处于从属的地位一样。此处我们应当明白整个教会，不只是在地上作客旅的这一部分，即从日出到日落赞美上帝之名，为从旧日的奴役中得自由而唱新歌的部分，还有自被造以来一直对上帝坚贞不渝，不曾经历堕落之苦的那一部分。后者是由圣天使组成，他们享有从不间断的快乐。他们（尽职尽责地）帮助仍在地上流浪做客旅的那部分教会，因为这两部分将在永恒的团契中合而为一，如今他们在相爱的关系中也是合一的，那合一的整体是为敬拜独一真神上帝而设立的。如此说来，无论是教会的整体还是她的任何一部分，都不愿代替上帝受敬拜，也不愿做属于这殿的任何一分子的上帝，非被造的上帝造了这由圣徒组成的圣殿。所以，圣灵若是被造的，便不可能是那创造者，而也许只是智能受造界的一部分，只是最高级的被造者。若果如此，在信经中圣灵就不会写在教会之前了，因为那样，圣灵本身也应属于教会，属于教会在天上的那部分。若是那样，圣灵就不会有圣殿可言，他本身就应是那圣殿的一部分。请看，圣灵是拥有圣殿的。使徒保罗就这殿写道："岂不知你们的身子就是圣灵的殿吗？这

---

① 《加拉太书》4：26。

圣灵是从上帝而来，住在你们里头的。"①保罗在另一处谈到这身子时说："岂不知你们的身子是基督的肢体吗？"②既然圣灵拥有圣殿，他又如何不是上帝呢？既然基督的众肢体是圣灵的殿，圣灵又怎会逊于基督呢？既然保罗说，"岂不知你们是上帝的殿？"③圣灵有一个圣殿，上帝有另一个圣殿？这也不是事实。保罗仿佛想证实这一点，便随即补充道："上帝的灵就住在你们里头。"所以说，那住在他殿里的上帝不仅是圣灵，也是圣父和圣子。那圣子论及他自己为头的身体，即地上的教会（"他可以在凡事上居首位"④）时说："你们拆毁这殿，我三日内要再建立起来。"⑤因此，上帝的殿是属于至高的三一真神之整体的，这圣殿就是囊括天上、地上所有圣徒的圣教会。

第五十七章——天上教会的景况。

至于天上的那部分教会，我们又能说什么呢？我们只能说他们当中没有邪恶的天使。使徒彼得写道："就是天使犯了罪，上帝也没有宽容，曾把他们丢在地狱，交在黑暗坑中，等候审判。"⑥此事发生之后，再没有一个天使从圣天使的队伍中堕落，也永远不再会有天使从中堕落。

第五十八章——天使群体的组织形式我们无从确知。

至于那天上的极为快乐的群体，其组织形式又如何？他们有无

---

① 《哥林多前书》6：19。
② 《哥林多前书》6：15。
③ 《哥林多前书》3：16。
④ 《歌罗西书》1：18。
⑤ 《约翰福音》2：19。
⑥ 《彼得后书》2：4。

等级区分？如何解释所有成员都统称为"天使"，正如我们在希伯来书中读到的那样，"所有的天使，上帝从来对哪一个说：你坐在我右边"①（如此表达方式显然意在说明所有天使，并无例外）；然而我们又发现有些天使被称作"天使长"，这些天使长是否等同于所谓的"诸军"呢？若然，那么诗篇中"他的众使者都要赞美他，他的诸军都要赞美他"②的意思或许就是，"他的众使者都要赞美他，他的天使长都要赞美他"。使徒保罗在统称天使群体时使用了四个名词——"有位的、主治的、执政的、掌权的"③——这些名词所指又分别如何？若是有谁能回答这些问题，且能证明其答案属实，就由他们来回答吧。至于我，我承认自己对此一无所知。我甚至不敢肯定是否太阳、月亮和众星也是天使群体中的一部分，尽管许多人认为它们不过是无感觉、无智能的发光体而已。

第五十九章——天使的形体性状若何是一难题，讨论也了无意义。

况且，有谁能说出那些天使向人显现时的形体究竟是怎样的呢？人们不仅能看到，而且能触摸到他们。他们又如何能不通过物质的身体，而通过属灵的能力，向人们属灵的而非肉体的眼睛展现异象，或对人内在的心灵而非外在的耳朵说话呢？而且天使还驻扎在人心里，正如先知书中所写："那在我里面说话的天使对我说。"④（作者没有写"那对我说话的"，而是"那在我里面说话的"）抑或，他们如何在人的梦境中显现，通过梦境与人沟通？正如我们在福音书中读到的："有

---

① 《希伯来书》1：13。
② 《诗篇》148：2。（修订版作"host"，系单数，而非表"诸军"之义的"hosts"。）
③ 《歌罗西书》1：16。
④ 《撒迦利亚书》1：9。（钦定本与和合本"与我说话的天使"相同。）

主的使者向他梦中显现,说……"①如此沟通方式似乎意味着,天使并无可触知的形体;但若是如此,亚伯拉罕又如何能为天使洗脚②,雅各又如何能与天使摔跤③,就成了费解的难题。假如我们在讨论此类问题时能适可而止,且能避免以不知为知之的弊病,那么提出此类问题并做出猜测可能会是对心智的有益操练。如果我们即令对这些问题一无所知也不为过,那又有什么必要对这些及其他类似的问题或给予肯定,或给予否定,抑或是下确切的定义呢?

第六十章——撒旦在扮作光明天使时,我们能识别他却是更有必要的。

当撒旦装扮成光明天使的时候,④我们要运用一切的辨别、判断能力,以免他的诡计诱使我们误入歧途,这才是更有必要的事。撒旦欺哄的若只是肉体感官,不败坏人心,以使它失去过信心生活所需的真实而健全的判别能力,对人的信仰尚无大碍。有时撒旦不得不表现出良善,所言、所行恰似天使,我们又相信他是良善的,这种错误对基督教信仰也无甚伤害或威胁。但若撒旦使用这些与其本性相违的手段前来诱使我们误入他的迷途,我们就有必要极为小心地识别它,并坚决拒绝跟从他。只是若没有上帝保护、看顾我们,有多少人能逃避撒旦设的所有诡计呢?然而,这困难本身也于我们有益,这可以使我们避免错误地相信自己或他人,而是单单地仰望上帝。没有一个敬虔的人会怀疑,这样做对我们最有益处。

---

① 《马太福音》1:20。
② 《创世记》18:4;19:2。
③ 《创世记》32:24、25。
④ 《哥林多后书》11:14。

第六十一章——地上的教会是靠那中保的血从罪中救赎而来。

由天使、诸军组成的天上的教会其真实性质如何,到世界末了我们与之会合并共享永福时便会知晓。但对于与天上教会相分离,仍作客旅在地上流连的另一部分教会,我们则比较熟悉,不仅是因为我们是其中的一部分,也是因为她是由人组成的,而我们又都是人。教会的这一部分是靠无罪的中保之血从罪中救赎而来,有救赎之歌咏唱道:"上帝若帮助我们,谁能敌挡我们呢?上帝既不爱惜自己的儿子为我们众人舍了。"①基督并没有为众天使而死,但从某种意义上讲,他牺牲自己对人的救赎也是为天使而成就的,因为罪在人与圣天使之间造成的敌对状态因此得以消除,而且因人得救赎,也填补了堕落天使的背叛在天军中留下的空缺。

第六十二章——因着基督的牺牲,万物得以复兴,天地之间也有了和平。

圣天使因在上帝面前受教,并以全备真理的永恒规模为乐,他们自然知道有多少人类将要补充到他们的行列中去,以补足天上公民的总数。使徒保罗写道:"使天上地上一切所有的,都在基督里面同归于一。"②到了堕落天使造成的空缺都从人类中补足的时候,天上所有的便聚齐了;而到了预定进入永生的人都从往日的败坏中得到救赎的时候,地上所有的也聚齐了。于是,借着中保一次的献祭(律法之下的众多献祭都是这一次献祭的预表),天上的便与地上的成就了和平,地上的也与天上的有了和平。因此,保罗说:"因为父喜欢叫一切的丰盛在

---

① 《罗马书》8:31、32。
② 《以弗所书》1:10。

他里面居住。既然借着他在十字架上所流的血成就了和平,便借着他叫万有,无论是地上的、天上的,都与自己和好了。"①

第六十三章——天国充满了上帝出人意外的平安。

这种平安正如圣经中所说,是"出人意外"②的平安,直到我们完全拥有它的时候,才能知晓它是怎样的。所谓"在天上有和平"③,无非是天上那部分教会与我们和好,达成和谐的关系。因为天上的平安是无可毁坏的平安,在那里的所有智能被造者之间如此,在他们和他们的创造者之间也如此。正如经上所说,这平安是"出人意外"的,这当然是指我们人的,而不是天上时刻与父面对面的天使的认知能力而言。我们人类的认知能力无论有多强,如今对此也只能部分地了解,而且是"对着镜子观看,模糊不清"④。但到我们与上帝的天使不再有分别的时候,就能同他们一样与真理面对面了。到那时,我们对他们有多少和平,他们对我们就有多少和平,因为我们会爱他们,如同他们爱我们一样。那时,我们也会知晓他们的平安是怎样的,因为届时我们自己的平安要像他们的一样,同样浩大,且不再出乎我们的意料之外。只是上帝的平安,即上帝内心里对我们的和平,则不仅出乎我们的意料之外,也会出乎天使的意料之外。事情必定如此,因为凡有福的理性受造者,其福乐无不来自于上帝;而上帝的福乐却不来自于他的被造者。根据此观点,"上帝的和平超乎所有的认知能力",其中"所有"一词最好解释为,就连圣天使的认知能力也不例外。唯一的

---

① 《歌罗西书》1:19、20。
② 《腓立比书》4:7。
③ 《路加福音》19:38。
④ 《哥林多前书》13:12。

例外是上帝自己，他的和平当然不会超乎他自己的认知能力。

第六十四章——圣徒一生蒙赦罪。他们可以不触犯刑律，却难免有罪。

即便是现在，天使也因我们的罪得赦免而与我们有了和平。因此，使徒信经在写过圣教会之后，便依序写到赦罪。因为世上的教会正是借此可以站立得住。同样是借此，那些曾经失丧又被寻回的人不会再失丧。上帝洗礼的恩典为我们存留是为消除我们的原罪。洗礼的恩典使出生加在我们身上的原罪借重生得以消除（这恩典消除的还有我们的思想、言行中所犯的一切本罪）。从此，上帝恩惠的伟大行动便开始使人复兴，洗净我们一切的过犯，无论是原罪还是本罪，我们的余生从能使用理性之时起，无论在义的道路上获得如何长足的进步，仍不断有赦罪的需求。原因是，上帝的儿女只要仍活在这取死的肉体之中，就难免同死亡的势力抗争。"凡被上帝的灵引导的，都是上帝的儿女"①，虽确是指着这些人所说的，然而，他们在被上帝的灵引导，作为上帝的儿女奔向上帝的同时，也必然遇到阻力，他们也受自己心灵的引导，为自己必朽坏的肉体所累。同时，他们作为人的儿女，受人类自然倾向的影响，也会滑落到旧日的层面上去，这就是罪。不过，罪有别于触犯刑律的罪行。每个罪行都是罪，但并非每个罪都有罪行。所以我们说，圣徒仍活在必死的肉体中的同时可以没有罪行，但正如使徒约翰所说："我们若说自己无罪，便是自欺。"②

---

① 《罗马书》8：14。
② 《约翰一书》1：8。

第六十五章——上帝赦罪,但条件是人要悔改;教会的法规为悔改规定了时间。

在圣教会里,甚至极严重的罪行本身也可以得到赦免。凡真诚地根据自己罪情轻重悔改的人,从来都不应对上帝的怜悯感到失望。在悔改的行动中,对于罪行性质足以使犯罪者与基督的身体分离的,我们看重的不应是其行动的时间长短,而应是他的悔憾程度,因为忧伤痛悔的心,上帝必不轻看。①但由于人内心的痛悔之情往往无法为别人所知,他若只是向上帝倾诉说:"我的叹息不向你隐瞒"②,别人则无法从言语或其他迹象上了解,因此,教会的管理者为悔罪规定次数便是有道理的,这样,罪在教会中得赦免的要求才能得到满足。在教会以外,罪不能得赦免,原因是唯有教会受了圣灵的应许,没有这应许便不得赦罪,这应许说,上帝要将罪得赦免的人带到永生中去。

第六十六章——赦罪主要是就上帝未来的审判而言。

赦罪主要是就未来的审判而言。就今生而言,圣经所写也是有效的:"自从人出离母胎那一天,直到埋葬,回到众生之母的怀中那一天,上帝为每人指定了一项重大的职务;在亚当的子孙身上,放下了一副重担。"③我们看到,即使受了洗礼并获得重生的婴儿,也难免遭受种种罪恶之苦。由此可知,拯救的圣礼带来未来福乐的盼望,多于保持或获得眼前的福分。在这个世界上,许多罪似乎都被轻易放过,未受惩罚,其实是审判的日子未到(圣经特将基督再来,审判活人、死人的日子称作"审判的日子",并非空言);正如许多罪在今世虽受到惩

---

① 《诗篇》51:17。
② 《诗篇》38:9。
③ 《便西拉智训》40章1节。

罚，却也得蒙赦免，在永生中不会再招致惩罚。因此，使徒保罗论及某些今生就受到世上刑罚的罪人，他们的罪已被涂抹，到最后审判之日不再判罪的人，说道："我们若是先分辨自己，就不至于受审。我们（今天）受审的时候，乃是被主惩治，免得我们和世人一同定罪。"①

第六十七章——没有行为的信心是死的，不能救人。

还有人认为，那些没有离弃基督的名，又在教会里受了基督的洗，也从未因分裂或异端言行被教会清除出去的人，尽管他们活在最污秽的罪里，既未在悔改中洗净自己，也未以施舍补救自己的罪，却执迷不悟直到生命的最后一天，这些人也会经火而得救；也就是说，他们虽受火的刑罚，且刑罚延续的时间视其罪情而长短不一，却不会受永火的刑罚。在我看来，有如此看法却又属于大公教会的人是被人的良好愿望引入了歧途。我们若查考圣经，就会得出截然不同的答案。我曾专门写书阐述这一问题，该书的题目是《论信心与行为》。在书中，我借上帝的帮助尽己所能地从圣经的角度阐明，能救我们的信心正像使徒保罗清楚说明的："原来在基督耶稣里，受割礼不受割礼全无功效，惟独使人生发仁爱的信心才有功效。"②但这信心若是行恶，却不行善，那么无疑正如使徒雅各所说的："信心若没有行为就是死的。"③这位雅各还说："我的弟兄们，若有人说自己有信心，却没有行为，有什么益处呢？这信心能救他吗？"④再者，假如恶人只凭信心就

---

① 《哥林多前书》11：31、32。
② 《加拉太书》5：6。
③ 《雅各书》2：17。
④ 《雅各书》2：14。

可以经火得救,假如这就是保罗所谓"虽然得救,乃像从火里经过一样"①的意思,即信心没有行为也可使人得救,那么他的使徒同伴雅各所言就一定是错的了。若然如此,保罗自己在另一处所写也必定是错的了,他写道:"不要自欺,无论是淫乱的、拜偶像的、奸淫的、作娈童的、亲男色的、偷窃的、贪婪的、醉酒的、辱骂的、勒索的,都不能承受上帝的国。"②这些在恶道上一意孤行的人若仍可以凭信基督而得救,他们不能承受上帝的国又怎能是真的呢?

第六十八章——《哥林多前书》3:11—15 所谓"虽然得救,乃像从火里经过的一样"的真实涵义。

但因使徒们这些明白无误的宣告不可能是错的,那意义不甚明显的说法,即那些根基建在耶稣基督之上,不用金、银、宝石建造,却用草木、禾秸建造的人(是这些人,"虽然得救,乃像从火里经过的一样",是那根基救了他们③),就有必要经过解释才能与以上引用的经文不矛盾。草木、禾秸可被合理地理解为对世俗事物的恋慕(无论这些事物本身如何正当),失去这些东西总会使其恋慕者心痛。假若心痛虽如火烧,基督却仍在此人心中占有根基的地位,也就是说,他仍然爱基督胜过一切,且虽然痛火中烧,却宁愿失去自己所恋慕的东西,也不愿失去基督,那么,他就像经火一样得救了。但在遇试探中,有人宁愿为自己保住不能长存的属世之物,而不是基督,那么就没有以基督作自己的根基,而是把属世的事物放在首位,而建造房子首先要立的

---

① 《哥林多前书》3:15。
② 《哥林多前书》6:9、10。
③ 《哥林多前书》3:11—15。15 节中的"火"并非介乎死亡与复活中间状态的炼狱之火,而如 14 节所说,是审判之日的火。——萨蒙德

必须是根基。保罗此处说的火,必定是这两种人均须经过的火,一种是在根基上用金、银、宝石建造的,另一种是在根基上用草木、禾秸建造的。因为他随即补充道:"这火要试验各人的工程怎样。人在那根基上所建造的工程若存得住,他就要得赏赐;人的工程若被烧了,他就要受亏损,自己却要得救。"①这火要试验的不仅是一种人的工程,而是两种人的都要试验。苦难的试验正是另一处圣经明确谈到的火:"炉火试炼陶人的陶器,言谈试验人的人格。"②这火在今生中正如保罗所说的那样试炼人。两个信徒若同受火的试验,一个"为主的事挂虑,想怎样叫主喜悦"③,也就是在基督的根基上用金、银、宝石建造;另一个"为世上的事挂虑,想怎样叫妻子喜悦"④,也就是在同一根基上用草木、禾秸建造。前者的工程不会烧毁,因为他不恋慕那些失去就会痛心的事物;后者的工程则被烧毁,因为他所恋慕的一旦失去,必会让他伤心不已。但我们假设的是连后者也宁愿失去这些东西而不愿失去基督,不因怕失去那些东西而离弃基督,纵然他会因失去它们而痛心,也还是得救了,但要经火才能得救,因为他恋慕且失去的东西所带来的痛苦,对他来说如同大火烧身。不过这大火不致毁灭他,因为有那不可动摇、不可朽坏的根基保守他。

第六十九章——一些信徒此生后有可能经炼狱之火。

这类事情在此生之后发生并非没有可能。是否有些信徒将会因恋慕必朽坏的事物经炼狱之火,是否依他们恋慕的程度,经火长短、得

---

① 《哥林多前书》3:13—15。
② 《便西拉智训》27章5节;2章5节。
③ 《哥林多前书》7:32。
④ 《哥林多前书》7:33。

救早晚不一,这是值得探讨的问题,不管是能就这些问题得出肯定的答案,还是仍旧让人存疑。然而,那些所谓"不能承受上帝的国"①的人却绝不属于这种情形,除非是他们经过必要的悔改而得赦免。我说"必要"的意思是,他们在施舍上不是不结果子,因为圣经极为看重施舍的美德,以至主事先就告诉我们,他只赐奖赏给那些在他右边而多行施舍的人,只将匮乏降给那些在他左边而少行施舍的人,他对前者说,"你们这蒙我父赐福的,可来承受那创世以来为你们所预备的国";又对后者说,"你们这被咒诅的人,离开我,进入那为魔鬼和他的使者所预备的永火里去!"②

第七十章——若非生命改变,施舍则不能赎罪。

但我们必须留意,免得有人以为,可以每天犯那些不能承受上帝之国的人所犯的重罪,却能因施舍免受审判。人的生命必须更新,而施舍在上帝面前只能用来补偿过往的罪,却无法换取上帝不因今后犯罪而降罚。因为上帝从未准许人犯罪,③尽管他赐下怜悯,只要我们不忽略弥补既往所犯的罪,他就可能会将我们的罪涂抹掉。

第七十一章——信徒每日的祷告可弥补玷污其生命的小罪。

信徒每日的祷告可弥补今生不可避免的一时性的和微小的罪。因为他既然已从水和圣灵得到重生④,成为上帝的儿女,就可以呼求,"我们在天上的父"⑤。这一祷告当然可以去除日常生活中微小的罪。

---

① 《哥林多前书》6:10。
② 《马太福音》25:31—46。
③ 《便西拉智训》15章20节。
④ 《约翰福音》3:5。
⑤ 《马太福音》6:9。

这一祷告还可去除一度曾使信徒的生命十分败坏,如今却已改邪归正,不再重犯的罪,主要他因此真实地说"免我们的债"(我们待免的债从来就不少),又真实地说,"如同我们免了人的债"①,只要他是言行一致的,因为宽恕一个请求宽恕的人,事实上是一种施舍。

第七十二章——施舍有多种,施舍有助于我们罪得赦免。

以此为原则,我们的主所说的"只要把里面的施舍给人,凡物于你们就都洁净了"②,便适用于人出于恩慈之心所行的一切有益于他人的事。因此,不仅这样的人是施舍的人——他见人饿了给他们吃,见人渴了给他们喝,见人赤身露体给他们穿,见人作客旅就招待他们,见人流离失所就给他们提供住处,他探望患病者和囚犯,赎回为奴的,救助弱者,为盲人引路,安慰伤心者,医治人的病痛,带领迷失者走上正途,劝导困惑者,并为贫穷者提供所需——而且宽恕罪人的人也是施舍的人。那些或以责打纠正下属,或以惩罚约束下属,同时又由衷地宽恕对方带来的伤害,或祷告为对方的罪求赦免的人,同样也是施舍的人。施舍不仅在于宽恕别人的罪,为对方罪得赦免而祷告,而且也在于责备并纠正罪人,因为他以此也表现出仁爱之心。当施舍是为受者的利益而非他们的快乐着想时,受到如此厚待的人却未必乐于接受;他们常常与自己为敌,将他们真正的朋友当作敌人,而且还愚蠢地以恶报善(基督徒却不可以恶报恶③)。因此,施舍有许多种,而施舍有助于我们自己的罪得赦免。

---

① 《马太福音》6:12。
② 《路加福音》11:41。
③ 《罗马书》12:17;《马太福音》5:44。

第七十三章——最大的施舍莫过于宽恕亏负于我们的人，并爱仇敌。

最大的施舍莫过于由衷地宽恕针对我们所犯的罪。相比之下，对未对你行恶的人怀有善意，甚至做善事，还算不得什么；而爱你的仇敌，总是对他怀有善意，在有机会时，为对你怀有恶意并只要可能就会加害于你的人行善事，则是高尚得多，也是最值得崇尚的善。这是在顺服上帝的命令，"要爱你们的仇敌，为那逼迫你们的祷告"①。这是唯有上帝完美的儿女才能达到的境界，尽管所有信徒都应追求如此境界，祈求上帝的帮助，并竭力使自己的心灵提升到这一高度，但如此高度的善毕竟不是大多数人所能具有的，我们很少听到有人这样祈求："免我们的债，如同我们免了人的债。"鉴于上述情形，人若虽未达到爱自己仇敌的境界，却能由衷地宽恕得罪过自己又请求宽恕之人的罪，无疑也是"免了人的债"，因为在他祷告说，"如同我们免了人的债"的同时，肯定也渴望自己得赦免；这也就是说，在我们求赦免时请赦免我们，正如别人求我们赦免时我们也免了别人的债一样。

第七十四章——上帝不为不由衷宽恕他人的人赦罪。

人是因悔罪才向自己曾犯罪伤害了的人求宽恕，此时他不能算作难于去爱的那种采取敌对行动意义上的仇敌了。人若不从内心宽恕悔罪并求宽恕的人，就休想上帝会赦免此人自己的罪。因为那真理是不会说谎的。读过、听过福音的人不会注意不到，那位说"我就是真理"②的基督，正是教导我们要这样求的那一位。为使我们将这祈求深

---

① 《马太福音》5：44。
② 《约翰福音》14：6。

铭心中,他还说:"你们饶恕人的过犯,你们的天父也必饶恕你们的过犯;你们不饶恕人的过犯,你们的天父也必不饶恕你们的过犯。"①不因这惊雷般的警告而猛醒的人不是睡着了,而是死去了;而这声音如此之振聋发聩,即令是死人也该惊醒了。

第七十五章——邪恶、不信的人不能借施舍得洁净,除非他们重生。

可以肯定的是,那些生活在大罪之中又不洗心革面的人,若一边不停犯罪行恶一边不断施舍,这种人切不可因主曾说过,"只要把里面的施舍给人,凡物于你们就都洁净了"②,而徒然聊以自慰。他们并不了解这话的深远含义,要想对它有所了解,就要请他们听一听主的原话。《路加福音》中是这样写的:"说话的时候,有一个法利赛人请耶稣同他吃饭,耶稣就进去坐席。这法利赛人看见耶稣饭前不洗手便诧异。主对他说:'如今你们法利赛人洗净杯盘的外面,你们里面却满了勒索和邪恶。无知的人哪!造外面的,不也造里面吗?只要把里面的施舍给人,凡物于你们就都洁净了。'"③我们难道能将此话理解为,从不信基督、也未从水和圣灵重生的法利赛人,只要他们施舍,一切就都洁净了么?事实上,依照"藉着信,洁净了他们的心"的说法④,就未信基督的人而言,一切都是不洁净的。使徒保罗就此写道:"在污秽不信的人,什么都不洁净,连心地和天良也都污秽了。"⑤因此,法利赛人即使施舍,倘若不信,如何能"凡物就都洁净了"呢?他们不愿信基

---

① 《马太福音》6:14、15。
② 《路加福音》11:41。
③ 《路加福音》11:37—41。
④ 《使徒行传》15:9。
⑤ 《提多书》1:15。

督，如何能是信徒，因上帝的恩典重生呢？然而，他们听到的这话本身，"只要把里面的施舍给人，凡物于你们就都洁净了"，却是真理。

第七十六章——施舍的人当从对自己施舍开始，即怜恤自己的灵魂。

人若想以应有的方式施舍，就应从自己开始，先向自己施舍。因为施舍是怜恤之举，圣经里说得千真万确：怜恤你自己的灵魂是上帝所喜悦的。①我们重生正是为此目的，为的是让上帝得喜悦，上帝因他的公义，不喜悦我们与生俱来的罪。我们的第一次施舍是借着上帝的怜悯，舍给我们自己的，因为我们发觉自己在上帝面前是邪恶可憎的，并承认上帝判我们为可憎是公义的，使徒保罗就此写道："审判是由一人而定罪。"②这位上帝恩典的传讲者又赞美上帝的大爱说："惟有基督在我们还作罪人的时候为我们死，上帝的爱就在此向我们显明了。"③我们因此能真实地判断自己凄惨的景况，又能用上帝赐与我们的爱去爱上帝，过圣洁而有道德的生活。但法利赛人虽从自己所得（哪怕是最微不足道的）之中施舍十分之一，却忽略了上帝的公义和慈爱，施舍没有从自己家开始，也没有首先将怜悯施予自己。主耶稣说"要爱邻舍如同自己"④，指的正是这一施爱的先后次序。因此我们的主在斥责他们表面看上去洁净内心却充满勒索和邪恶之后，规劝他们在行善时要先对自己行善，洁净自己的里面，他说："只要把里面的施舍给人，凡物于你们就都洁净了。"⑤为表明自己劝诫他们的内涵

---

① 《便西拉智训》30 章 24 节。
② 《罗马书》5：16。
③ 《罗马书》5：8。
④ 《路加福音》10：27。
⑤ 《路加福音》11：42。

是什么,那正是他们不屑一做的,同时也为表明他并没有忽略或忘记他们的施舍,他接着说:"(可是)你们法利赛人有祸了!"说此话,他仿佛是在表示:我劝你们施舍给人的是"凡物于你们都洁净了"的东西,"(可是)你们法利赛人有祸了!因为你们将薄荷、芸香并各样菜蔬献上十分之一";他仿佛是在说:我知道你们的奉献,你们不必以为我是因这些事警告你们;但是你们"忘记了上帝的公义和慈爱",只有在此基础上的奉献才能洁净你们内心的一切污秽,那样,你们只知洗净的肉体也就洁净了。这才是所谓"凡物"的含义,它既包括内在的,也包括外在的,正如我们在另一处经文中读到的:"先洗净杯盘的里面,好叫外面也干净了。"①主耶稣不愿让那些人以为,他轻视他们用地里初熟的果实所做的奉献,于是说:"这原是你们当行的",指的是将十分之一奉献;又说:"那也是不可不行的",指的是行上帝的公义和慈爱。

第七十七章——要对自己施舍就必须远离罪;爱慕罪就是恨恶自己的灵魂。

因此,认为自己可用施舍——无论是钱是物,无论多么丰厚——换得作恶无虞之特权的人,请不要再自欺。因为他们不仅犯罪,而且爱罪极深,乃至只要能犯罪而不受惩罚,就想永远地犯下去。爱罪恶的人恨恶的是自己的灵魂,而恨恶自己灵魂的人必不怜恤它,反以残酷对待它。因为按世界的标准爱惜灵魂,就是按上帝的标准恨恶它。人若想怜恤那使自己"凡物都洁净"的灵魂,就会按世界的标准恨恶它,而按上帝的标准爱惜它。唯有从那位一无所缺者那里有所得的人

---

① 《马太福音》23:26。

才能够施舍。经上因此才说:"他要以慈爱迎接我。"①

第七十八章——何罪为小,何罪为大,唯由上帝判断。

什么是小罪,什么是情节恶劣之罪,不应由人的判断力来判断,而应让上帝来判断。很显然,连使徒们自己也对某些罪取包容的态度,以保罗针对已婚者所说的话为例,他说:"夫妻不可彼此亏负,除非两相情愿,暂时分房,为要专心祷告方可;以后仍要同房,免得撒旦趁着你们情不自禁引诱你们。"②他也许没有将不以受祝福的生养为目的,而只为肉体欢愉为目的的夫妻性行为视为罪,以免缺乏自制力的人受自己的软弱诱惑而犯通奸、淫乱,或者在撒旦的试探中被情欲引入其他不齿的死罪中去。若不是保罗又补充道,"我说这话,原是准你们的,不是命你们的"③,上述性行为也许就真的不被看作罪了。既然我们承认保罗只是在以使徒的权威准许夫妻那样行,谁又能否认它是罪呢?另一情形也同样,保罗说:"你们中间有彼此相争的事,怎敢在不义的人面前求审,不在圣徒面前求审呢?"④未几,保罗又写道:"你们若有今生的事当审判,是派教会所轻看的人审判吗?我说这话是要叫你们羞耻。难道你们中间没有一个智慧人能审断弟兄们的事吗?你们竟是弟兄与弟兄告状,而且告在不信主的人面前。"⑤若不是保罗随即补充道:"你们彼此告状,这已经是你们的大错了"⑥,有人或许以为在此情形下,弟兄彼此相争不是罪,只有到教会以外求审才是罪。

---

① 《诗篇》59:10。
② 《哥林多前书》7:5。
③ 《哥林多前书》7:6。
④ 《哥林多前书》6:1。
⑤ 《哥林多前书》6:4—6。
⑥ 《哥林多前书》6:7。

为避免有人自以为有理却受了屈枉,只想让自己的冤屈在法官面前得伸,保罗预料会有这种想法和申辩,便又说道:"为什么不情愿受欺呢?为什么不情愿吃亏呢?"保罗因而把我们带回到主的话语面前:"有人想要告你,要拿你的里衣,连外衣也由他拿去"①;主还说,"有人夺你的东西去,不用再要回来。"②如此看来,我们的主禁止追随他的人为属世的事与人争讼,保罗正是以此为原则才宣告说,那样做是"大错"。尽管如此,他容许在教会内由其他弟兄来裁决弟兄之间的这类讼案,只是严禁把讼案带到教会以外,很明显,他这样说是对软弱者之软弱的一种包容。正因这些罪和其他诸如此类的罪,还有我们在言语、思想上所犯的更细微的罪(正如使徒雅各所说,"原来我们在许多事上都有过失"③),我们才需要每日常向主祈求,"免我们的债",并真心实意地加上一句,"如同我们免了人的债。"

第七十九章——有些罪看似轻微,实则严重。

若不是圣经指出某些罪其实很严重,人们便会将其看作微不足道。若不是身为真理的主这样说过,谁会想到称自己的弟兄为"笨蛋"的人难免受地狱之火呢?然而,何处有伤痛,主就在何处医治,他为得罪人的人与受得罪的弟兄和解提出了一项法则:"所以,你在祭坛上献礼物的时候,若想起弟兄向你怀怨,就把礼物留在坛前,先去同弟兄和好,然后来献礼物。"④若不是使徒保罗说过,"我为你们害怕,惟恐我在你们身上是枉费了工夫"⑤,又从这"害怕"中揣摩出那邪恶的

---

① 《马太福音》5:40。
② 《路加福音》6:30。
③ 《雅各书》3:2。
④ 《马太福音》5:23、24。
⑤ 《加拉太书》4:11。

严重性，有谁会想到，占卜某日、某月、某年、某段时期的凶吉，以此决定是否在那日子开始某件事，其实是很大的罪呢？

第八十章——罪无论如何深重可怕，一旦我们对其习以为常，便会觉得微不足道。

不仅如此，无论罪的情节有多么严重、恶劣，一旦人们对它习以为常，就会视其为微不足道，甚至根本不将它看作是罪。既如此，人们非但不掩饰这类的罪，反而将它们当成可夸耀的事，四处传扬，正如圣经所写："恶人以心愿自夸，他祝福贪财的，却轻慢耶和华。"① 圣经里称这类的罪为"冤声"（cry）。在以赛亚书谈到那充满罪恶的"葡萄园"之处，你就可以看到这样的例子："他（上帝）指望的是公平，谁知倒有暴虐；指望的是公义，谁知倒有冤声。"② 《创世记》中也有类似的表达："所多玛和蛾摩拉的罪恶甚重，声闻（outcry）于我"③，因为在这两个城市中罪恶非但没有受到惩治，反而畅行无阻，竟如受法律的保护一般。我们这个时代也同样：形形色色的罪虽与所多玛和蛾摩拉的不尽相同，人们却是同样公开地常犯无忌，我们不仅不敢从教会中驱逐犯这些罪的平信徒，甚至也不敢贬黜犯这些罪的神职人员。以至几年前，我在解释加拉太书中保罗所说"我为你们害怕，惟恐我在你们身上是枉费了工夫"一句时，不禁感叹道："人类的罪何其险恶！因为只有在我们尚未对其习以为常之前才会躲避它们，而一旦对其习以为常，尽管上帝的儿子为洗净这些罪而流血牺牲，尽管这些罪如此深重，乃至上帝的国度对它们大门紧闭，我们却对这一切罪熟视无睹，而熟视无睹又导致我们常犯其中的

---

① 《诗篇》10：3。
② 《以赛亚书》5：7。
③ 《创世记》18：20。

某些罪而不自知。主啊，求你不要让我们犯那些我们无力阻挡的罪。"我是否因过于悲哀而显得出言不慎，将来才会知道。

第八十一章——罪的根源有二：无知、软弱；我们需要上帝的帮助才能胜过这两者。

此处要说的，我曾在其他著作中常常谈到，那就是，导致人犯罪的有两个根源：要么是尚不了解自己的本分，要么是明知自己的本分却不履行。前者是来自无知之罪，后者是来自软弱之罪。与这两种罪抗争是我们的责任，但若不是有上帝的帮助，我们肯定会打败仗，我们不仅需要上帝帮助我们了解自己的本分，而且在认清本分之后，也让我们热爱公义的心胜过迷恋世界的心，正是恋慕或怕失去世界的心导致我们睁着眼睛明知故犯。在后一种情形下，我们不单是罪人（即便我们因无知而做错事，也还是罪人），而且干犯了律法，因为知道该做的我们没有做，知道不该做的我们反而去做。因此，我们不仅应在犯罪后祈求上帝赦免我们，"免了我们的债，如同我们免了人的债"，而且应当求上帝带领，让我们不犯罪，即"叫我们不遇见试探"。我们还要向诗篇作者称为"我的亮光，我的拯救"①的主祈求，因为是他除去我的无知，也是他除去我的软弱。

第八十二章——真正的悔改需要上帝的恩典。

甚至是按教会章程有充分理由进行的惩罚，也常常因人的软弱而被豁免了。可悲的是，我们怕失去人们的欢心，因为赞扬之辞总是比使人谦卑悔改的公义做法让人感觉良好。所以，人不仅在悔改之时需

---

① 《诗篇》27：1。

要上帝的恩典，而且这恩典还在前面引导他悔改。否则，保罗何以指着某些人说："或者上帝给他们悔改的心"①呢？而且在彼得痛哭前，《路加福音》的作者又何以说，"主转过身来看彼得"②呢？

第八十三章——藐视上帝恩典的人犯了干犯圣灵的罪。

那些不相信罪在教会中得赦免的人，其实是藐视上帝赐予的这一伟大恩典，而且到死执迷不悟，犯了干犯圣灵这永不得赦免之罪，基督本是在圣灵里赦免人的罪。③不过就此疑难，我曾在一本专著中尽可能清楚地作了阐释。

第八十四章——身体复活引发出的诸问题。

至于身体复活，我不知如何才能以简短的篇幅加以论述，同时又能对人们常提出的问题作出满意的解答。我指的不是有些人死去又活过来，过一段时间再死去的事，而是指复活而进入永生，就如基督从死里复活一样。不过，所有人的身体——不管是现已出生，还是尚未出生的；不管是现已死去的，还是将要死去的都要复活，对此，基督徒都不应该有所怀疑。

第八十五章——流产胎儿的情形又如何？

在这方面首先提出的问题是，流产的胎儿将来是否也要复活，这些胎儿在母腹中确已成为生命，只是没有出生，以成为可重生的生命。我们如果断定这些流产的胎儿也要复活，就更不可能反对发育成

---

① 《提摩太后书》2：25。
② 《路加福音》22：61。
③ 《马太福音》12：32。

形的人会复活的结论了。有谁不想当然地认为,未成形而流产的胎儿如同未结果实的种子消亡了呢?但尽管人们不敢肯定,又有谁敢否认,到复活时,人形体上的所有缺欠都会补足,因此时间本可以带来的完全,到那时丝毫都不会少,而因月份不足而造成的缺欠,到那时也都补足了。乃至其特性中既不会缺乏时日所能添加给它的适宜的事物,也不会因时日过长所添加的相反事物而受贬损。相反,尚未长全的那时将成为完全,正如已受损的那时将得到更新一样。

第八十六章——胎儿若曾经有生命,流产时就必然是死去了,所以他们也将在复活中有份。

下述问题可以让有专门知识的人去仔细探讨,不过,我不知这是否属于人类有能力解答的问题:胎儿在母腹中的生命应从何时算起?是否生命在生物以其活动显示自己的存在之前就以潜在的形式存在着?假如有胎儿被肢解取出母腹之外,以免母亲因胎儿也死去,若要否认这胎儿曾经有过生命,则未免太过鲁莽。从人被赋予生命之时起,他就有死亡的可能。无论死亡在何处战胜他,我不知别人可以根据何种原则否认他有从死里复活的权利。

第八十七章——怪胎的复活问题。

即令是怪胎,只要他们出生且成活了,无论他们多么快就死去,我们也没有理由认定他们不会复活,或复活时仍是畸形,而不是拥有修复完好的形体。最近在东方出生了一对连体人,一些极可信的弟兄见过他,并报道了这一见闻,哲罗姆长老还记载了此事。[①]我要说,我

[①] 哲罗姆在他的《维塔利斯书信》中写道:"抑或,只因我们这个时代在利达有一连体人出生,他有两个头,四只手,一个身子,两只脚,就必然地认为所有人出生时都会是那样吗?"

们决不可以为到复活时，他们还是连体人，而不是分别的两个人，就如孪生兄弟一样。还有人出生时或带有赘生物，或有残缺，抑或严重畸形，被称为"怪胎"，他们在复活时会被修复成为有正常形体的人。以至每个灵魂都将拥有自己的身体，即便今世生来连体，到那时也不再连体，而是各自成为有五官健全之形体的人。

第八十八章——构成人体的物质永不灭。

上帝用以创造人类今生肉体的各种物质也不会消亡，即或这身体被碎作烟尘，化作气体，即或它可能转化作其他物体之组成部分，化为元素，即或它会成为野兽或人的食物，并转化为后者的躯体，它也必将瞬间回归它原来的灵魂，是这灵魂最先使它能动，使它成为人，使它生活并成长。

第八十九章——但在复活时，这些物质的排列组合会不同。

这些构成人体的属地物质在人的灵魂离开时，便成为尸体，在复活时不会恢复到它原来的各组成部分，而是以各种形式、外观成为组成其他事物的组成部分（尽管这些物质都会回到各自原来所属的身体），却不一定回到原在的那部分身体中去。否则，假如我们时常修剪下的头发、指甲在复活时都回归原位，那将是一幅多么怪异的图景，只能使复活的形体变得不可思议。但是，这正如一尊雕像，用可被火融的金属，用可粉碎的石膏，用可捏成团的陶土塑成；塑像者想用原来的材料重新塑造它，只要这新雕像使用的是原有材料，至于先前塑造某一部分的材料如今用来重新塑造哪一部分，就无关紧要了。具有奇妙莫测之能力的陶匠上帝，也会用构成我们原来身体的全部材料，以神奇的速度恢复我们的形体。无论原来用来造头发的材料是否仍回到头发，做指甲的材料是否仍回到指甲，也无论早已毁灭的这些材料是否会变成血肉，用以构成那身体的其他部分，都不会影响到复活的身体的完整。伟大的艺术家上帝会留意让那身体的各部分搭配得当。

第九十章——复活之人的形体各有不同，但其中绝不会有丑陋或不匀称。

未必只因人们今生体态不同，在复活时体态也有此不同；也不一定瘦人复活后仍是瘦人，胖人复活后仍是胖人。造物主若决意让各人在复活时保留其形体特点，以便能辨认出与其前身的相像之处，又在身体其他方面同具长处，那么原来构成各人身体的材料或许要做相应的调整，使之无一丧失，且原来的缺陷也会得到弥补，因为上帝甚至能随己意从无变有。但复活后人们的形体若各具有序的差别，就像不同的音色构成完美的和声一样，那么每个人的身体都可能会有改变，使其适合在天使队伍中的位置而不造成任何不协调。可以肯定的是，那里将不存在丝毫不协调之处，凡在那里的都会是优美和谐，现在的不合宜之处，到时就不会是这样了。

第九十一章——复活时，圣徒身体将成为有灵性的身体。

这样，圣徒的身体在复活时将没有缺陷瑕疵，也不受败坏、重力和障碍物的影响。他们的行动全然自如，就像他们全然幸福一样。他们的身体已被称作是"属灵的"（spiritual），但无疑仍是形体（bodies）而不是灵（spirit）。正如如今人的身体被称作是"有灵气的"（animate），尽管它是血肉之躯，却不是灵魂本身（anima）一样，到那时，人的身体也会被称作"有灵性的身体"，尽管它是身体而不是灵。①所以，就如今

---

① 《哥林多前书》15：44。

使灵魂负重的败坏和使肉体与灵相争的情欲①而言,圣徒的身体到那时不再是肉体,而是形体,因为有些形体是"属天的"。圣经因此写道,"血肉之体不能承受上帝的国",接下去仿佛是解释这句经文,圣经又说,"必朽坏的不能承受不朽坏的"②。使徒保罗前一句中说的"血肉之体"在后一句中被称作"必朽坏的",而前一句中所说的"上帝的国"在后一句中被称作"不朽坏的"。但就其实质而言,身体到复活时也还是骨肉之躯,因为甚至基督的身体在复活后,也被说成是"有骨有肉"的。③然而保罗又说:"所种的是血气的身体,复活的是灵性的身体"④;因为到那时,人的灵与肉将会如此完美地结合,以至灵魂将维系已降服的肉体之生命,后者无需再靠营养,于是我们人性的两部分不再有紊乱发生;相反,正如我们不再有外在的敌人一样,我们也不再做自己内在的敌人。

第九十二章——失丧者的复活问题。

论到因始祖犯罪而沉沦的人类中未得神—人之间唯一中保救赎的人,他们也要在自己的身体中复活,只是要与魔鬼及其使者一同受刑罚。他们复活时是否带有此生身体的痼疾和缺陷,探讨也了无意义。如果他们将受永远的诅咒是肯定的,我们就无需费脑筋去思考他们那时的健康或容貌如何了,那些都是难以肯定的事。他们的身体若要无止境地受苦,我们也无需探讨它们在何种意义上是不朽坏的了;抑或他们的身体若无死亡的可能,我们也无需探讨它们在何种意义上是必

---

① 《所罗门智训》9 章 15 节;《加拉太书》5:17。
② 《哥林多前书》15:50。
③ 《路加福音》24:39。
④ 《哥林多前书》15:44。

朽坏的了。原因是，充满幸福的才是真正的生命，而健康不能被伤痛所困扰才是真正的不朽坏。然而，假如不允许不幸的人死去，我或许就可以说，死亡本身就不死了，而人的灵魂若要遭受无止境的痛苦，那么朽坏的过程就永无终了了。这就是圣经所谓的"第二次死"。①

第九十三章——第一次、第二次死亡都是罪的结果。刑罚与过犯成正比。

假如从没有人犯罪，人就不会受灵魂不得不离开身体的第一次死亡之苦，也不会受灵魂不得离开受煎熬之身体的第二次死亡之苦。当然，受刑罚最轻的是在与生俱来的原罪之上未添加自己的本罪的人；至于其他添加了本罪的人，今生过犯少，来生受的刑罚则较容易忍受。

第九十四章——复活后，圣徒会更充分地了解自己从上帝的恩典中得到的福分。

在堕落的天使和人遭受永远的刑罚的同时，圣徒将会更充分地知晓他们因上帝的恩典而得的是怎样的福分。看到了实实在在的现实，他们就会更清楚地领会这句诗篇的涵义："我要歌唱慈爱和公平。"②是因上帝白白赐予的怜悯，才能有人得救；也是因人当受的审判，才有人被定罪。

第九十五章——那时上帝的审判将会得到解释。

---

① 《启示录》2：11。
② 《诗篇》101：1。

到那时，很多如今不明朗的事将会变得明朗。例如，在两个各方面情况相同的婴儿之中，一个因上帝的恩典蒙拣选作他的儿女，另一个却因上帝的公义而遭弃绝（蒙拣选的婴儿由此可以看到，若不是上帝恩典的介入，自己的结局本该如何）。在两个婴儿之间，为什么是这一个，而非另一个蒙拣选，这对我们来说是无法解答的难题。又如，主何以未将神迹行在见了神迹能悔改的人面前，却行在他早已知道不愿悔改的人面前呢？我们的主特别地这样说道："哥拉汛哪，你有祸了！伯赛大啊，你有祸了！因为在你们中间所行的异能，若行在推罗、西顿，他们早已披麻蒙灰悔改了。"① 可以肯定的是，上帝不愿他们得救绝不是不公平，尽管只要他愿意这些人得救他们就可以得救。如今敬虔者只能凭信心相信那些尚不确知的事，到将来它们就可在明澈的智慧之光照耀下一目了然了。他们将看到上帝的旨意是何等确定，何等不可变更，又何等有功效；他们将看到，虽然上帝旨意中的事他没有做不到的，但有多少事情他能做，却不在他的旨意之中；他们也将看到，诗篇所唱的是何等的真实："我们的上帝在天上，都随自己的意旨行事。"② 假若上帝旨意中的事他没有做，更有甚者，假若人的意志阻拦了这位全能者，使他不能做自己喜悦的事，那么诗篇所唱的就一定是假的了。由此可见，凡发生的事都是出于那全能者的旨意，他要么是允许事情发生，要么是亲自行事。

第九十六章——甚至在允许邪恶存在之中也有全能上帝的美意。

我们也不能怀疑，即使在允许邪恶存在之中也有上帝的美好旨

---

① 《马太福音》11：21。
② 《诗篇》115：3。

意。因为只有他断定为公义的事,才会允许其存在。而凡公义的事必定是好事。所以,邪恶就其恶的性质而言,虽不是好事,而恶与善并存却是一件好事。恶的存在若不是好事,全能之善就不会允许其存在。毫无疑问,这位全能之善若不许他不愿令其存在的事物存在,此事就会像他让自己愿意发生的事发生一样易如反掌。如果我们不相信这一点,那《使徒信经》的第一句话,"我信上帝,全能的父"就会受到威胁;因为,假如他不能做自己想做的一切事,假如他全能意志的能力可被受造者阻挡,那么他就不能真正被称为"全能者"了。

第九十七章——既然事实上并非人人得救,保罗又是在何种意义上说"上帝愿意万人得救"?

于是我们必须加以探讨的是,在何种意义上使徒保罗才最真实地说,"上帝愿意万人(意为'人人')得救"①呢?因为事实上并非人人,甚至也不是大多数人得救,上帝的旨意因此看上去似乎并没有成全,人的意愿似乎干扰并阻挡了上帝的旨意。当问及何以不是所有人都得救时,我们常会得到这样的解答:"因为人们自己不愿意呀。"这的确不是就婴儿而言,他们尚无做出愿意、不愿意之抉择的能力。但若要将他们受洗时极力挣扎的动作当作他们的意愿,我们就只能说,甚至婴儿也不愿得救了。而且在《马太福音》里,我们的主斥责不信的城时清楚地说道:"我多次愿意聚集你的儿女,好像母鸡把小鸡聚集在翅膀底下,只是你们不愿意。"②好像是说,上帝的旨意被人的意志所胜,最弱者以自己薄弱的意志加以阻拦,最强者的旨意就无法执行。

---

① 《提摩太前书》2:4。
② 《马太福音》23:37。

如果上帝愿意聚集耶路撒冷的儿女却行不通，或者耶路撒冷不愿意它的儿女被上帝召聚，那么上帝在天上、地上随自己的旨意而行的全能又在哪里？但是，尽管耶路撒冷不愿意，上帝还是照自己的心意召聚了如此之多的儿女，他并非在一些事上随自己的心意行，在另一些事上不随自己的心意行，而是"凡事都随自己的心意而行"①。

第九十八章——预定得永生完全是上帝白白赐予的恩典。

谁又是如此愚妄亵渎，竟说上帝不能随时、随地随己意改变人邪恶的意志，并将这意志引向良善？但上帝这样做时，是出于怜悯，而上帝不这样做时，是出于公义，因为"上帝要怜悯谁，就怜悯谁；要叫谁刚硬，就叫谁刚硬"②。保罗说此话，是借前面提到的利百加腹中的孪生子以说明上帝的恩典，他在前面写道："双子还没有生下来，善恶还没有做出来，只因要显明，上帝拣选人的旨意，不在乎人的行为，乃在乎召人的主。上帝就对利百加说：'将来大的要服侍小的。'"③就此，保罗还引用了另一位先知的见证说："雅各是我所爱的，以扫是我所恶的。"④但他意识到那些难领会这恩典之深意的人会如何对自己上述言论作出反应，于是写道："这样，我们可说什么呢？难道上帝有什么不公平吗？断乎没有。"⑤因为上帝不因人有德无德、他们的善行恶行决定自己的好恶，这看上去似乎不公平。保罗若是想让我们这样理解：这对双生子中一个在将来会有善行，一个在将来会有恶行，上帝自然预知这一切，他就绝不会说"不在乎人的行为"，而会说"在乎人

---

① 《传道书》8：3。
② 《罗马书》9：18。
③ 《罗马书》9：11、12。
④ 《罗马书》9：13；《玛拉基书》1：2、3。
⑤ 《罗马书》9：14。

将来的行为"了；若然，上述难题就解决了，或者说，有待解决的难题根本不存在了。然而事实上，保罗自问自答道，"断乎没有"——即，上帝绝不可能有什么不公平——之后，进而证明了上帝那样做并非不公平，他写道："因他对摩西说：'我要怜悯谁，就怜悯谁；要恩待谁，就恩待谁。'"① 既如此，除非冥顽不灵的人，还有谁会认为，上帝或对罪有应得的人施以惩罚，或对不配怜悯的人施以怜悯，有什么不公吗？保罗从而得出结论："据此看来，这不在乎那定意的，也不在乎那奔跑的，只在乎发怜悯的上帝。"② 所以，那对双生子生来就同为可怒之子，不是因为他们自己的行为，而是因为他们同在起初因亚当而来的定罪之下。但那位说"我要怜悯谁，就怜悯谁"的主宰者，却因雅各不配得的恩典而爱雅各，又因以扫应得的审判而恨恶以扫。由于这审判是两个人都应受的，雅各于是可以从以扫的情形中看到一个事实，那就是他们本该同受的刑罚没有落到他自己的头上，这并没有给他留下夸耀自己功德的余地，唯一可夸的是上帝丰盛的恩典，正如保罗所说："这不在乎那定意的，也不在乎那奔跑的，只在乎发怜悯的上帝。"的确，如果可以这样表达，我就会说，圣经的整体，即它每一方面的特征，其实都是在用极为深刻的比照，向每个留意观察它的人传达着一个有益的警示："夸口的当指着主夸口。"③

第九十九章——因上帝的怜悯是白白赐予的，他的审判则是公平的，无可非议。

保罗赞扬上帝的怜悯，说，"据此看来，这不在乎那定意的，也不

---

① 《罗马书》9：15；《出埃及记》33：19。
② 《罗马书》9：16。
③ 《哥林多前书》1：30。

在乎那奔跑的，只在乎发怜悯的上帝"；他进而赞扬上帝的公义（未得怜悯的人由此发现，不是上帝对他不公，而是以公义待他，因为上帝是完全公义的），他接着补充道："因为经上有话对法老说：'我将你兴起来，特要在你身上彰显我的权能，并要使我的名传遍天下。'"① 保罗于是得出一个适用于两者（上帝的怜悯和公义）的结论："如此看来，上帝要怜悯谁，就怜悯谁；要叫谁刚硬，就叫谁刚硬。"② "上帝怜悯谁"是出于他伟大的仁慈，"上帝叫谁刚硬"也不存在任何不公；这就使蒙他宽恕的人无理由以自己的功德自居，被定罪的人除自己的失德之外也并无可怨。因为分别得救者与失丧者的唯有上帝的恩典，他们原本都处于同一来源的同一沉沦之中。或许有人听此话却要说，"他为什么还指责人呢？有谁抗拒他的旨意呢？"③ 就好像人不应因其败坏而受责，因为是上帝要怜悯谁，就怜悯谁；要叫谁刚硬，就叫谁刚硬。对此，我们不应以保罗的话作答为耻，他说："你这个人哪，你是谁，竟敢向上帝强嘴呢？受造之物岂能对造他的说：'你为什么这样造我呢？'窑匠难道没有权柄从一团泥里拿一块作成贵重的器皿，又拿一块作成卑贱的器皿吗？"④ 有些愚昧人以为保罗对上述人的质问无以作答，因讲不出理由才斥责提问者放肆。其实，"你这个人哪，你是谁"，此话不能小看，它以寥寥数语提示了人的有限地位，同时又实实在在地表明了一个重要的道理。人若不明白这道理，就不知自己是谁，竟敢向上帝强嘴；若明白这道理，也就没有强嘴的余地了。那样，他就可以看到，整个人类都在其悖逆的首领之中被定了罪，上帝的这一裁决

---

① 《罗马书》9：17；《出埃及记》9：16。
② 《罗马书》9：18。
③ 《罗马书》9：19。
④ 《罗马书》9：20、21。

是公正的，假如人类中没有一个成员得救赎，也就没人有理由质疑上帝的公平了；而且他也可以看到，上帝的做法是合理的，他使得救者以这样一种方式得救——借更多的人未得救并仍被公平地定罪——而显示出，整个人类本都应被定罪，若不是上帝白白赐予得救者以怜悯，这些人也应受到上帝的审判。这样就封住了欲以功德自居者之口，让夸口的，当指着主夸口。①

第一百章——尽管许多事有违上帝的旨意，但他的旨意是无可战胜的。

这些都是耶和华的伟大作为，照着他所喜悦的彰显出来②，而且彰显得如此有智慧，以至当智能受造（天使与人）犯罪，不遵行上帝的旨意却自行其是的时候，上帝却将受造者背离他的意志变成实现他旨意的工具，那至善者甚至将恶事也变成善事，将他以公义预定要惩罚的人定罪，又将他以怜悯预定要赐予恩典的人拯救出来。就犯罪的被造者的意识而论，他们做了上帝不愿他们做的事，而从上帝全能的观点看，这些被造者绝无可能达到自己的目的。正是在他们违背上帝旨意的现实之中，上帝关于他们的旨意得到了成全。正所谓，"耶和华的作为本为大，凡他所喜悦的都必彰显出来"。他以不可思议的奇妙方式，让自己的旨意甚至胜过了违背他旨意的事。因为若不是他允许，违背他旨意的事就不会发生（当然，他的允许不是违心的，而是情愿的），若不是他自己的全能足以将恶事也变成善事，美善的上帝就不会允许恶的存在。

---

① 《罗马书》3：19；《哥林多前书》1：31。
② 《诗篇》111：2（七十士译本）。（钦定本与和合本的"耶和华的作为本为大，凡他所喜悦的都必彰显出来"相同。）

第一百零一章——上帝的旨意永远是美好的，它有时通过人邪恶的意志而成就。

但人有时会出于良善的愿望，期望上帝所不期望的事，尽管上帝的旨意也是良善的，而且他的良善要比人的完全、可靠得多（因为他的旨意绝无可能是恶的）。例如，有位孝子切望父亲能活下去，而上帝的美意却是让那父亲死去。也有可能一个心存恶念的人所期望的，正是上帝出于美善的旨意同样期望的事。例如，一个不孝之子希望父亲死去，这刚好也是上帝的意愿。显然，前一个儿子所期望的是上帝不期望的，而后一个儿子所期望的却是上帝期望的，然而前者的孝心与上帝美善的旨意更相符，只是在具体愿望上与上帝的不同；相比之下，后者不孝，他只是在具体愿望上凑巧与上帝的相同。因此在判断某人的愿望是否可取时，有必要考虑什么是人应当期望的，什么应当是上帝所期望的，两种愿望的真正动机又是什么。上帝的一切目的当然都是美善的，但他有时会利用恶人邪恶的意愿来实现他的美意。比如，借着犹太人的恶谋，天父上帝成就了他的美意，使基督为人的罪而死，这本是一件好事，以至当彼得阻拦此事发生时，基督斥责他为撒旦①，因他正是抱着为人死去的目的来到世间。虔诚的信徒阻止保罗上耶路撒冷去，免得亚迦布所预言的恶事临到他，他们的愿望看上去是多么善良②，但上帝的旨意却是让保罗为传扬信基督而遭受那些恶事，以成为基督的见证。上帝没有借基督徒良善的忠告，反而借犹太人的恶谋成全了他美好的旨意。在此种情形下，上帝真正的仆人是那些与上帝的意愿相悖的人，而不是愿亲手去成全他意愿的人。

---

① 《马太福音》16：21—23。
② 《使徒行传》21：10—12。

第一百零二章 —— 全能上帝的旨意是无可战胜的,且绝不存在恶。

但无论天使或人的意志多么强,无论他们的意愿是好是坏,也无论他们的意愿与上帝的旨意相符或相违,都无法战胜全能者的旨意,而且他旨意中绝不存在恶,即便是在他利用恶的情况下,他的旨意也是公义的,是公义的自然就不是恶的。所以,无论他以自己的仁慈怜悯他想要怜悯的人,还是以他的审判惩治他想要惩治的人,全能的上帝绝无不公义的地方,他从不做自己旨意之外的事,他也绝不会不实施自己的旨意。

第一百零三章 —— 对提摩太前书"他愿意万人得救"说法的解释。

同样,我们在听到、读到圣经里说"他愿意万人得救"[①]时,虽明知并非"万人"(人人)都得救,也不应因此将上帝的全能看作是受限制的,而应将此经文理解为,若非上帝愿意使人得救,就无人能得救。经文的意思不是说,上帝不愿世上一个人也不得救,而是说,没有一个人得救不是出自上帝旨意。因此我们就要祈求,求他愿意使我们得救,因为他只要愿意的事就必成就。使徒保罗正是在论及向上帝恳求、祷告时使用了如上说法。依照同一原则,我们也可以解释约翰福音所说的,"那光是真光,照亮一切生在世上的人"[②]。此话的意思不是说,世上没有一个人不被那真光照亮,而是说,凡被照亮的,人无一不是被那真光照亮。换言之,所谓"他愿意万人得救"的意思并不是

---

① 《提摩太前书》2:4。
② 《约翰福音》1:9。

说，上帝不愿意世上一个人也不得救（否则如何解释，基督不愿在某些人面前行神迹呢？他说，他若在那些人面前行神迹，他们早已悔改了），而是说，应将"万人"理解为所有阶层、所有状况下的人类——国王、臣民；贵族、平民；上等人、下等人；有学识的、没有学识的；健壮的、孱弱的；聪慧的、迟钝的、愚蠢的；富有的、贫穷的还有处于中间状态的；男人、女人、婴孩、儿童、青少年；青年、中年、老年人；操各种语言、具各种风格、有各种手艺和职业的人；意愿和心地各异的人，不论人们还在哪些事上各有不同。在各民族的各等人中，有哪一个或哪一族上帝会不愿从中拣选人，使其借着他的独生子——我们的主——得救呢？而且不仅愿意也是确实拯救，因为全能上帝的旨意无论是什么，都不会落空。使徒保罗吩咐我们为"万人"祷告，又特别补充说："为君王和一切在位的"，这些人可能被视为骄傲并夸耀属世地位的人，不想有基督教信仰的谦卑。接着保罗又说，因为"这是好的，在上帝我们的主面前可蒙悦纳"，意思是应当为这些人祷告。随后，像是为了消除读者对上述人无望的心情，他又马上补充道："他愿意万人得救，明白真道。"[①]上帝俯就谦卑的人，以应允卑微者为君尊者的祷告为乐。如此表达法的事例还有很多，在《路加福音》里，我们的主也曾用同样方式讲话，他对法利赛人说："你们将薄荷、芸香和各样菜蔬献上十分之一。"[②]因为法利赛人并不是将别人及全球所有居民的菜蔬献上十分之一。因此，正如此处我们只能将"every herb"理解为"各样的菜蔬"一样，前面一句话所谓的"万人"也可理解为"各种人"。我们还可以用其他方法解释那句话，只要不让人必然地认为全能

---

① 《提摩太前书》2：1—4。
② 《路加福音》11：42。

上帝旨意中的事他没有做到就可以。正如诗人就这位全能上帝所唱的，如果"耶和华在天上、在地下……都随自己的意旨而行"①，那么，可以肯定，他没有做的就不是他旨意中的事。这样看待"他愿意万人得救"一句，就可以避免任何意义上的含混。

第一百零四章——上帝既预知人类始祖犯罪，便据此立定了自己的旨意。

由此看来，上帝若预知人类始祖会意志坚定，以保持被造时无邪的状态，那么他的旨意就会是让亚当停留在被造时安全的状态中，在他生儿育女后，在适当的时候，不经死亡而将他转移到更美好的地方，在那里他不但不会犯罪，而且连犯罪的愿望也不会有。但由于上帝预见到人会滥用自己的自由意志，也就是会犯罪，因此就安排了另一套计划，目的是即便人陷在罪中，也能对他们有益。这样，全能者的良善旨意就不会因人的邪恶意志而落空，而是在人邪恶的意志的情形下也能得以成全。

第一百零五章——人被造得有选择善恶的能力；复活后则不再有选择恶的可能性。

人初被造时就有择善恶而从之的能力——选择前者不是没有赏赐，选择后者也不会不受惩罚——这种设计是合理的。但在永生中他就不再有生恶愿的能力，但这不会构成对人自由意志的限制。相反，当人完全不再有做罪的奴仆之可能性时，其意志反会自由得多。我们既如此向往幸福，不但极力摆脱痛苦，而且知道自己非如此不可，就

---

① 《诗篇》135：6。（钦定本为"我们的神在天上随自己的意旨而行"。）

决不应责怪自己有这样的意志，或者说这不是什么意志，抑或以为这意志不能称为自由的。因此，既然我们的心在今生也不可能向往不幸，它在将来就完全无可能向往罪了。但上帝的安排依旧，他愿意以此安排彰显出，一个有能力脱离罪的理性存在是如何美好，而一个根本不可能犯罪的理性存在则更是其好无比；正如人在有可能免于死亡时，是较低层次的不朽坏，但仍是不朽坏的；然而，那存到未来的是更加完美的不朽坏，因为那时人不再有死亡的可能。

第一百零六章——无论是在人堕落之前，还是之后，得救均靠上帝的恩典。

人因行使自己的自由意志丧失了前一种的不朽坏，又因恩典获得后一种的不朽坏，而人若不是犯了罪，本可以获得后一种不朽坏作奖赏。但即便是在该情形下，没有上帝的恩典也就没有赏赐可言，因为人既因行使自由意志就足以导致犯罪，他的自由意志就不足以使他保持自己的义，除非是上帝将他恒久不变的善分给人，以帮助人的自由意志。人无论何时想要死去，都有能力办到（且不说其他手段，只靠绝食，任何人都可以结束自己的生命），但若单凭意志而没有食物及其他维生手段，却无法维持人的生命。同样，生活在乐园里的人类始祖单凭意志而抛弃义，就能毁灭自己；但他若是维持了自己义的生命，那并不是他自己的意志力所能及，除非是靠创造主的能力维护了它。而在人类堕落之后，就需要上帝施以更丰盛的怜悯，因为人的意志本身必须从罪与死的捆绑中解脱出来。人重获意志的自由无论如何都不能归功于自己，而唯有归功于上帝的恩典，这恩典是因信耶稣基督而来。正如经上所说，那意志本身就是主所预备的，我们通过它才能接受上帝的其他恩赐，这些恩赐又使我们获得上帝永恒的恩赐。①

第一百零七章——永生虽是对善行的报偿，但实质上却是上帝的恩赐。

所以，永恒生命本身虽是对人类善行的报偿，使徒保罗却称其为"上帝的恩赐"，他说："因为罪的工价乃是死，惟有上帝的恩赐，在我们的主基督耶稣里，乃是永生。"② "工价（*stipendium*）"一词的原文是"军饷"之意，不是白给的礼物（恩赐）。保罗以"罪的工价乃是死"的说法表明，它不是平白无故强加给人的，而是犯罪得报。可是，恩赐若不是白白得来的，就不成其为恩赐了。③由此，我们应当明白，人的功德本身也是上帝所赐，这些人在获得永生作奖赏时，只是在领受"恩上加恩"。因此，人被造时拥有的义是这样的：不靠上帝的帮助，人就无力保持这义，单靠人自己的意志，就会离弃这义。但无论人选择了哪一条道路，上帝的旨意都会成全，无论是借着人来成全，还是成全在人身上。这样，由于人选择了自己的意志而非上帝的旨意，上帝的旨意就在人身上成全了。因为上帝用人类这同一败坏的泥团，做出一些贵重的器皿，又做出一些卑贱的器皿；他用怜悯使人贵重，又用审判使人卑贱④；以至没人能因人而夸耀，因此也不能因自己而夸耀。

第一百零八章——我们与上帝和好需要一位中保；这位中保若不是上帝，就不能做我们的救赎主。

---

① 《箴言》16：1。（钦定本为"人内心的预备……来自上帝"。）
② 《罗马书》6：23。
③ 《罗马书》11：6。
④ 《罗马书》9：21。

假如作为人的基督耶稣不同时是上帝，即使通过这样一位神—人之间的中保，我们也无法得救赎。亚当被造时是义人，所以无需中保。但当罪使上帝与人类之间裂开了一条鸿沟的时候，就需要人类中唯一一位出生、生活、死亡都没有罪的作中保，才能使我们与上帝和好；才能使我们的身体可以复活，以进入永生；才能使上帝的谦卑暴露人的骄傲，并加以医治；上帝在成为肉身以挽救人类时，才能表明人类已何等地远离了上帝；唯有通过亦神亦人的基督顺服的一生，才能为不顺服的人类树立榜样；唯有靠那独生子甘愿采取奴仆的样式，上帝恩典的活水才能向人类开放；唯有以救赎主的复活作凭证，上帝才对被赎者赐下身体复活的应许；唯如此，魔鬼才能被它自诩蒙蔽了的人性所胜，同时却不使人得荣耀，以免人心再生骄傲；最终，还有从那道成肉身的中保的奥秘中流出的无尽的好处，有些是有头脑的人可领受并描述的，有些是人们可以领受却无法描述的。

第一百零九章——在人死后和复活前的空当中，灵魂处于何等状态。

在人死后和最后复活前的一段时间里，灵魂处于某种隐遁的状态之中，在此状态中，它或享安息，或受痛苦，全因人在世生活的行为如何而易。

第一百一十章——友人行圣礼、施舍，于死者的灵魂有益。

同样无可否认的是，活着的亲友若生活敬虔，在教会中代死者献上中保的牺牲或施舍，会对死者的灵魂有益。但这些只对生前有同类功德的灵魂产生益处。这类仪式之所以存在，是因有些人的一生既不是好得乃至死后无需这些仪式，也不是坏得乃至死后既有这些仪式也对他无帮助。不过，也有些人一生好得无需这类仪式，还有些人一生败坏得即便有这类仪式也无助于他们。因此，是人们今生一切的善恶使其死后的痛苦或是减轻，或是加剧。所以，没有人能指望今生不行善，死后却可以得上帝的赏赐。这样，教会为死者行的仪式就与保罗的话并不矛盾，保罗说："因为我们众人必要在基督台前显露出来，叫各人按着本身所行的，或善或恶受报。"①我所说的使这类仪式对人产生益处的德行，是人活在肉身里时获得的。这类仪式并非对每个人都有益处。为什么不是人人都因此受益？只是因为各人在肉身里的生活各式各样。于是，以受了洗的死者的名义献在坛上或施舍的财物，对于极好的人来说是感恩祭，对于不太坏的人来说是挽回祭，而对于极坏的人来说，虽于死者无补，却可以安慰活着的人。在这些仪式产生益处的情形下，其益处或在于使死者得到完全的赦罪，或至少使死者所受的刑罚比较容易忍受。

第一百一十一章——死人复活后分别进入两个截然不同的国度，一个是永福的国度，另一个是永刑的国度。

人复活之后，在最后的、人人必经的审判完成之后，将有疆界分明的两个国度等待着他们，一个是基督的国度，一个是魔鬼的国度；一个由义者组成，一个由不义者组成，然而两个国度都是由天使和人组成的。到那时，前者没有犯罪的愿望，后者也不再有犯罪的能力，而两者都不再能选择死亡。只是前者将活在真实而幸福的永生中，后者将在永死的惨境中无休止地受磨难而求死不得，因为生与死到那时都将永无止境。不过，在前一国度中，幸福将有不同的等级，一级比一级

---

① 《哥林多后书》5：10。参看《罗马书》14：10。

更幸福；而在后一国度里，煎熬也有不同的等级，一级比一级更悲惨。

第一百一十二章——否认永刑的人在圣经里找不到根据。

有些人——其实有很多人——对失丧者将受永刑，将受永无休止、永不间断的煎熬牢骚满腹，并且说他们不相信如此，但这是无济于事的。诚然，这些人不是想要直接与圣经分庭抗礼，而是凭着自己的好恶，软化凡在他们看来太硬的道理，对于他们认为是用来吓人而不必当真的道理，他们就想法使其变得圆滑一些。这些人说："难道上帝忘记开恩，因发怒就止住他的慈悲吗？"①他们的确能从诗篇中读到这一句，但毫无疑问的是，我们应当明白，该诗句是指着圣经另一处所谓"蒙怜悯的器皿"②的人而说的，他们脱离苦难不是因自己的功劳，只是由于上帝的怜悯。即使那些人坚持认为《诗篇》中的这一句适用于全人类，他们也没有理由因此假设，"这些人要往永刑里去"的经文中所说的永刑是有终结的，因为若是那样，"那些义人要往永生里去"③一句里所指的永福也同样会有终结了。假如这样想能使他们感觉快慰，就让他们去假设下地狱者的痛苦或有间歇性的缓和好了。即使是这种情形，上帝的震怒，即那些人所受的刑罚（因为所谓"震怒"不是指上帝某种受搅扰的情绪，而是指"刑罚"）也常在他们身上④；也就是说，上帝的震怒虽依然存在，但他没有止住他的慈悲，他的怜悯虽不表现在终止永刑上，却表现在减轻折磨，或使其带有间歇性，因为《诗篇》没有说过"上帝止息他的怒气"，或"上帝的怒气过去了"，

---

① 《诗篇》77：9。
② 《罗马书》9：23。
③ 《马太福音》25：46。
④ 《约翰福音》3：36。

而是说,"不发尽他的忿怒"①。假若除上帝的怒气之外已别无所有,即或这怒气的程度是最轻的,只要人失丧于天国之外,只要他从上帝之城被放逐,只要他与上帝的生命隔绝,只要他在上帝为信靠他的人积存的极大恩惠上无份②,这也不啻为最严厉的刑罚。假设这惩罚是永远的,那么人想象所及的任何长年煎熬也都无法与之相比了。

第一百一十三章 —— 恶人的死如同圣徒的生一样是永久的。

无论人们凭着自己的好恶猜想对恶人的刑罚会如何不同,他们的灾祸会如何减轻或有间歇,这些人在与上帝的生命隔绝意义上的死亡状态将会持续到永远,而且所有恶人都将如此。这正如圣徒的永生状态也会持续到永远,所有圣徒都如此一样,无论这些闪耀着和谐光辉的圣徒得到的是等级如何不同的荣誉。

第一百一十四章 —— 论毕"信"之后,现在要论及"望"。有关"望"的一切内容都包含在"主祷文"里。

对这**信**,《使徒信经》简明扼要地做了概括。若从属世的层面领会,它是为婴儿预备的奶,而若从属灵的层面考察、研究,则是给成年人预备的干粮,从中涌流而出的是信徒美好的**盼望**,伴随而来的还有**圣爱**。以上所论诸事都是**信**的真正对象,而唯与**望**相关的对象却包含在"主祷文"里。因为,"依靠人血肉的膀臂,那人有祸了!"③这是圣经的见证,这祸于是也在依靠自己的人身上。所以,无论我们盼望将事情做好,还是盼望自己的善工得到赏赐,都唯应向我们的主上帝祈求。

---

① 《诗篇》78:38。
② 《诗篇》31:19。
③ 《耶利米书》17:5。

第一百一十五章——马太福音中的"主祷文"所求有七件事。

于是，马太福音中的"主祷文"就包含有七项祈求，其中三项求的是永恒的祝福，其余四项求的是今世的祝福，而人需要先获得今世的祝福，才能得到永恒的祝福。我们在说"愿人都尊你的名为圣；愿你的国降临；愿你的旨意行在地上，如同行在天上"①（有人不无道理地将这后一句解释为，愿上帝的旨意行在人的身上，如同行在人的灵魂上）的时候，所求的是永恒的福分。这福分其实始于今世，随着我们在恩典中成长，这福分也在我们身上增多；但只有在我们盼望的永生中，这福分才能达到尽善尽美的状态，我们也才能永远地拥有它。而我们在说"我们日用的饮食，今日赐给我们；免我们的债，如同我们免了人的债；不叫我们遇见试探，救我们脱离凶恶"②的时候，有谁不明白，我们祈求的是与今世生活所需有关的祝福呢？在我们盼望生活其中的永生里，对上帝之名的尊崇、上帝的国以及他对我们灵魂与身体的旨意，都将臻于完善，并直到永永远远。之所以说我们**日用**的饮食，是因为我们在这地上灵与肉不断有得到喂养的需求，不管我们将此理解为属灵的还是属肉体的，还是两个意义上兼有。在今生中，我们还需要"主祷文"所求的赦免，因为我们是在这里犯罪；在这里也有诱使、驱使我们犯罪的试探；总之，在这里有我们渴望脱离的恶者，而在永恒中，这些就都不存在了。

第一百一十六章——《路加福音》以更简练的五项祈求表达了"主祷文"的实质。

---

① 《马太福音》6：9、10。
② 《马太福音》6：11—13。

《路加福音》的"主祷文"只有五项祈求，而不是七项。这五项祈求与《马太福音》中的"主祷文"并无差异，只是《路加福音》以极简练的方式表明了应如何理解《马太福音》中的七项祈求。因为上帝的名是在灵里被尊为圣，而上帝的国将在身体复活时降临。所以，《路加福音》为显示出七项祈求中的第三项是对前两项的重复，便索性省略了第三项。《路加福音》继而写了另三项祈求：求赐每日的饮食，求赦罪，求免于受试探。《马太福音》中的最后一项祈求"救我们脱离凶恶"，却被《路加福音》省略了①，以显示出它已包含在前面关于试探的祈求里了。《马太福音》所写的确是"***but*** deliver"，而不是"***and*** deliver"，似乎是在表示这最后两项祈求其实是一项：不要那样，而要这样；于是就让人人都能明白，上帝没有叫人受试探，这本身便是叫他脱离了凶恶。

第一百一十七章——比信与望更大的恩赐是爱，是圣灵将爱浇灌在我们心里。

至于**爱**，那是被保罗称为比**信**和**望**更大的恩赐。②爱在何种程度上住在人心里，人就是何等的善良。因为当问及某人是否善良的时候，人们问的不是他信或望的是什么，而是他爱的是什么。因为，人若爱得正确，他所信、所望的无疑也是正确的了；而人若没有爱，他所信的即便是真理，他所望的即便是真正的幸福，也是枉然，除非他相信并盼望这爱，以至能靠着祷告祈求而得到爱的赐福。没有爱的望虽是不可能，但人却有可能不爱达到所望所必须爱的对象；比如，他盼望得

---

① 依据最古老的版本，钦定本圣经保留了这些重复，修订版则将其省略了。——萨蒙德
② 《哥林多前书》13：13。

永生（有谁不盼望得永生呢？），但他却不爱义，而没有义，人就绝无可能得到永生。这才是保罗所说的"使人生发仁爱的"①真信心，我们的信心若尚有未包藏在仁爱里的内容，"你们祈求，就给你们；寻找，就寻见；叩门，就给你们开门。"②因为信心可借祷告得到律法所命令的，若没有上帝赐下的圣灵将爱浇灌在我们心里③，律法可以发号施令，却无法帮助人，而且它使人成为一个违法者，因为人不能再以不知法为借口。因此，哪里没有上帝的爱，哪里就是肉体的情欲在掌权。

第一百一十八章——基督徒生活的四阶段和与之相应的教会历史四阶段。

人处于无知的黑暗之中，只凭肉体活着，尚无理智或良心的干预。这是人的第一个阶段。后来，人因律法开始知晓自己有罪，而上帝的灵尚未介入以帮助他，人就凭自己的努力照律法而活，努力受挫之后，陷入知罪犯罪的境况中，人既被罪制服，便成为罪的奴仆（"因为人被谁制伏，就是谁的奴仆"④）；于是，知道诫命的结果是，罪在人内心生出各样的欲念，使人因明知故犯而罪加一等，正应了经上所写的，"律法……叫过犯显多。"⑤这是人的第二个阶段。但上帝若是顾惜他，启发他相信，唯有上帝能帮助他，上帝的灵又开始在他心里动工，此时更强大的爱的能力就起来与肉体的势力抗争；此时尽管人的本性中仍有一种势力在与他抗争（因为他的痼疾仍未完全治愈），此时却因信而过着义人的生活，只要他不向恶欲妥协，而是以对圣洁的渴慕战

---

① 《加拉太书》5：6。
② 《马太福音》7：7。
③ 《罗马书》5：5。
④ 《彼得后书》2：19。
⑤ 《罗马书》5：20。

胜它，就是生活在义之中了。这是一个有美好盼望之人的第三个生活阶段。那些坚定敬虔地前行在这条路上的人，终必达至平安；此生过后，这平安将在灵魂的安息中，最终又在身体复活之时得完美。这四个不同的阶段中，第一个是在律法之前，第二个是在律法之下，第三个是在恩典之下，第四个是在完美的平安之中。上帝对其子民的历史也是这样安排的，他凭自己的意愿设定万有的数目、尺度和衡量。① 教会起初存在于律法之前，接着生存于借摩西颁布的律法之下，而后是在中保的降临初显的恩典之下。并不是说这恩典此前不存在，而是按照上帝的时间安排，这恩典以前曾是隐而未现的。因为若不信基督就没人能够得救，甚至古时的义人也如此；众先知若不是早已认识基督，就不能若明若暗地就基督为我们做预言了。

第一百一十九章——重生的恩典洗净人有生以来一切的罪和原罪。

无论人处于四个阶段中的哪一个，重生的恩典都可以赦免他以往所有的罪，人出生时带来的罪疚也在重生中消除了。而且确如经上所说，"风随着意思吹"②，有些人从未经受律法奴役的第二阶段，而是在领受诫命的同时即得到了上帝的帮助。

第一百二十章——死亡不能伤害已获重生之恩的人。

人在领受诫命之前必然是靠肉体而活。然而，一旦他领受了重生的恩典，哪怕马上离世，死亡也不能伤害他，因为圣经上说："因此基

---

① 参阅《所罗门智训》11章20节。
② 《约翰福音》3：8。

督死了，又活了，为要作死人并活人的主。"①那些基督甘愿为之受死的人，死亡便再也对他无可奈何了。

第一百二十一章——爱是一切诫命的宗旨，上帝就是爱。

上帝的一切诫命都是围绕着爱的，使徒保罗就此写道："命令的总归就是爱，这爱是从清洁的心和无亏的良心、无伪的信心生出来的。"②爱，因此就是每条诫命之依归，换言之，每条诫命的宗旨都是爱。然而，人无论做了什么，若是出于对惩罚的惧怕或其他属肉体的动机，而不是出于圣灵浇灌在人心里的爱的原则，不管在人看来如何，也是没有按照应有的原则行事。这爱包括爱上帝和爱我们的邻舍，而"这两条诫命是律法和先知一切道理的总纲"③。我们还可以补充说，它是福音书和使徒一切道理的总纲。正是从福音书和使徒的道理中，我们听到了这样的声音："命令的总归就是爱"；而"上帝就是爱"④。由此可见，上帝所有的诫命，如，"不可奸淫"⑤，还有些不是诫命，而是特别劝导的，诸如，"男不近女倒好"⑥，唯有在人们将爱上帝并因上帝而爱邻舍作为动机原则时，才能得到正确的实行。这个道理在此生、永生中均适用。如今我们是凭信心而爱上帝，到永生中，我们则将凭着眼见而爱他。如今我们甚至连爱邻舍也是凭着信心，因为我们自己也是必死的存在，看不透其他必死之人的心思。但在来生中，我们的主"要照出暗中的隐情，显明人心的意念。那时，各人要从

---

① 《罗马书》14：9。
② 《提摩太前书》1：5。
③ 《马太福音》22：40。参见《罗马书》5：5。
④ 《提摩太前书》1：5；《约翰一书》4：16。
⑤ 参见《马太福音》5：27；《罗马书》13：9。
⑥ 《哥林多前书》7：1。

神那里得着称赞"①,因为那时,人人都将喜爱并称赞自己邻舍的美德,这些美德不再是隐藏着的,我们的主将亲自将它们显明。况且,当爱心增长时,情欲便消退,直到爱心增长到今世无以复加的地步。"人为朋友舍命,人的爱心没有比这个大的。"②因此,有谁能预见,到永生中无须约束并战胜情欲的时候,人的爱心将达到何等大的地步?因为,当人不必再与死亡抗争的时候,其生命便是完美无瑕的了。

第一百二十二章——结语

本书写到这里就只能结束了。它究竟是否应称为"手册"或作手册之用,由你自己判断。然而,出于对你在基督里的热忱的珍视,出于相信、盼望你靠着救赎主的帮助,会得到上帝的一切恩惠,并出于对你——主身体上的肢体——的挚爱,我已竭尽所能,就**信**、**望**、**爱**为你写了这本书。只盼望本书的价值与其长度相称。

---

① 《哥林多前书》4:5。
② 《约翰福音》15:13。

论向初学者传授教义

英译编者序言[*]

奥古斯丁在他的《订正录》一书的第二卷第十四章中作了如下表述:

> 我的另一本著作题为《论向初学者传授教义》(*De Catechizandis Rudibus*),书名直接表达了该书的主旨。在书中我写道:"那天使伙同其他诸灵,因骄傲而背离了对上帝的顺服,成为魔鬼,即便是他也无从伤及上帝,受伤害的却是他自己。因为上帝知道如何处置背离他的灵魂。"此处既然谈论的是天使,所以更恰当的说法应该是"背离他的诸灵"。该书以"亲爱的迪奥格雷夏弟兄,应您之邀,我……"作开篇。

上述文字所描述的著作被奥古斯丁拿来与他写于公元400年前后

---

[*] 牛津文库和罗姆斯丁均将标题译作 *On Instructing the Unlearned*(《论向初学者施教》)。——萨蒙德

的其他著作相提并论，本书由此被视为属该年代的作品。据推测，作者为之撰书的人或许就是奥古斯丁书信（现编号为第一百零二封）中的迪奥格雷夏长老，该信写于406年前后，内容是就异教的一些问题作答，是自迦太基寄给受书者的。

本笃会编者这样介绍本书说："应迦太基一位长老之邀，奥古斯丁承担了教导教义传授艺术的工作。他首先指示读者说，传授教义的任务既可依设定的方式、适当的顺序进行，又可以避免枯燥乏味，而在快乐的气氛中施教。作者进而传授如何将他所教付诸实施，并以两篇实际讲道作范例，以呈现出并列的两种讲授方法：一种内容较详实，一种较简洁，而两者均适于用来教导期望成为基督徒的任何个人。"

[论文反映出圣奥古斯丁时代的人认为宗教传授亟须之所在。本文的拉丁文本 *De Catechizandis Rudibus* 收于《本笃会文库》第六卷，以及马里奥特（C. Marriott）便于查阅的 *S. Augustini Opuscula quaedam*（《圣奥古斯丁短篇文集》，Oxford and London, 4th ed. 1885）。牛津埃克塞特学院的科尼施牧师（Rev. C. L. Cornish）所译英译本年代更早，且更严谨，该译本被收入《牛津教父文库》（*Oxford Library of the Fathers*, 1847, pp. 187 sqq.），题为 *On Instructing the Unlearned*。罗姆斯丁（H. De Romestin）又将马里奥特文集中奥古斯丁的五篇论文译成牛津版的英译本，其中也包括本文（Oxford and London, 1885, pp. 1 – 71）。——萨蒙德]

正　文

第一章——奥古斯丁应迦太基教会一执事的请求撰写本文。

1. 迪奥格雷夏弟兄，你命我寄去一篇讲解如何向初学者传授教义的文章。我从你的信中知悉，在你做执事的迦太基，需要从头开始把传授基督教信仰的人常带到你面前来，原因是你以在教义教导方面饶有恩赐而闻名，因为你既在信仰上有深刻的了解，又有吸引人的讲道方法。① 但你说，你几乎总是在如何以适当的方式确切地传讲教义（即，我们因之成为基督徒的信仰）方面感到困难。你感到困难之处在于，不知对教义的讲解应从何处开始，到何处结束；在讲道结束之际，应进行某种劝勉，还是只逐一指明信徒当遵守的诫命，使听讲者能因了解这些诫命而得知基督徒应如何生活并持守②自己的认信。与此同时，你坦承并且诉苦说，在冗长而缺乏生气的讲道过程中，往往连你自己都感

---

① 此处拉丁原文除本文采用的 *et doctrina fidei et suavitate sermonis* 之外，作 *et doctrinam... suavitatem, etc.* 的也有所见，意为"既富有教导的恩赐和信仰上深刻的认识，又在演讲上有吸引人的方法（或作'言语动人'）"。
② "持守"在抄本中的拉丁原文作 *retineri*。亦有版本中作 *retinere*，意思变为"知道如何持守基督徒的生活和认信"。

觉到，如此讲既索然乏味，且对人裨益甚微，更遑论你努力以言辞训导的求教者和在场旁听的人了。你还说，受困于如此难处，你只得将爱你的责任放在我身上，这样我就不会因在百忙中为你写作而感到负担沉重了。

2. 至于我自己，主若责令我为他使之成为我弟兄的人提供任何形式的帮助，以操练我借主的丰富所获得的能力，我就感到责无旁贷，不仅是因我对你的友情深厚，理应拿出自己的爱并侍奉你，也因我欠我的母亲——教会——太多，无论如何都没理由拒绝尽此本分，反而要甘心乐意地承担这一使命。我越是渴望看到主的宝藏[1]分赐给众人，在与我同作仆人的管家分发这宝藏遇到困难之时，尽己所能使他们竭诚不倦要追求的目标变得易于达成，就越发成为我的责任。

第二章——何以讲道者自感乏味而听讲者备觉喜欢的情形时有发生，如何解释此种现象。

3. 谈到你自己在讲道时的想法，我不希望你因自感常给人以拙劣乏味的讲解而受困扰。因为事实很有可能在你的听讲人眼中事情并非如此，你觉得自己的讲道不值一听，只是因为你热切地期望他们能听到更好的讲道而已。其实在我也同样，我对自己的讲道几乎一贯感到不满意。原因是我总是在奢求能讲得更好，常常在开口[2]讲道之前就怀着这种奢求，所以当我的表达能力不及内心所见时，就会因自己口不从心而感到难过。由于我总是希求听讲者能在所讲的内容上全然获得我自己的认识，于是就必然看到自己所讲的达不到预期效果。这种情

---

[1] "主的宝藏"，拉丁原文作 pecuniam Dominicam。
[2] "开口"，拉丁原文作 verbis sonantibus，意即"发声"。

形之所以发生,主要是因为思维活动在头脑中是一闪而过的,而言语的活动较为迟缓,需要较长时间,两者的性质大有差异,因此在后者进行的同时,思维活动早已消失无踪了。然而思维活动的结果却以奇妙的方式在记忆中留下某种印记,这印记与音节的短暂停顿共存①;这印记所产生的结果是在我们内心生成有声符号②,这些符号又称作某种语言——无论是拉丁语,还是希腊语、希伯来语或其他语言。这些符号可以是思维的对象,也可实际发声讲出来。而从另一方面来讲,那些印记本身不是拉丁人、希腊人、希伯来人或任何其他民族特有的,它只是在头脑中生效,正如表情因身体而生效一样。因为"愤怒"的概念在拉丁文中被赋予一个词汇,在希腊语中被赋予另一词汇,在其他语言中又因语言形式不同而成为别的词汇。但人类愤怒的表情既非拉丁人,也非希腊人独有。所以,当一个人说"*Iratus sum*"(我很愤怒)的时候,并非每个民族都能听懂,只有拉丁人能懂;而当他内心的愤怒表现在脸上,影响到他的表情时,凡见到他的人都能明白他很愤怒。可是,再现思维在记忆中留下的印记,原封地将它表达出来,又用言语的媒介使听者会意,如同表情一样明白无误,却是超乎我们能力所及的事。因为前者是头脑内在的变化,而后者是身体外在的变化。所以,既然连我们口中发出的声音与思维在记忆中留下的印记都无法对应,那它与一闪而过的思维之间的差距之大就可想而知了。在你我身上发生的共同情形是,我们急切地希望自己讲解的效果使听者受益,我们的目标是不折不扣地向他表达出我们当时所想,而无论如何努力,都没有能力将自己的想法表达尽致。于是,由于达不到自己的

---

① "与音节的短暂停顿共存",拉丁原文作 *perdurant illa cum syllabarum morulis*。(英译本中作 *endure with the brief pauses of the syllables*。——中译者)

② "有声符号",拉丁原文作 *sonantia signa*。(英译本中作 *intelligible signs*。——中译者)

目标，我们就感到恼火，意气消沉，仿佛自己徒劳无功一样，正是这消沉的心态使得我们的讲道越发了无生气、不知所云。

4. 不过，往往是那些津津有味的听讲人以其热诚让我看到，我讲得并不像自己感觉的那样乏味。从他们表现出的兴致中我看到，他们还是可以从中获益。于是，我就全神贯注于自己的努力，力求尽职尽责，只因看到他们那样积极地参与。在你那里更是如此，人们将需要在信仰上受教的人士频繁地带到你面前，从这一事实本身你就应当明白，你的讲道在他人看来并不像你自己感觉的那样不尽人意。你也不应只因未能像自己渴望的那样淋漓尽致地表达出自己的认识，就以为自己的努力没有果效，因为你的认识也可能不及自己期望的那样多。在此生中，有谁不是"对着镜子观看，如同猜谜"呢？① 就连爱的伟大力量也不足以使我们胜过肉体的幽暗，窥见那永恒的平静，就连会过去的事物也因之受到光照，并在其中闪耀。但由于好基督徒每日朝着那一天的异象前行，那异象中没有雷声滚滚②，也没有黑夜的进犯，"是眼睛未曾看见，耳朵也未曾听见，人心也未曾想到的"③；在对初学者的教导中，我们认为自己的讲道不值一听，最大的原因莫过于超凡的冥思使我们快乐，而平凡的言语却使我们厌倦。而实际上，在我们自己沉浸于工作之乐的时候，听者的满意程度就一定会大得多，因为我们可以感知的喜乐会影响到我们演讲的脉络，使其滔滔如流，听者吸纳得也会更好。于是，对归纳为信条（articles of belief）的内容进行教导便不再是一项艰难的任务，根据讲解应有的起点和终点，方法应如何变换，讲道或长或短，却总是完整且完美的；至于在何种情形

---

① 《哥林多前书》13：12。
② "没有雷声滚滚"，拉丁原文作 *sine volumine ceali*。
③ 《哥林多前书》2：9。

下适宜采用较短的形式，在何种情形下适宜采用较长的形式，也不再成为难题。但较之讲道方式，教导者以传授教义为乐（越是能如此，他就越能吸引受教者），才是最需要思考的问题。不过，找到上帝在这方面的教训并不难。试想，在物质方面上帝若喜悦于给予的人①，他岂不更喜悦在属灵之事上乐于给予的人吗？但若要保证自己每到从事教导时都兴致勃勃，则只能靠上帝的怜悯，是他教导我们要这样做。所以，我会根据自己对你的意愿的理解，首先探讨讲授的方法问题，接着，只要上帝赐给我见解，我会阐述从事教导和劝勉的责任问题，然后是如何获得上述兴致的问题。

第三章——论在教义教导中采用详尽的讲解方法。

5. 听讲者若是初次接受从圣经所说的"起初，上帝创造天地"②到现时教会的教导，讲解就要详尽。但这不意味着我们要通篇记诵摩西五经、《士师记》、《列王纪》、《以斯拉记》，以及四福音书、《使徒行传》的整个内容，即使我们已逐字逐句地将这些内容背诵下来，也不意味着我们必须将这些书卷的全部内容用自己的语言复述一遍，并做全面的说明和解释。因为一是时间不允许，二是没有必要那样做。我们要做的是择要、概括地综述圣经整体的内容，以至让某些较惊人的、堪称（历史）转折点③的事实突显出来，使听讲者从中得到极大的满足。就这些事实，我们不要像带着包装那样展示在人面前，然后匆匆挪去，而要做某种程度的详述，就如同打开包装，将其中的内容展

---

① 《哥林多后书》9：7。
② 《创世记》1：1。
③ "转折点"，拉丁原文作 in ipsis articulis，意即"在那些事件之中"，或"各连接点"。6 及 39 都提到某些重大历史年代与时刻。

现在人眼前,请受教者仔细观赏一样。至于其他细节则应一带而过,在讲述中只需穿插加以介绍便足矣。如此安排追求的效果是,因着一些事实的让路,那些我们希望特别引人注目的事实被突显出来;同时,也使我们极想以讲解激发其兴趣的学习者到我们讲述中心话题时不致早已心倦神疲,也不致使受教者在记忆上发生混淆。

6. 诚然,在这整个过程之中,我们自己不仅应专注于诫命的总归,那就是"爱,这爱是从清洁的心和无亏的良心、无伪的信心生出来的"①,我们所讲的一切都应与这爱相联系;而且,也要同样努力将受教者的眼光引向②这爱,并朝此方向带领他们。的确,凡我们从基督降生之前的圣经中读到的,其写作原因都不外乎要迫使人们注意到主的降临这件事,并预告将要出现的教会——即各国属于上帝的子民;教会是基督的身体,凡曾生活于世的圣徒均聚集、包含在这教会之中,甚至也包括基督降生前的圣徒,那时他们就相信主将要降临,就如同我们相信他曾经降临一样。让我们用形象的方式对此加以说明:雅各出生时,先从母腹中伸出一只手,抓住在他前面出生的哥哥的脚,接着诞出的是他的头,最后才是身体的其余部分。③尽管如此,对后诞出的身体和先伸出的那只手来说,那头都享有尊贵与权力,是真正为首的,至少在自然位分上如此,尽管它出现的时间不在先。可与此类比的是主耶稣基督的情形,他在人面前只是人,实则为上帝与人之间的中保④,"他是在万有之上,永远可称颂的上帝"⑤,在他现身人间、以其神秘的方式出于母腹之前,就差遣了以圣族长、圣先知等身份出现

---

① 《提摩太前书》1:5。
② "引向",拉丁原文作 movendus,已有版本中作 monendus,意即"劝告"。
③ 《创世记》25:26。
④ 《提摩太前书》2:5。
⑤ 《罗马书》9:5。

的他身体的一部分,如同那先伸出的手,并借这手赐给人类他自己将要降生的预言,而且也以此取代①了在他以先的骄傲民族;律法的约束也是为此目的,就如同他的五个手指一样。因为在此前的五个世代②里,关于基督注定要降临的预言始终没有间断过,与此相辉映的是上帝曾借以颁布律法的人(摩西)写下的五卷书。而那些骄傲的人怀着世俗之心,寻求的是"立自己的义"③,他们无法因基督张开之手而受他丰盛的祝福,却被那合起又握紧了的手排除在这些好处之外;他们的脚因此被捆住,"他们都屈身扑倒;我们却起来,立得正直"④。然而,如前所说,尽管主基督确曾差遣他身体的一部分,以圣徒的身份在他降世前来到世间,但他自己仍是他身体——即教会——之首⑤,所有这些圣徒都连接在这以他为首的身体之上,因为他们信他,并就他做了预言式的宣告。这些人不曾在完成使命后从这身体上被剪除,反因顺服的缘故与其他圣徒合而为一。因为那手虽在头之前伸出来,但仍连接在头的下面。所以,凡"从前所写的圣经都是为了教训我们写的"⑥,是对我们的预表,又恰恰是以那些圣徒来预表我们。况且,是为我们的缘故圣经才记载了他们,就他们而言的末世如今已经来到了。⑦

第四章——基督降世的原因是向世人彰显上帝的爱。

7. 主基督降世为人的最大原因显然莫过于上帝向我们彰显他的

---

① "取代",拉丁原文作 *supplantavit*,亦有抄本中作 *supplantaret*,意即"他借此也会取代,等等"。
② "连续五个世代",拉丁原文作 *temporum articulos*。
③ 《罗马书》10:3。
④ 《诗篇》20:8。
⑤ 《歌罗西书》1:18。
⑥ 《罗马书》15:4。
⑦ 《哥林多前书》10:11。

爱,其方式是如此强劲有力,因为"惟有基督在我们还作罪人的时候为我们死"①。而且,由于上帝对人类"命令的总归就是爱"②,而且"爱就完全了律法"③,因此他降世为人也是为让我们能彼此相爱,为弟兄舍命,就如同主为我们舍命一样。④就上帝本身而言,他的目的是让我们既看到"神先爱我们"⑤,"不爱惜自己的儿子为我们众人舍了"⑥,我们自己即便无力主动去爱他,也至少不再无力回应他的爱。因为没有比先爱对方更能吸引对方的爱了;而人若既不愿付出爱,也不愿对爱作出回应,就未免过于心硬了。但假若在罪恶、污秽的私情中我们都可以看到,想要对方以爱作回报的人如何竭尽能事,做出不寻常而吸引人的举动,以表明唯有自己对对方的情火炽烈;假如我们又察觉,他们刻意使对方看到自己如此表示看上去是如何公平,使他们多少有理由要求那些他们极力想迷住的心对等地作出反应;假如我们还看到,他们察觉自己急于拥有的心已被他们的爱火点燃,他们的情火就会烧得更旺。因此我要说,如果先前冷漠的心一旦感到自己被爱,则会被这爱感动,而本来就燃起爱火的心一旦感到自己的爱得到回应,则会愈燃愈烈。这证明人的爱能被点燃或挑旺的最大原由莫过于:尚不知爱的人得知自己被爱,或者本已有爱的人,要么寄希望于对方报之以爱,要么已证实自己的爱得到回应。而如果在私情中尚且如此,在真正的友情中岂不更是⑦如此吗?要想不伤害友情,我们就不

---

① 《罗马书》5:8、10。
② 《提摩太前书》1:5。
③ 《罗马书》13:10。
④ 《约翰一书》3:16。
⑤ 《约翰一书》4:10、19。
⑥ 《罗马书》8:32。
⑦ "岂不更是",拉丁原文作 quanto plus,有些抄本此处作 plurius,而在大量抄本中为 purius,意即"又在何等纯粹的程度上如此,等等"。

应给朋友以理由感觉我们或根本不爱他，或爱他不及他爱我们，有什么能比这事更需要小心的呢？假如我们真的使对方产生了这种感觉，他便会在朋友的亲密关系中冷淡下来；而假如他不是那种性情软弱的人，我们对友情的伤害没有完全冷却他的爱，他就会使自己保持这样一种爱——目的不是享受友情，而是为了记住对方的好处。还值得我们花些许时间指出的是，尽管尊贵者也有被卑贱者爱戴的愿望，后者对他们的真诚关注①也会使他们高兴，但他们自己对卑贱者的爱往往大于后者所能意识到的，而一旦后者得知尊贵者爱他，心中又会多么快地燃起对尊贵者的爱啊！因为在我们的爱之中更增添了感激的成分，它不会在匮乏中烧尽②，反会在丰沛的善意中流淌。因为前一种爱是出于困苦，后一种爱是出于悲悯。③进一步而言，卑贱者先前若不敢想尊贵者竟能爱他，此刻尊贵者却甘愿屈尊表示多么爱他，他自然会因难以言表的感动而爱那尊贵者。请问，有谁比身为伟大审判者的上帝更尊贵呢？有谁比身为罪人的人类更绝望呢？他越是感到自己绝不可能受到至高权能者的关爱，因至高权能者喜悦人以良善尊崇他，而不是以邪恶尊崇他，便越完全把自己交付于那些不能带给他祝福的骄傲权势。

8. 因此，倘若基督来到世间主要就是为此目的，即让人类得知上帝如何爱他，并使人类因得悉此目的——即因先被上帝爱——而能燃起对上帝的爱，也能遵守诫命去爱邻舍，并显明那成为我们邻舍的基督在人类远离他，而非与他为邻时，赐人以爱。又倘若在此之前写的

---

① "真诚的关注"，拉丁原文作 studioso...obsequio，其他版本中有作 studiose 等等的，意思变为"后者的关注也会使他们真诚地高兴"。
② "烧尽"，拉丁原文作 aestuat，意即"燃烧，吹出"。
③ "出于困苦……出于悲悯"，拉丁原文作 ex miseria...ex misericordia。

所有圣经书卷，其目的都是为预示主的降临。再倘若主降临之后所写的，并受属天权威确认的书卷都是对基督的记载，并劝勉我们去爱他。这就表明，爱上帝、爱邻舍的两条诫命不仅是律法、先知一切道理的总纲①——在主耶稣所论及的律法、先知的时代，这些是圣经的仅有内容——而且也是后来写入②圣经的所有内容的总纲，为让我们受益，并让我们铭记在心。如此说来，旧约是遮盖新约的帕子，而新约是对旧约所遮盖内容的揭示。属肉体的人依据那帕子，以属肉体的方式理解事物，他们当时和现在都笼罩在受刑罚的恐惧之中。可是，属灵的人却依据新约的揭示，以属灵的方式去理解事物，凭借那揭示所赐予他们的爱而获得自由；在他们之中，我们不难辨认出当时就有以敬虔敲门且发现甚至隐秘的事也向他们敞开的人，也有如今不以骄傲之心寻求的人，他们唯恐已揭开的事也在自己面前关闭了。所以，由于与爱最相对立的莫过于嫉妒，而骄傲又是嫉妒之母，因此亦神亦人的主耶稣基督既是上帝之爱对我们的彰显，也是放在我们身边的人类之谦卑的榜样，目的是让我们的自我膨胀能得到有效的医治。因为，此方是骄傲的人类深受困苦，那方是降卑的上帝的更深的怜悯！因此，你要将这爱当作摆在你面前的总归，你所讲的一切都要与此总归相联系，你讲的方式要使你所教导的人听而能信，信而能有盼望，有盼望而能爱。

第五章——应考察前来受教者渴望成为基督徒的目的。

---

① 《马太福音》22：40。
② "写入"，拉丁原文作 conscripta，有些抄本中作 consecuta，也即"遵循"，也有不少抄本中作 consecrata，也即"献给"。

9. 况且，这爱建立在上帝的极大威严的基础之上①，足以激起世人应有的畏惧之心，使人因他所敬畏的上帝向他垂爱而能壮胆以爱报之，同时又不敢拂逆上帝对自己的爱，即便能免受刑罚也不敢如此。在带着成为基督徒的愿望来找我们的人之中，极少有（不如说从来没有）人不受上帝之可畏的触动。若有人愿成为基督徒只是为了从人那里得好处，觉得除此之外无法取悦于他们，或是因惧怕人的不满和敌意，想逃避他们可能招致的不利，那么，与其说他成为基督徒的愿望是不真诚的，还不如说他是假意成为基督徒。②因为信不在乎身体的屈从③，而在乎内心的相信。毋庸置疑的是，上帝有时的确会借教义教导者的事奉赐下怜悯，受教者因受讲道的感染，从过去的虚心假意转为真心实意地愿做基督徒了。一旦他开始有了这样的愿望，我们可以认定他如今是真正到我们这里来了。诚然，一个以身体来接近我们的人究竟从何时起真正以头脑前来就近我们④，我们无从得知。尽管如此，即便明知受教者尚无真做基督徒的意愿，为他讲解时，我们仍要抱着盼望他能产生这种意愿的态度。这种努力不会枉费，只要受教者有一丝愿望，它一定会因我们的行动而得到增强，尽管我们或许不知道它是从哪一时刻开始的。如若可能，从他人那里事先了解受教者的内心状况或导致此人信教的原因，当然是有益的。但假如没人能为我们提供此类资料，我们就有必要询问他本人，以便从他的言谈中得知我们的讲道应当从何开始。他若是怀着错误观念而来，只想从人那里得好

---

① "建立在上帝的极大威严的基础之上"，拉丁原文作 De ipsa etiam severitate Dei... caritas aedificanda est。
② "不如说是假意成为基督徒"，拉丁原文作 non fieri vult potius quam fingere。
③ 或采纳最佳抄本的文字 salutantis corporis，亦即"行动上表示同意"。一些版本中的 salvandi 一词，某些版本中作 salutis，亦有作 saltantis 的。
④ "从何时起真正以头脑前来就近我们"，拉丁原文作 quando veniat animo，有些版本作 quo veniat animo，意思变为"头脑在其中来就近我们……这是我们无从得知的"。

处，或逃避于自己不利的事，他们一定不会如实作答。但即便是他的不实之词也可为我们提供讲道的起点。不过你在这样做的同时，不要有意揭露对方，就仿佛在你看来他所说的都是确凿的事实，而理所当然地接纳他所声称的来意（无论他的声称是真是假），我们应该赞扬他回答时声称的来意，这样就能使他感到他在人看来是怎样，他实际上也是怎样的，并感到高兴。相反，假如他所宣称的观点是在接受基督教信仰教导前不该有的，我们就要像对待初学者和无知的人那样，以格外的善意和温柔的态度加以指正，要以郑重、扼要地向他们指明并介绍基督教教义的真正依归来纠正他们。这些指正当出现在后面，而不是在教义教导之前，也不要在对方心里尚未做好准备时冒昧地将这些指正强加给他们。这样做，你就能使他渴望那或因误解、或因掩饰迄今尚未能渴望的信仰。

第六章——论教义教导从何开始，兼论从上帝创造世界到现时教会的历史事实之讲述。

10. 假如他的回答恰巧是，来自上天的警示或惊恐的异象促使他想要成为基督徒，这就为我们借指出上帝对我们的大爱，从而开始讲解教义开了一条极令人满意之路。当然，我们应将他的想法从奇迹、异梦之类的事上转移开来，将其导向更实在的途径和圣经可靠的启示上去，以至他能明白，在他尚未接触圣经之前①就以警示带领他，这是上帝何等的怜悯。还应向他指明的是，为使他更安全、更有保障，上帝希望他走上圣经为他预备的道路，在这条路上他应寻求的不是可见的神迹，而要养成盼望不可见之事的习惯，在这条路上他应在清醒时而不

---

① "之前"，拉丁原文作 *praerogata sit*。

是睡梦中接受劝诫；若非如此，主就不会那样提示、敦促他成为基督徒并加入教会，也不会用那样的迹象或启示教训他了。讲到此，教义的教导就应开始了。首先要讲的应当是一个事实，即上帝所造的万物都是好的①，如前所述，由此要一直讲到教会的今天。讲述的方式应当是，就我们提到的事务、事件一一说明原因和理由，这些原因、理由又都指向爱的总归，无论是做事还是讲话，都不应脱离这总归。负有声名的语法教师在谈论诗人为供无聊人消遣②而虚构神话时，尚且努力使其产生（想象中的）某种用途，纵使这用途本身或许只是虚妄地满足世俗的贪求③；而我们岂不更要谨慎得多，不要使我们所讲的真确真理，因未深思熟虑地解释其原因，要么被人欢喜接受却未在内心发生实际效用，要么更糟的是被人以贪念去接受，结果还会是有害的！同时，我们也不应在解释原因时离题太远，任我们的心和口沉醉于论述错综复杂的难题。相反，我们对直白之真理的解释④当犹如镶嵌着一串珠玑的金环，不因珠玑嵌入不得当而破坏了饰品精美的匀称外观。⑤

第七章——论继而当讲的复活、审判以及其他主题。

11. 讲完上述内容之后，受教者的承受能力若允许，我们就应提出复活之盼望的问题；假如时间许可，我们还应针对不信之人在身体复活、上帝未来的审判问题上愚蠢的嘲讽加以驳斥，到那时，善得善报、恶得恶报，这审判对所有人都将是真实的。在谈到对不信者的刑罚充

---

① 《创世记》1：31。
② "消遣"，拉丁原文作 ad voluptatem。但亦有多部抄本中作 ad voluntatem，意即"投其所好"。
③ "满足世俗的贪求"，拉丁原文作 avidam saginae saecularis。
④ "直白之真理的解释"，拉丁原文中作 veritas adhibitae rationis，就此，也可以发现 adhibita rationis，也即"所用的事实，等"；亦有 adhibita rationis，也即"我们解释所用的事实"。
⑤ "因珠玑嵌入不得当而破坏了饰品精美的匀称外观"，拉丁原文作 non tamen ornamenti seriem ulla immoderatione perturbans。

满憎恶和恐怖之后，义人和敬虔者的国度、天上的耶路撒冷及其喜乐就是我们接着要讲的话题。讲到这里，我们还应为人的软弱提供一些支持和鼓励，以使他们能够经受试探和攻击，无论它是来自于外部，还是来自于教会内部。从外部而来的有外邦人、犹太人和各种异端的抗衡；从内部而来的有主基督"禾场上的糠秕"。但这并不意味着我们应当逐一批驳各类悖谬者，并接连批驳他们所有错误观点，却应当在有限的时间内以适当的方式表明，这一切的发生都是圣经早已预言了的，并指出试探对于栽培信徒有何等的功用，在上帝忍耐的事例中他又怎样补救，①上帝定意要允许试探的存在，直到末后的日子。在预备受教者防范这些敌对势力的同时，由于悖谬之众就身体在场而言也充斥着教会，我们还应简要而恰如其分地谈论基督徒的操守和高尚的生活方式，以免他轻易地跟从下述这等人偏行己路：即酗酒的、贪心的、欺诈的、赌博的、通奸的、淫乱的、爱在众人面前表现自己的、穿戴不洁之饰物的、行邪术的、观天象的或是玩弄虚空邪恶之骗术的占卜者以及其他有同类品格的人；也免得他因见不少徒有基督徒之名的人喜好这些事，便以为自己附从这些行径还可以免受刑罚，从而陷入其中、为其作辩护，或者向人推介、劝他人行这些事。因为关于上帝为那些一意孤行的人安排的结局，关于教会何以会容这等人留在教会中，到末后的日子他们注定要从教会中分别出来，这些问题都应借圣经的见证来教导受教者。不过在此之前，我们首先要告诉他，他会在教会中看到许多好的基督徒，他们是天上的耶路撒冷名副其实的公民，只要他愿意，他自己也可成为这样的人。最后，我们还要谆谆告诫他，不要寄希望于人。因为谁是义人，不是人轻易可以作判断的。即便不难

---

① "补救"，拉丁原文作 *medicina*。

判断，用义人为我们树立榜样的目的也不在于让我们借他们称义，而在于让我们在仿效他们的同时能明白，那使他们称义的同样也能使我们称义。因为称义必须得到自至高权威的认可，这样，当听我们教导——毋宁说是通过我们听上帝教导——的人开始在道德品质和知识上获得某些进步，并开始热诚地走上基督之路时，就不会妄自将这变化归功于我们或者他自己；相反，他会在基督里爱自己、爱我们，并像爱朋友一样爱任何其他的人，这一切都是因基督的缘故，因为在他还是仇敌时基督就爱他，以使他称义，并成为他的朋友。既讲了这么多，我想无需指点你也知道，在你自己或听讲者的时间不充裕时，你的讲道应如何从简，而你若有更多时间可支配，又应如何做更长的讲解。因为不仅指导者劝你这样做，而且当下的实际情况也要求你这样做。

第八章——论教导有文化修养的人时应寻求的方法。

12. 另有一种情形显然是不可忽视的，我指的是会有博学的人前来你这里接受教义的教导，他已决定成为基督徒，并怀着实际成为基督徒的直接目的被带到你这里。很少有例外的是，这种人对圣经和基督教作品已有了相当的了解，此时到你这里来的目的或许只是接受圣礼。此类人往往凡事都认真加以探讨，并非在成为基督徒的那一刻，而是在此之前，也早已与凡能接触到的人就自己内心感悟到的问题做过交流和逻辑上的分析。因此，对他们传授教义就需采用简明扼要的方法，以免不必要地①重复教导他们已了解的内容，对这些内容只需点到为止。我们因而就应当说，相信他们对这个或那个问题已不陌生，并且说，对于必须着力引起初学者及蒙昧之人注意的一切事，我们认

---

① "不必要地"，拉丁原文作 *odiose*，另有多部抄本中作 *otiose*，也即"无甚益处"。

为对他们就只需一带而过。讲解时要尽量假设这文化人事先对我们讲的内容已有所了解，此时他不必像听教师授课一样；万一他对其中的某个内容尚不了解，在我们重复料想他们已熟知的内容时，他们仍可以了解到。同时，询问此人是什么使他产生成为基督徒的愿望，当然也是有帮助的。这样，你若发现是读书使他作出这一决定，不管他读的是圣经本身，还是学者所著的值得研读的论著，① 你当即可以就这些著作加以评论，就圣经的权威性、就圣经注释者②的精到研究依其各异的功绩表示赞许。对圣经尤其要赞誉它所体现出的（语言上）极使人受益的质朴，以及（主题上）不可思议的高远；而在其他作品中你注意到的是不同特点的作者较为华丽的文体，因为修饰得比较完美的措辞适宜比较骄傲的心，而在道理上却较不稳固。我们当然应当引导他对自己略作介绍，这可以让我们了解他主要研读的是谁的作品，谙知的又是哪些著作，这正是使他产生加入教会愿望的媒介。他若向我们提供了这类信息，所说的作品又为我们熟知，或起码教牧人员让我们放心将该作品视为知名的公教人士所著，我们就应满心欢喜地对其加以肯定。相反，他若无意中落入某个异端作品的陷阱，此时头脑中可能已持有真正的信仰所③谴责的观点，却误以为那是公教教义，我们就必须耐心地教导他，将普世教会的权威（以其必然的优胜之处），同时将另一些因为真理抗辩、写作而著称的饱学之士的权威摆在他面前。④ 与

---

① "值得研读的论著"，拉丁原文作 utilium tractatorum。
② "注释者"，拉丁原文作 exponentium。另有抄本中作 ad exponendum，也即"在注释中"。
③ 在 Marriott 抄本中作 quod。但我们若与本笃会编者同样接受 quod 这个词，其含义就变成"无意中，真正的信仰可能谴责它们，他的头脑中已有了这些东西"。
④ "将另一些因为真理抗辩、写作而著称的饱学之士的权威摆在他面前"，拉丁原文作 Aliorumque doctissimorum hominum et disputationibus et scriptionibus in ejus veritate florentium，也可译作"将普世教会的权威，并将另一些极具学养且因维护真理的缘故而闻名的人的论点及作品摆在他面前"。

此同时应当承认的是，甚至有些人以真正的公教会成员的身份离世，并在身后留下一些基督教作品，这些作品或因被误解，或因作者作为人的软弱，缺乏用心灵之眼窥见更深层奥秘的能力，他们在寻求真理的同时，却在著作的某些片段中偏离了真理，因而造成、引发了某种异端邪说，给僭妄之人留下可乘之机。不过，也不必因此而大惊小怪，即令是在以完备的方式表述一切的圣经的情形下，我们也看到有如此的事情发生——有人不仅仅是将作者原意符合真理的章节看偏了意思（若仅是如此，他们只要表现出愿意接受纠正，有谁又不情愿宽恕人的软弱呢），而是以最激烈而狂妄的态度为自己因固执和悖谬而产生的观点执意抗辩——不少有害的说教便是由此而生，其代价是分裂了教会的合一。所有这些问题我们都要与这位前来接近教会的人在不长的谈话中谈到，不是以对待蒙昧者①的方式，而是以对待饱学之士的方式。在让他警惕推论上的谬误的同时，我们所表现出的权威性只需使其感到自己的谦卑受到承认就足够了，是其谦卑促使他到我们这里来受教。至于其他的内容，依照救赎教义的条文，无论是关乎信仰的，还是关乎道德生活的，抑或是关乎试探问题的，都应以我所表明的方式串讲一次，在讲解中应联系前面说的更大的恩赐。②

第九章——论向文法师、职业演讲师传授教义的方法。

13. 也有些前来求教的人是普通文法师和职业演讲师。对这些人，你既不要以为他们一无所知，也不要以为他们是心智已在真正重大的问题上得到操练的学问高深之人。所以，若有在演讲技艺方面高人一

---

① "蒙昧者"，拉丁原文作 *idiota*。
② 《哥林多前书》12：31，亦指本文 9 所述。

筹的人因愿成为基督徒而来找你，你就有责任比对目不识丁的受教者更坦率地在交谈中指出，你会着力劝他们穿上基督的谦卑，并学着不再轻视那些小心远离恶行多于防范语病的人；他们不应以为训练有素的口可与圣洁无瑕的心相提并论，在两者之间他们更倾向于看重口才。尤其要教导这些人聆听圣经的话语，不要只因圣经的辞藻不华丽，就将其中的真知看得平庸，也不要因我们在圣经书卷中读到的人的言行牵涉、包藏在肉身的表象内①，就以为不应加以引申、剖析以求充分了悟其内涵，却仅依字面意义去理解。论到圣经运用隐义这个问题，其存在正说明它们之所以被称作"奥秘"的原因。谜一般的表达法之难解，其魅力是磨砺人对真理之爱慕并摆脱乏味呆板的一种途径，这必定是文法师、演讲师的亲身经历验证过的，某个话题若直白地摆在他们面前，他们或许无动于衷，而费尽心机地破解隐喻中的含义却能使他们产生兴致。这对于他们明白何以应重思想甚于言辞——正如应重灵魂甚于肉体一样——最有帮助。由此也可以进而使他们明白，他们盼望听到的应该是以真道见称而不是以辞藻华丽而诱人的讲论，正如他们切望结识的应该是以智慧见称而不是徒有其表的人一样。他们还应当明白，上帝耳中听到的不是出自人口的声音，而是出自灵魂的爱慕之韵。这样，他们即或观察到教会里的主教、牧者呼求上帝时带有蛮族的口音或语法错误，或者未能吃透自己口中的言辞，或者在句中作了语义含混的停顿②，也不致扮演嘲笑者的角色。我的意思当然不是这类错误不应得到纠正，使大家能对听得明了的事口称"阿们"，而是要表明——在公众论坛上，言语之美在于声；在教会里，言语之

---

① "牵涉、包藏在肉身的表象之内"，拉丁原文作 carnalibus integumentis involuta atque operta。
② "语义含混的停顿"拉丁原文作 perturbateque distinguere。或译作"因错误地停顿而使语义含混"。

美在于蕴含其中的渴慕之心①——能明白这一点的人就应怀着敬虔之心，包涵别人言语上的瑕疵。正因如此，有时公众论坛上堪称优秀的演讲，全然不是受祝福的演讲。②至于他们将要领受的圣礼，对理解力比较强的人只需讲明圣礼的涵义便足矣，但对于比较迟钝的人，就有必要借比喻作更详尽的讲解，免得他们轻看了自己所见之事。

第十章——论如何使教义教导饶有生气，兼论使受教者感觉沉闷的诸因素。

14. 此刻，你或许极想看到某种理想讲道的实例，以借具体情形向你显示出我所提出的诸事如何付诸实施。只要借上帝的帮助我能办得到，我就一定会这样做。不过在那样做之前，为实现我的许诺，我仍有责任谈及（前面提到过的）如何使教导富有生气的问题。在教导怀着成为基督徒的直接目的前来的受教者的过程中应遵循哪些原则方面，我想我已充分实现了自己的许诺。诚然，在本书中指导别人具体怎样做不是我的责任，否则会使它繁冗厚重。不过在写到本书应有的限度之前，又何谈过冗呢？况且，我听到你抱怨最多的一件事就是，你自觉在以基督教之名教导别人时却讲得贫乏，缺乏生气。我知道，这不是因为你缺乏讲述的内容，我深知上帝对你有充分的供应和装备，也不是因为你不善言辞，而是你心中烦闷所致。这种烦闷的一个来源是前面谈到的——内心在静谧中领悟的更能满足我们，更能完全吸引我们，而我们又远不能全然将领悟的内容付诸言语的表达。烦闷的另一

---

① "在公众论坛上言语之美在于声，在教会里言语之美在于蕴含其中的渴慕之心"，拉丁原文作 Ut sono in foro, sic voto in ecclesia benedici。
② "公众论坛上堪称优秀的演讲，全然不是受祝福的演讲"，拉丁原文作 Bona dictio, nunquam tamen benedictio。

来源是，即便讲道时很愉快，与临时组织起浮现于脑海的词句为让别人领会相比，我们更乐于听到、读到别人娴熟的表达；因此心里总会留下一种不确定感，一是浮现在脑海中的词句是否足以示意，二是听者是否以对其有益的方式领会了我们的表达，三是我们讲的内容对我们自己来说早已烂熟于心，不一定再有利于我们的提高，于是就对自己反复力劝初学者相信的内容有些厌倦了，由于我们的心智对此已经过熟思，不再因反复讲述初级问题而感到乐趣。讲授者在面对表情木然的受教者时也会生出郁闷之感，这位受教者不管是真的无动于衷，还是未能用体态语言表示他明白或喜欢讲授者所讲。①这并不是说暗自贪求人的赞赏是可取的倾向，而是说我们所教的是关于上帝的事；我们越是爱自己的教导对象，就越渴望他们对为其带来救恩的信仰心悦诚服。因此，如果未能达至这一目标，我们就深感懊恼，觉得自己无能，且在讲授中感到灰心丧气，就仿佛我们的努力尽都徒劳无益一样。有时，我们也不得不放下自己手中正在做的事（因为做那件事给我们带来乐趣），或放下在我们看来是特别需要做的事，应我们不想得罪之人的要求或无法回避之人的坚辞邀请，而被迫向别人传授教义。在此种情形下，我们履行教导职责时必不可少的平静心境早已受到搅扰，同时也为不能按计划行事，又不可能把每件事都做好而感到难过。出自这种烦闷之心的教导自然难有吸引力，因为生在郁闷之贫瘠土壤中的植物，花朵自难繁茂。有时，我们的心早已因受到这样那样的冒犯而感到不快，又有人对我们说，"来，你和这个人谈谈，他想成为基督徒"，他们说此话时不知我们的心正在受困扰。假如此人又不是我们适于向其敞开心扉的人，按他期望的去做，我们便会感到毫无兴

---

① 多部拉丁文抄本中没有"无论是听讲者真的无动于衷……讲授者所讲"的词句。

趣；于是，在心情烦乱的状况下，我们的讲解自然会了无生气，缺少兴致。既然有如此之多的原因破坏我们平静的心，我们就需要按照上帝的心意求医治，使我们摆脱种种沉闷的心境，帮助我们在热情洋溢的心境中满有喜乐，并以平静之心欣然做善工。"捐得乐意的人是上帝所喜爱的。"①

15. 假如我们心情不好的原因是受教者不明白我们所讲，因此我们不得不降低自己的认识高度以俯就他，又不得不长时间地停留在远低于我们认识水平的令人乏味的初级问题上，而且，这些我们自己曾瞬间以头脑吸纳的内容，如今要借肉身之口以繁琐的讲解方式讲给别人听，想起就令我们愁烦。若是因感到自己的表达与思维之间差异巨大而使我们倦于传讲，乐于沉默，我们就应思想主耶稣为我们做了怎样的典范，他"给你们留下榜样，叫你们跟随他的脚踪行"②。无论我们表达清晰的演讲与我们头脑活跃的思维之间的差异有多大，都无法与进入生死之律的肉身和与上帝同等的身份之间的差异同日而语。就是这样，他"本有上帝的形象，反倒虚己，取了奴仆的形象，以至于死在十字架上"③。而"向软弱的人，我就作软弱的人，为要得软弱的人"④，不啻为对上一段经文的最佳诠释。请听这位跟随耶稣的保罗在另一处是如何表达自己的心思意念的吧！他说："我们若果癫狂，是为上帝；若果谨守，是为你们。原来基督的爱激励我们。因我们想，一人既替众人死……"⑤基督既为我们舍命，一个因屈就别人的耳朵而烦心

---

① 《哥林多后书》9：7。
② 《彼得前书》2：21。
③ 《腓立比书》2：6—8。所引经文中的字句缺失，或为抄录者，而不是作者所遗漏。因为在奥氏根据《以西结书》34章的讲道（讲道第四十七篇）中，这样引用上述经文："成为人的样式。既有人的样子，就自己卑微，存心顺服，以至于死，且死在十字架上。"
④ 参考《哥林多前书》9：22。
⑤ 《哥林多后书》5：13、14。

的人，岂不应甘心乐意地为人们的灵魂而付出吗?① 为众人灵魂的缘故，基督甘愿成为人类之中的一个小子，他又"如同母亲乳养自己的孩子"②。若不是因为爱，母亲咬着舌头用儿语讲话有何乐趣呢？可人们仍是渴望有自己的婴孩，并这样服侍他们；而且对于一个母亲来说，用嚼碎的食物一点点地喂养幼子，远比自己大快朵颐更快乐。同时，也不要忘记母鸡③是如何垂下自己的翅膀以庇护自己的幼雏，当它们因骄傲而离开她看顾的羽翼，面临成为鹰鹫口中之物的危险时，母鸡又咕咕地召回她啾鸣的幼雏。假若悟性在其纯洁的隐秘之处带来欢欣，我们也应乐于拥有这样一种悟性：它懂得，人若是将爱殷勤地给予最卑微的对象，这爱将加给那施与者；爱的给予若是完全在暗中，就会有更加丰盛的爱加在那施与者身上，因为，良心可为其作证，除对方永世的救恩之外，他从对方别无所求。

第十一章——论第二种沉闷来源的补救。

16. 假如我们更渴望阅读、聆听已预备好为我们所用并以高超的方式表达出来的内容，又假如我们感到烦闷是因自己在讲道中需要临时拼凑词句，并没有把握地将它讲出来，那么，只要我们所想没有偏离事实本身的真确性，即便我们的言辞让受教者感觉不悦耳，只要他们能正确地了解我们所讲的主旨，仅在言辞表达上稍有不完美、不确切，而且这样表达只为保证他们能正确了解讲道的主旨，他们就不难看到用词不当只不过是小事。但我们作为人的软弱倾向若使我们偏离了事实本身的真确性——虽然在对初学者的教义教导中我们只能因循

---

① 参考《哥林多后书》12：15。
② 参考《帖撒罗尼迦前书》2：7。
③ "母鸡"，拉丁原文作 *illius gallinae* ——指《马太福音》23：37 中所云。

常规，这种情况不太有可能发生——我们也不要以为这种事发生有其他原因，这只是上帝有意在试验我们，看我们是否能以平静之心，随时准备接受别人的纠正，以至不因为自己的错误辩护而错上加错，免得我们的受教者甚或在这方面产生反感。假若我们出错而没有人向我们指出，我们自己完全未注意到有错误发生，听讲者也没有注意到，那么就不必懊悔，只须留意使同样的事不再发生便是。然而在多数情况下，在我们事后回忆起自己所讲的话时，会发现有不妥之处，又不知自己的言论被听者如何接受；因此我们的爱心若是火热，一旦错误果真被受教者不加置疑地接受，我们内心就越发感到懊悔。若果如此，我们在有机会时就应以同样方式，确保受影响而陷入谬误的人在相关问题上以适当的方法得到纠正，他们陷入谬误并非因上帝的话语，而是因我们所说的错话。相反，若有人被无情的恶意障目，竟因我们出错而幸灾乐祸，又是谗毁的、背后说人的、"被上帝所憎恶的"[1]，对这些人，既然上帝的忍耐是为领他们悔改[2]，他们也只应为我们提供用怜悯操练忍耐的机会。在上帝看来有什么会比学效魔鬼的样式，对别人幸灾乐祸的人更可憎恶的呢？他们只是"为自己积蓄忿怒，以致上帝震怒，显他公义审判的日子来到"[3]。也有时，即便讲授者讲得正确无误，或是由于听者未能领会，或是由于有些内容与他们固有的观念和谬误相抵触，他们因对某些内容闻所未闻而感到刺耳，从而感觉受冒犯或搅扰不安。这种情形若表现得很明显，且此人又表现得可受点拨，我们就应不失时机地以充分的权威性材料和理由将其观念纠正过来。反之，听讲者若虽感觉受冒犯却藏在心里，那么上帝

---

[1] 参考《罗马书》1：30。
[2] 参考《罗马书》2：4。
[3] 《罗马书》2：5。

的医治就是唯一的灵丹妙药了。假若此人又讳疾忌医，我们就应以主的榜样宽慰自己，当人们听了他的话感到扎心，并把他的话看作"甚难"而退去的时候，主对留下来的人这样说："你们也要去吗？"①因为时间一到，当被掳的耶路撒冷从这个世界的巴比伦得自由的时候，凡不属这耶路撒冷的将要灭亡，因凡将要灭亡的皆不属于这耶路撒冷。原因是"上帝坚固的根基立住了，上面有这印记说：'主认识谁是他的人。'又说：'凡称呼主名的人总要离开不义。'"②我们若深思这些事，又呼求主进入自己的心，就不会因自己讲道中不肯定的表达招致受教者不肯定的感受而过分忧虑了。我们在讲道中寻求的若不是自己的荣耀，那么我们在处于怜悯的工作过程中忍受苦恼，这本身对于我们也会成为某种乐事。因为做工者的目标从仁爱得激励③，做工后又在爱中得安宁，仿佛回到了出发点，那才是真正的善工。而且若是这样，阅读使我们高兴的文字、聆听比我们高明的讲道——其结果往往是我们对其做出较自己的讲道更高的评价，导致我们在讲道中言语踟躅或失去活力——反而会为我们的事奉带来快活之心，在辛劳之后我们也更感到欣慰。因此，我们若能高高兴兴地将自己交给上帝使用，让他借我们的口说话，我们自己也就能有更强的信心，求上帝对我们说话了。万事就是这样互相效力，叫爱上帝的人得益处。④

第十二章——论第三种沉闷来源的补救。

17. 再者，一再重复我们了如指掌，（毋宁说）小孩子都适宜的内

---

① 《约翰福音》6：67。
② 《提摩太后书》2：19。
③ "从仁爱得激励"，拉丁原文作 *a caritate jaculatur*。
④ "得益处"，拉丁原文作 *concurrant in bonum*。《罗马书》8：28。

容，我们常常会感到厌倦。若果如此，我们就应努力以弟兄、父亲、母亲之爱对待自己的受教者；一旦我们的心与他们的合一达到如此程度，所教导的内容对于我们来说就如同对他们一样，都成为新鲜的了。同心合一的力量如此之大，以至于他们学习的同时我们也可以受到启发，正如我们讲解的同时他们受启发一样，双方都住在对方的心里。双方同心合一，于是他们就如同在我们心里讲述他们所听的，我们也如同在他们心里学习我们所教的。有时我们带领别人观赏他们从未见过的景色，即广阔而迤逦的城市或乡村风光，这些地方我们时常路过，因司空见惯早已失去兴致，但当别人因初见此景而欢欣时，我们发现自己也重新燃起对眼前景色的兴致，这难道不是经常发生的事吗？我们若与这些观光者有着亲密的关系，这种体验的程度就更深；我们因爱的关系与他们同心，所以先前在我们看来早已不新鲜的事物，此时因他们的缘故对我们也变成新鲜的了。但我们假若自己在默想学习的内容上有了相当的进展，就不希望我们所爱的人只是因看到人手所做的工而欢喜惊叹；相反，我们希望他们看得更高，思索万物创造者所做的工①或智慧，从而让他们的想法更提升到爱慕、赞美创造万物的上帝，这是我们的爱在他们②身上所能达到的最有成效的目标。因此，对于人们怀着业已形成的认识上帝本身的目标到我们面前，要获得对上帝尽可能多的认识，我们岂不更应当高兴吗？在他们崭新的体验中，我们岂不应感到自己也得到更新，以至我们平常的讲道若略显乏味，在他们不平常的倾听的鞭策下也会重新燃起热情？当我们深思且谨记在心，受教者此时正在跨越怎样的谬误之死，从而进入怎样

---

① "所做的工"，拉丁原文作 artem，有些版本中作 arcem，即"大本营，堡垒"。
② "他们"一词拉丁原文作 ubi，或译作"在此方面"。

的信心之生命，这想法就更能增添我们在教义教导事奉中的喜乐。倘若我们走在自己最熟识的街道上，适逢一个因迷路而苦恼的人，我们会亲切而兴致勃勃地为他指路，那么在教导救人的教义中，我们虽一再地往返于就自己来说已无新意的道路上，岂不是更应满怀殷切之心，岂不是会有更大的喜乐吗？因为我们是在奉赐平安①给我们的主之命，为一个受痛苦煎熬、在世界悖谬的道路上蹒跚而行的灵魂指路。

第十三章——论第四种沉闷来源的补救。

18. 然而，当我们看不到受教者受到任何程度的感动时，要继续按照固定长度讲下去就更难，这无疑是事实；听讲者未表现出受感动的迹象有多种可能性：或是由于受宗教敬畏感的约束，怯于用语言或体态作出赞同的表示，或是在人前应有的礼节②阻止他有所表示，或是对我们所讲不甚了了，或是认为我们所讲没有价值。因为我们无法洞悉别人的心思，他们究竟感想如何对我们来说必然是不确定的事，于是我们就有义务在自己的讲道中千方百计地激发、诱导他表达自己，就如同使他从隐藏之处所走出来一样。若是过度的畏惧阻止了他发表自己的见解，就应以亲切劝勉的力量来消除他的畏惧。让他看到受教者与讲道者之间本是弟兄般的亲密关系，这样可以使他不再对我们过分崇敬。通过提问，我们可以搞清他是否明白我们所讲。而且，我们应给他以信心，让他毫无拘束地提出异议。同时，我们还应询问他以往是否已听过同一内容的讲道，他们不为讲道内容所动，是否可能因这些对他来说早已熟知。接下来我们就应根据此人的回答作量体裁衣式的

---

① "平安"一词拉丁原文作 *eam*，亦有版本作 *ea*，即"那些事"。
② "在人前应有的礼节"，拉丁原文亦有作 *humana verecundia* 的，即"对人的崇敬"。

讲解，或是以浅显的方式兼作较详尽的讲解，或是批驳某些与基督教信仰对立的观点，或是简要概括他业已了解的问题，不作赘述，而是择取圣经书卷中以隐义手法而写的内容，尤其是在历史记载中，揭开真意，加以阐明，这样会使我们的讲道更吸引人。但若那人的性格十分木讷，表情冷漠，对上述所有常能引起别人兴趣的事无动于衷，我们就只能以同情之心容忍他；在简要讲述其余要点之后，应以估计能使其产生敬畏之心的方式，用对大公教会①合一来说最必不可少的真理打动他，如关于试探、关于基督徒对未来大审判所应有的态度；而且，我们与其说是向他讲解关于上帝的事，不如说是因他的缘故而向上帝竭诚尽忠。

19. 经常出现的相似情形是，有人起初听得很入神，后来却因努力全神贯注或站立过久而疲劳，到后来对我们所讲不再作出积极的反应，露出困意，甚而只得表示去意。当观察到这种情形时，我们就有责任以真心的喜悦说些能让他提起精神的话，这些话可以是我们所讲内容的变换方式，可以是非常奇妙、令人惊叹的有关事物，甚或是凄苦悲哀的事。不管我们这时谈论的是什么内容，只要能立即触动他，以至对自身利害的关切能使他提起注意力。但同时，这些话不要因含有任何冷酷的成分而伤及受教者对上帝的敬畏之心，反而要因其中含有的善意而使他对上帝产生好感。我们还应让他坐下，以消除疲劳，当然，只要不失体统，从讲道之初就安排他坐着听讲无疑更佳。在海外，有些教会考虑得更为周到，不仅教牧人员坐着与人谈话，他们还亲自为受教者安放座位，免得身体软弱者因站立而疲倦，乃至从（讲道）对

---

① 此处拉丁原文只有 Catholicæ。另有一抄本中作 Catholicæ fidei，即"大公信仰"。但此处作 Ecclesiæ 最合乎情理。

他们极有益的主旨上分心,甚而只得离去。不过,大庭广众中若只是有一人退去休息,且此人已因参加圣礼而在恩典之下,这是一回事;而退去的人若是必须加以预备,以参加初次圣礼的(在此种情形下,此人多是受对沦亡之恐惧的驱使,对内心的软弱,感觉无助,才前来受教的),就又是另一回事了;一个处于如此境况的人,既耻于表明离去的原因而不得不留下,又无以承担自己的软弱而站到讲道结束。这是我的经验之谈。我在向一位来自乡间的人士讲解教义时便曾遇到这类情景,从他的事例中我认识到,同类情形必须留意避免。有谁能忍受我们如此的傲慢,没能让自己的弟兄①坐在面前,即令他们尚未同我们建立弟兄的关系(正因如此,我们就更应关怀他们,使他们成为我们的弟兄)也理应如此,因为连妇女听我们的主讲道时都是坐着,②而在他的讲道中,天使却站着守望。当然,假如那只是一篇短讲,或谈话的场地不宜落座,受教者也只好站着听讲。但这只可以发生在听讲者众多,又未正式加入其中③的情形下。原因是,在只有一两位或少数几位听众怀着成为基督徒的直接目的前来接受教义教导的情况下,让他们站立听讲十分不妥。但我们若已经这样开始了讲道,一旦我们看到受教者露出倦意的时候,就应请他随意坐下;我们不仅应竭力劝其落座,还应讲几句能提起他精神的话,以消除他内心此时可能产生的让他分心的挂虑。由于我们无从确知受教者默然和听不进去的原因,待他坐定之后,我们就可用如前所述的饶有兴致的态度或严肃的口吻,略谈警惕属世杂念之影响的问题,以至这些若正是占有他心思的挂虑,它们便会像被点了名一样而遁去;相反,属世的杂念假设不是受

---

① "弟兄"一词拉丁原文作 viros fratres。有抄本中作 veros fratres,即"我们真正的弟兄"。
② 《路加福音》10:39。
③ "加入其中",拉丁原文作 initiandi,即"受接纳而加入"。

教者（失去兴致的）特别原因，假设他只是听得疲倦了，只消在疲劳的话题上用上述语气对他讲些出人意外、不同寻常的话，他的注意力就会从倦怠的重压下解脱出来，就仿佛他只是为倦怠所累一样，因为我们的确无从得知他失去兴致的真正原因。不过，这些话要点到为止，特别要考虑到这些只是题外话，否则，原本为解除疲劳的方法却反而会加重听讲者的疲劳。与此同时，我们应加快讲解余下的内容，并告知听讲者，讲道将会提前结束。

第十四章——论第五、第六种沉闷来源的补救。

20. 另外，你如果因必须放下正在专注的其他更紧要的事而感到无奈，倘若这无奈带来的愁苦又使你在讲解教义时心境不佳，你就应当思考这样一个事实：我们唯一知晓的是，在一切与人有关的事情上我们有责任以仁慈的态度行事，行出真挚的爱心来，除此之外，依我所见，做哪些事更有益，暂时搁置或完全忽略哪些事更适宜，对我们来说常常都不像板上钉钉那样确定。我们是在为他人的好处而工作，既然我们不知对方在上帝面前的实情如何，在特定的时间里什么对他们最有利，因为这是我们只能揣测而无法确知的事，无论怎样（清楚的）推论都无助于此，即或有帮助，充其量也不过是极微弱且极不肯定的。所以，我们就只得用自己的头脑去安排这些事；结果若证明事情能按我们决定的方案实行，我们就应欢喜快乐，不是为了自己的意愿使事情如此成就，而是为了上帝的旨意使事情如此成就而欢喜快乐。然而，若有不可避免的事情发生，打乱了我们预先的安排，我们就应心甘情愿地作出回应，不是感到沮丧，而是要让上帝而非我们所喜悦的安排，成为我们自己的安排。因为我们理所当然地应当顺从上帝的旨意，而不是让上帝顺从我们的意思。至于做事的先后顺序，我们总是想根据自己的判断对它作出安排，但理应以将具有更高目标的工作摆在首位的顺序为准。上帝远远高于我们人类，他理应在人面前享有优先权，以至我们能以上述爱心制定自己的优先次序，又能以上述爱心（在安排中表现出）放下自己的优先次序，我们又何以感到无奈呢？唯有情愿搁置上帝的权能所禁止的事，而不是执意要做自己作为人所谋算的事的人，才是"最会安排优先次序的人"。因为，"人心多有计谋，惟有耶和华的筹算，才能立定。"①

21. 在我们因受冒犯而心绪不宁，难以在平静而愉快的心境中讲道的时候，我们就更应对基督为之而死，渴望以自己鲜血的代价救其脱离世界之谬误的人，生出极大的爱心来，乃至在我们难过之时，却因有渴望成为基督徒的人前来，这一情形本身就应足以使我们欢欣鼓舞，驱散我们心境的沉重，正如收获之乐总能缓解损失之痛一样。我们不应因受人的冒犯而情绪低沉，除非冒犯我们的人是我们察觉到或相信要走向灭亡的人，或是要沉沦的软弱者。此时有人到我们这里来，为的是要被教会正式接纳，在教会中，我们对他能不断进步充满希望，这应当能扫除使我们失望之人造成的伤痛。即便是怕背叛教会的人成为地狱之子②的想法进入我们的心（我们眼前有不少这样的人），是由于这些人的冒犯才使我们忧愁，但这忧愁不应缠累我们，而应激励、鞭策我们勇敢前行。我们也要同样告诫自己正在训导的人，切莫效仿那些名不符实的基督徒，小心不要因他们的数目众多而动摇，要么打算跟从他们，要么因他们的缘故在跟随耶稣的道路上踟蹰，要么不愿加入那等人置身其中的上帝的教会，要么打算在教会里

---

① 《箴言》19：21。
② 《马太福音》23：15。

作她百般忍耐的那等人。在这类的劝导中，我们的言辞无形中会因心里的伤痛而趋于激烈；我们的讲道因此不但不会更平淡无味，而且在平时较平静的情况下我们说得更冷静、更缺少活力的话，在此时的心绪中反而会说得更加情辞激昂。我们应因此而高兴，因为上帝为我们提供了一次机会，使我们内心的情绪不但没有枉费，反而在其中结出了果子。

22. 然而，若是我们因自己的错误或过犯的缘故而满心忧伤，就不仅应切记经上所说的，"忧伤痛悔的心，上帝必不轻看"；①也要记得这样的说法："水可以消灭烈火，施舍可以补赎罪过"；②还要记得主说过的话："我喜爱良善，不喜爱祭祀。"③所以，正如大火危及生命时我们必定会跑去取水灭火，同时也会感激提供灭火之水的邻人那样，假如罪恶之火从我们自己的草垛④燃起，我们因此五内不安，此时上帝赐我们做仁慈之工的机会，我们就应当在工作中喜乐，就如同有活水赐给我们，让我们借以扑灭大火一般。如果我们以为作善工只是意味着乐于四处派送食物，使人肚腹得饱足，而不是乐于用上帝的话语喂养靠它而活的人，⑤使他的心灵得饱足，就未免愚不可及了。还应想到的是，对我们来说，若只是做善工受益，有善工不做却不招损，那么我们或许就是在生命危急时轻忽了上帝赐下的医治，这医治的方式不一定令人惬意，目的却是使人转危为安，这指的不是我们的邻舍，而是我们自己。如果主的话——"你这又恶又懒的仆人……就当把我的银子

---

① 《诗篇》51：17。
② 《便西拉智训》3 章 33 节。
③ 《何西阿书》6：6。
④ "草垛"一词拉丁原文作 *faeno*，即"干草垛"。
⑤ "靠它而活的人"，拉丁原文作 *istud edentis*；亦有版本此处作 *studentis*，即学习上帝话语的人。

放给兑换银钱的人"①——震撼我们,就请你想一想,我们的罪已经使自己心碎,如今又罪上加罪,不把主的银子分给渴慕乞求的人,这是何等的不智之举啊!这样思考和反省若有效地驱除了消沉的黑暗,我们的心态便适合完成教导的责任了,就会满心欢喜地接受这使命,这种欢喜是从爱的丰富宝藏中热情而欢快地迸发而来。以上所述,与其说是我对你的劝勉,毋宁说是圣灵浇灌在我们心中的上帝之爱②对我们每个人的劝勉。

第十五章——论因人施教的方法。

23. 现在你或许还要要求我履约(在应允你之前,我本无此义务),以实例向你展示教义教导应有的样式,就如同我自己进行教义教导那样,并将范例摆在你面前,供你学习之用。但在这样做之前,我希望你记住一个事实:对于这两种情况——着眼于未来读者而口授供人笔录,与着眼于吸引受教者注意力的面对面谈话——讲话者内心所作的努力有着很大的差别。你还应记住的是,特别是在后一种情况下,讲话者若是私下劝导人,并无别人在旁评判,内心的努力是一种情形;而做公开教导,周围满是见解各异的听众,又是另一种情形。在这后一种情形下,受教者若只是一个人,其他听众都是评判者,或为他们熟知之事作证,教导者内心作的是一种努力,而在场的人若都在指望听我们讲授,这努力就又有不同了。另外,在这同一种情形下,大家若是坐在一起非正式地聚会,意在参与某种讨论,演讲者的努力会是一种式样,而大家若是坐在那里洗耳恭听某位地位较高的人讲道,讲

---

① 《马太福音》25:26、27。
② 《罗马书》5:5。

道者的努力又会是另一种式样。同样，纵使我们是在用后一种风格讲道，在座的是寡是众、有无学识，或两种人混杂；是城里人还是乡下人，或兼而有之；抑或各阶层人士各占一定比例，都有相当大的区别。这不能不以各种方式影响对听众演讲的人。他们讲出的话从而不仅会带上某些特征——即对内心所感的表露——也会依讲话者态度上的不同而以相应的方式影响到听讲者，与此同时，听者本身也因共同在场的互感效应，以各种方式互相影响。但由于我们眼下讨论的是教导初学者的问题，我以自身的经验可以见证，因我面前的听讲者各有不同——或是学养高深的，或是冥顽不灵的，或是罗马公民，或是异邦人，或是富有的，或是贫穷的，或是无名之士，或是驰名遐迩的人，或是有官职的，或是民族各异的人，或是年龄、性别各异的人士，或是来自不同教派，或是带着这样那样的谬误——在教义教导时，我发现自己的表现也各有不同，依我自己感觉各异，我的讲道历来从开始到整个过程、到结束都各有不同。正如对各种人的爱心虽应是相同的，对不同人却只能对症下药一样，爱本身也同样，它使有些人如临产难之苦，在另一些人面前它却是软弱的；它竭力去建造一些人，对另一些人来说却像避之唯恐不及的侵害；它屈就一些人，在另一些人面前却毫不妥协；它对一些人是温柔的，对另一些人却是严酷的；它对任何人都不是仇敌，对所有人都是一位慈爱的母亲。人尚未在同一种爱里体验上述经历之前，会以为我凭着上帝赐给我的能以取悦人的恩赐，能获取众口称赞的名声，还以为我以此为荣。但愿对"被囚之人的叹息"[①]了如指掌的上帝鉴察我的谦卑与劳苦，并赦免我一切的罪。[②]所

---

① 《诗篇》79：11。
② 参看《诗篇》25：18。

以，我迄止所述若有让你喜悦的地方，使你愿意从我这里读到应当循何种方式讲道的解说，①就希望你能靠认真思考而对我前面所述有一透彻的了解，并在我实际教导这些题目时仔细倾听，而不仅仅像是由我口授供你浏览一样。

第十六章——教义教导范例之一，先是怀着正确目的前来受教之人的情形。

24. 无论如何，让我们在这里设想，有个想要成为基督徒的人来到我们这里，他属于平民②阶层，但非乡间人士，而是城里人，正如你在迦太基随处可见的许多人一样。再让我们设想，当被问及他渴望成为基督徒的目的究竟是为寻求世间的好处，还是盼望今生之后的安稳，他回答说，他意在求今世没有的安稳。那么，若有可能，我们就可以如此口吻对这样的人士说："感谢上帝，亲爱的弟兄。我衷心祝愿你满心喜乐。我为你感到高兴的是，在世上如此巨大而险恶的风浪中，你想到了真正而稳妥的保障。即便在今世，人们也在不惜代价地寻求安稳和保障，他们劳苦做工，但从自己怀着败坏的欲望所得的结果中却找不到安稳和保障。因为他们想要在变幻纷纭、不能长久的事物中求安稳。由于这些事都会离人而去，而且都会随着时间而消逝，惊恐和悲哀便不断袭扰他们，使他们无法享受安宁。假如有人在财富中求安稳，他就因财富而骄傲，而不是处之坦然。难道我们没有看到许多人财富骤然丧失一空吗？有多少人为财富所毁——不是因贪图拥有，就是被比他们更贪婪的人挤垮或掠夺了财富？纵使财富与此人终生相伴，没有离开其恋慕

---

① "使你愿意从我这里读到应当循何种方式讲道的解说"，拉丁原文作 Ut aliquam observationem sermonis tui a nobis audire quæreres。
② "平民"一词拉丁原文作 idiotarum。

者，到他死去时财富也不能不与之分手。纵使他长寿，人生又有几何？在人们渴望长寿的同时，渴望的除漫长的风烛残年之外，还有什么呢？这世上的名望也同样——名望无非是了无意义的骄傲与虚荣，外加毁灭的危险。因为圣经上是这样写的：'凡有血气的尽都如草，他的美容都像野地的花。草必枯干，花必凋残……惟有我们上帝的话，必永远立定！'①所以，若有人渴慕真正的平安与真正的幸福，就应使自己的盼望提升，脱离必朽坏、短暂的事物，完全寄希望于上帝的话语；若有人牢牢地依靠那永存的，他自己也会与之共存到永远。

25."还有些人虽不贪求财富，也不追逐虚名，却沉湎于珍馐美味、淫欲放纵，并在各大城市随处可见的剧场、看台上寻找乐趣和平安而不得。不仅如此，这些恶事还带来恶果，他们有的在骄奢淫逸中耗尽了为数不多的家财，于是在贫困的压力下开始偷窃、入门夜盗，有的甚而拦路抢劫，内心骤然充满了无数深深的恐惧，曾几何时还在宴乐之家欢歌的人，此时只剩下囹圄之苦的梦魇。不仅如此，他们热衷于公共看台，因此变得更与魔鬼相像，他们以叫喊刺激竞技场上的人相互残杀，鼓动不曾伤害他人，此时却要讨好疯狂之众的人相互凶猛地角斗。若看到有角斗士们显出和平的迹象，这些人便爆发出对他们的憎恨，催逼他们，高声叫喊，要求用棒打他们，仿佛竞技者们在合伙欺哄他们，他们甚至强逼被指定来惩罚恶事的裁判行恶。反之，他们若看到角斗士凶狠地仇恨相向——不论他们称作'虐杀者'②，或

---

① 《以赛亚书》40：6、8；《彼得前书》1：24、25。
② "虐杀者"，拉丁原文作 *sive sintae qui appellantur*，此处可见以下不同版本：*sint athletae qui appellantur*，意即"那些所谓'运动员'的人"；也有，*sint aequi appellantur*，或只是 *sint qui appellantur*，意即"不管他们称作什么，无论是演员，等等"。*Sintae* 一词系由希腊文 Σινται（意为"吞食者"、"伤人者"）借用而来，或曾在非洲人中广泛使用，如本笃会编者所示，该词指某些生性残忍之人。

是'剧场演员'、'演奏者'①，或是'战车驭者'，或是'狩猎者'，总之是那些被迫不仅要与人，且要与猛兽格斗、角斗的悲惨之人——越是见到人、兽彼此凶猛格斗，那些人就越是喜欢这些角斗士，从他们那里得到越大的愉悦。角斗士因使观看者感受刺激而博得后者的欢心，越是博得他们的欢心，就越是使他们感受刺激，观看者因赌不同的角斗者得胜，他们自己也彼此更疯狂地相争，甚至比经他们疯狂挑唆而陷入疯狂的人还要疯狂，与此同时，他们仍津津有味地观看角斗者在场上疯狂地厮杀。②一个以搏杀争斗为食的心灵，又如何能享有和平的怡然之心呢？正如人以什么为食，就有怎样的体魄一样。总之，愚蠢的作乐虽无快乐可言，我们暂且把它们看作是乐事，尽管如此，事实依旧是：无论它们的性质如何，无论夸耀财富、炫耀地位、酒筵之乐、剧场上的角逐、淫乱不洁、浴室里的色欲能从何种程度上给人带来快乐，它们无非是以稍纵即逝的狂热使人受损，即便是对没有为之丧生的人来说，他们人生中所有虚幻的快乐最终也被带走了。留下的只有空虚和破碎的良心，它注定要看到，那被它拒绝认作父神的上帝成为审判者，它也注定要看到，它不屑当作慈父来寻求和爱戴的上帝成为严厉的主。而你呢，由于寻求应许给基督徒今生过后的真平安，只要你持续地爱赐下平安应许之主的诫命，即令在今生最痛苦的患难中，你也同样能品尝到那甘甜怡人的平安。你很快就会察觉到，公义的果子比不义的果子更甘甜，而且在患难之中怀有正直良心的人比在宴乐中怀有邪恶之心的人，享有给人带来更真实愉悦的喜乐。因为你不是带着从教会求今世好处的目的前来加入上帝的教会的。

---

① 严格地讲，此处拉丁原文的 *thymelici* 系 *thymele*（乐队）中的乐师。
② 参看奥古斯丁的《忏悔录》第六卷，第十三章。

第十七章——教义教导范例之二,特别与如何指出受教者怀有的错误目的有关。

26. "有些人想成为基督徒的原因,要么是为取悦于人,以从人那里寻求属世的好处,要么是因不想得罪他们惧怕之人。这些目的都是为上帝所弃绝的。尽管教会暂且容他们置身其中,正如扬场的时刻到来前,谷场上会容糠皮存在一样,但他们若不端正自己的目的,并开始真心实意地做基督徒,以求得到将来的永世平安,最终则会从教会中被分别出来。不要让这些人因能与上帝的麦子同堆在场上而洋洋自得,他们不会与麦子一起被收进仓里,反注定要被烈火烧尽,因为那正是他们应有的结局。还有些人比上述人有指望,但他们面临的危险并不小于前者。我指的是这样的人,他们虽敬畏上帝,不讥讽基督之名,也没有怀着虚假之心加入上帝的教会,但却仍在寻求今世的福分,指望自己在属世的福分上比不敬畏上帝的人享有得更多。这种错误的指望其后果是,当他们看到有些邪恶而不敬虔的人有所成就,在世上所得丰厚,而自己要么所得不丰,要么一无所得的时候,就会被事奉上帝徒劳无益的想法困扰,容易从信仰上失落。

27. "至于那些寻求上帝应许给圣徒今生之后的命运——即永恒的祝福和永久的平安——的人,他们想成为基督徒,为的是不致与魔鬼一同落入永火之狱,而与基督一同进入永恒的国度,①这种人才是真正的基督徒。他会在各种试探面前保持警觉,既不因顺境而败坏,也不因逆境而丧志,反在拥有世间的丰富之时能够简朴、节制,又在苦难袭来之时能够刚强、忍耐。一个具有如此品格的人还可以进而得造就,乃至他内心对上帝的爱最终能更胜于对地狱的惧怕,纵然上帝对

---

① 参考《马太福音》25:34、41。

他说,'永远地享用肉体的快乐,尽情地犯罪吧,你既不会死也不会被投入地狱,只是你不会与我同在',他也会极度地惊慌,也会全然放弃犯罪,因为此时他的目的不再仅是不致堕入他一向惧怕的去处,而是盼望自己不要得罪他所挚爱的主,只有在主里面,才有人眼未曾见,耳未曾闻,心也未曾想到的平安——这平安是上帝为爱他的人预备的。①

28."圣经很注重这有关安息(平安)的主题,因此我们不能不讲。圣经告诉我们,起初上帝创造天地及其间的万物,他在六日中做工,到了第七日就安息了。②这位全能者有能力在须臾之间造出万物。由于他'一吩咐便都造成',③因此他并不是因辛苦劳作,才享受(必不可少)安息。上帝借此表明的是,在这世界的六个世代之后,在第七个世代,他将在他的圣徒里得安息,正如起初的第七天那样。这些圣徒在做完事奉他的种种善工之后,也将在他里面得安息;其实是上帝自己在圣徒里面做工,呼召他们,指教他们,忘记他们以往的过犯,使这些先前罪孽深重的人得以称义。由于圣徒借着上帝的恩赐做善工,说他亲自在圣徒里面做工便是恰如其分的了;所以,当圣徒在他里面安息的时候,说上帝自己得安息也是恰如其分的。就上帝自己而言,他并不需要休息,因为它从来就不会感觉劳累。更何况万物都是上帝借着他的道而造,而他的道就是基督,众天使以及天上一切圣洁的灵都在圣洁的静谧中得享安息。而人却因着罪从中堕落了,丧失了他从上帝的神性中拥有的安息,(如今)从基督的人性中又重得这平安。恰恰是为此目的,到了上帝认为该当成就的时候,他就成为人,借女人而生。他绝无可能从女人的身体沾染污秽,却注定要洁净那女人

---

① 《哥林多前书》2:9。
② 《创世记》2:1—3。
③ 《诗篇》148:5。

的身体。对于主未来的降临,古代圣贤在圣灵的启示下早已知悉,并就此作了预言。他们因相信主将要降临便得了救,正如我们因信他已经降临而得救一样。我们应当爱我们的上帝是因为他如此爱我们,乃至为我们差遣来他的独生子,为的是主可以亲自背负我们这必死之人的卑贱①,他替罪人而死,且死在罪人手中。即使是在久远的年代,在最初的世代里,这一奥秘的深意也在不断地被预示着,且被预言式地宣告着。"

第十八章——论在上帝创造人类及其他万物的问题上我们当信的是什么。

29."既然,全能、慈爱、公义、满有怜悯的上帝创造了万物,无论其形体大小,无论其居所位置高低,无论是可见之物:诸如天上飞的、地上走的和海里游的,是天上的太阳、月亮及其他光体,是地上的、海里的,是树木、灌木,还是各从其类的动物,及一切天上、地上的实体;也无论是不可见之物:诸如使身体因之能活动并赋予其生命的灵。上帝还照自己的形象造了人,为的是让人类像上帝自己凭他的全能掌管大千受造界那样,也能凭着得以认识自己的创造主并敬拜他的智慧,管理地上一切的活物。他还将那女人(夏娃)赐给那男人(亚当)做他的配偶,不是为了满足他的色欲——那时期他们拥有的不是必朽坏的身体,对罪的惩罚尚未以死亡的形式临到他们——却是为了这样的目的:那男人只要领头亲近上帝,就在圣洁与敬虔上成为那女人效仿的榜样,成为她的荣耀,正如那男人自己只要顺从上帝的智慧,就能荣耀上帝一样。

30."于是,上帝将他们安置在圣经称之为'乐园'的一个充满源

---

① "卑贱"一词拉丁原文作 humilitate,意即"人类",也有版本中作 humanitate。

源不断之祝福的地方，又赐给他们一条诫命，只要他们不违反这诫命，就将永远置身于永生的福乐之中；相反，他们若违反这诫命，就必受死亡的刑罚。上帝早已知道人可能违反这诫命。尽管如此，由于他是皆善之万物的设计者和创造者，因此他仍然决定造人，正如他为使地上遍满与其协调的美好事物也造了野兽一样。当然，即便是有罪的人也胜于野兽。上帝仍情愿将人类不会去遵守的诫命颁布给他们，为的是在他证明自己的处罚有理时，让他们无可推诿。这样，无论人自己做了什么，都会看到上帝的做法是值得称颂的，人若行得正直，他会发现上帝因赏赐得公平而配受称颂；人若犯罪，他会发现上帝因惩罚得公平而配受称颂；人若认罪并重新回到正直的道路上来，他会发现上帝因其赦罪之恩表现出的仁慈而配受称颂。尽管上帝预知人可能犯罪，但人若不堕落，他就赐人以冠冕，人若堕落，他就帮助人站起来，而上帝自己无时无处不在慈爱、公义和怜悯中彰显着他的荣耀。既如此，他造人又何乐而不为呢？更为甚者，由于上帝预知在那必死的族类中会涌现出圣徒，这些人必定不寻求自己的益处，只将荣耀归于自己的创造主；他们因敬拜自己的主而从各种败坏中得救，必被算作配得承受永生并与圣天使一起活在祝福之中的人，既如此，他造人又何乐而不为呢？上帝将自由意志赐予人类，为的是让人能以真诚的心意，而不是出于迫不得已才敬拜他，他也将这自由意志赐给众天使。那叛逆的天使（撒旦）伙同与他为伍的诸灵因骄傲而背离了对上帝的顺服，成为魔鬼；纵然如此，他也无从伤及上帝，受到伤害的只是他自己。因为上帝知道如何处置背弃他的灵魂，①他用最恰当且最符合

---

① 此处的"灵魂"应作"灵"。请参阅奥古斯丁在《订正篇》（第二卷，第十四章）中的修正，如本书"编者序"所示。

他完美统治的法则,用他们罪有应得的惨境来陈设受造界的最下层。因此,不管魔鬼是自己堕落,还是诱惑人走上死亡之路,都无从对上帝造成伤害。人本身继其配偶受魔鬼诱惑之后,他也有意地跟从她去做上帝违禁的事,尽管如此也无从在任何程度上损害他创造主的真理、能力或福乐。①因为本着上帝至为公平的法则,所有的背叛者均被定了罪,上帝自己则在他公正的赏罚中得了荣耀,而背叛者们因刑罚愈见严重而蒙受羞耻。这样做的目的是,让人在背离自己的创造主时,必为魔鬼所胜,成为他的臣仆;而当魔鬼反叛他的创造主时,必在人前显明他是必被征服的仇敌。无论何人若执意跟从魔鬼到底,就会同魔鬼一同落入永刑之中;而那些在上帝面前谦卑自己,借着上帝的恩典胜过魔鬼的,将被算作配得永恒赏赐的人。"

第十九章——论教会中良莠并存以及良莠的最终甄别。

31. "我们也不应因想到向魔鬼妥协的人多而跟随上帝的人少就动摇;麦粒与糠皮相比,在数量上也少得多。但正如农夫晓得如何处理堆积如山的糠皮一样,众多的罪人对上帝来说毫无用处,他知道如何处置他们才不致使他对其国度的管理被打乱和蒙羞。也不要以为只因被魔鬼诱惑去的人比战胜他的人数多,就证明他已得胜。在此意义上,自人类之初直到世界之末无不存在着两个泾渭分明的社群,一个是不虔不敬的罪人群体,另一个是圣洁的圣徒群体。就肉体而言,世人鱼龙混杂,而就心志而言,世人泾渭分明;况且到了审判之日,世人在肉体意义上也注定被区分开来。凡带着虚妄的自以为是、傲慢自大而贪爱骄傲与属世权势的人,和凡贪爱这些并因有人听从他们而寻求

---

① 拉丁原文中的 *beatitatem* 一词在有些抄本中未见。

自己荣耀的灵,都将紧紧地被绑在一起;尽管他们时常为争夺这些而彼此角逐,却会被同一私欲的下沉之力坠入同一深渊,并因其相同的性情与过犯被归为同类。同样,凡谦卑地寻求上帝而非自己的荣耀并敬虔地跟随主的人和灵,则属于另一个社群。而尽管如此,上帝仍对不敬不虔的人们怀有最大的仁慈与忍耐,为他们提供悔过自新的余地。

32. "至于上帝用洪水毁灭天下,唯留下一个义人及其家人,又用方舟拯救他们的事之所以发生,是由于上帝知道,世人不愿改过自新;不过,在挪亚建造方舟的一百年间,上帝的震怒要临到世人的信息肯定向世人传达过,①他们但凡愿意向上帝回心转意,上帝也会手下留情,就如后来的年代中所发生的那样——上帝通过一位先知向尼尼微城宣告将毁灭该城,尼尼微市民因此而悔改,这时,他就'不把所说的灾祸降与他们了'。②况且,甚至对那些在上帝之道面前必然要固执其恶的人,他的做法也总是为他们留有悔改的余地,为的是用自己的典范来操练、教导我们忍耐;让我们由此看到,既然我们不知别人未来的景况如何,却知道没有任何事能逃过上帝的鉴察,上帝尚且忍耐他们,容他们生存,那么,在恒久忍耐中忍耐恶者对我们来说岂不更是理所当然的了吗?在洪水的神圣记号中隐藏着义人借木头(十字架)得救的含义,同时也有对未来教会的预表,这教会的王、教会之主——基督,已经将教会高高举起;教会凭借他十字架的奥秘,已脱离了这个世界沉沦的危险。而且上帝并非不知道,即便是在方舟中得救的人也会生出邪恶的后代,他们会再次使罪恶遍满全地。然而,他

---

① 《创世记》6:7。
② 《约拿书》3。

既向他们发出了未来审判的警示,也预言了属上帝的圣洁之人将靠十字架的奥秘而得救。即便是在此之后,邪恶也没有停止借着骄傲、情欲以及对上帝的违忤不敬而滋长,人们因离弃自己的创造主,不但堕落至上帝所造之物的境地,去拜上帝的造物而不是上帝本身。更有甚者,他们还让自己的灵魂拜倒在人手所造之物和工匠的制品面前,他们在魔鬼以及见自己在这等物件中受人膜拜、敬奉而欢喜的邪灵面前,因此败得更惨。而魔鬼和邪灵则以人的谬误喂养①自己的谬误。

33. "但在所有那些年代中,确实也有不少义人,他们怀着敬虔之心寻求上帝,并胜过了魔鬼的骄傲,他们是那圣洁群体中的公民,这群体统一在基督降世为人的旗帜之下,当时的义人注定要加入这一群体,而圣灵又将此启示给他们。在这些义人之中,有上帝敬虔而忠实的仆人亚伯拉罕,上帝拣选他,为的是晓谕他关于赐下他独生子的应许,以使万族中一切信靠上帝的人借效法亚伯拉罕的信心,可称为'亚伯拉罕的子孙'。自亚伯拉罕而产生了一个民族,正当其他民族都在拜偶像、邪灵之时,这一民族却要敬拜创造天地的独一真神上帝。该民族更明显地预表了未来的教会,因为在那民族中也有众多属肉体的人,他们拜上帝是为得到看得见的好处。但这民族中也有少数向往未来的平安的人,他们向往的是天上的家乡,上帝向他们启示了他将以我们的王——主耶稣基督——的身份降世为人一事,以便他们可以靠着这信心而远离骄傲狂妄,成为健全的人。这些从时间上讲生卒年代早于主降生的圣徒,不仅在言论上还是在生活、婚姻、子女、行为举止上,构成了对现时代的预言;在现时代中,教会因对基督的挚爱而产生的信心,从万族中被召聚在一起。借助当时的圣族长、圣先

---

① "喂养"一词的拉丁原文 *pascunt* 亦有作 *miscent* 的,即"混入"。

知,上帝既赐给属肉体的以色列民——后期称作'犹太人'——急于想从他那里得到的以物质形式出现的可见之好处,也给了他们肉体形式的责罚,为的是警诫他们,对他们的顽梗来说,这些责罚丝毫不过分。尽管如此,在所有这些之中,也蕴含着属灵的奥秘,有些是指向基督和教会的;上面所说的众圣徒尽管今生的年代早于主基督肉身的降生,也仍是教会的组成部分。因为基督是上帝的独生子,是天父上帝的道,他与父同等,共享永恒,万物都是借着他造的,他也为我们的缘故而成为人的式样,这样他才能成为整个教会——他整个身体——的头。但正如在全人出生的过程中,婴儿的手虽有可能先出于母腹,但那手仍连接在头以下的身体之上,且是它不可分割的一部分,如上所述的族长之中,就有人在出生时首先诞出一只手,①其中隐含的恰恰是这样的意思:凡在我们主耶稣基督降生前活在世上的圣徒,尽管他们出世在先,却仍在头以下,与以主为头的整个身体联合一体。

第二十章——论以色列在埃及受奴役、得拯救,及其过红海。

34. "以色列民族后来被带到埃及,受到暴戾的埃及诸王的奴役;他们因受到最严苛的苦役而向上帝祈求拯救。上帝为他们派去同属以色列人的摩西,他是上帝圣洁的仆人。摩西借上帝的权能,以神迹使当时轻蔑上帝的埃及人心惊胆战,他又带领上帝的子民出离埃及;他们在过红海的时候,海水从中分开,为他们开出一条干路,而正当埃及的追兵逼近之时,海水恢复了流向,淹没了埃及追兵,使他们无一生还。因此,正如全地早年借洪水从罪人的邪恶中得到洁净一样——当时的罪人也是在大水中灭亡——而义人则因着木头而幸免于难;上

---

① 《创世记》25:26;38:27—30。

帝的子民在出离埃及时同样得以从海水中走过，而他们的仇敌则被海水吞没。此处并非没有木头作十字架的预表——摩西向海水伸出手杖，才使海水分开的神迹得以实现。大洪水和过红海两者都是洗礼的表征，忠信者借洗礼进入新生命，他们的罪一如仇敌一般被除去，并消灭殆尽。在以色列民身上，更明显地预表基督受死的是上帝命他们宰杀烤食的羔羊，将羔羊的血涂在门框上做记号，且要每年守此圣礼，将此节期称作'耶和华的逾越节'。因为'他像羊羔被牵到宰杀之地'①的预言再清楚不过地是指着主耶稣基督而说的。如今在你前额上所做的记号——基督徒所受的是这同一记号——表征的正是主耶稣受难和十字架，同当年在门框上做记号并无分别。

35. "之后，上帝领以色列民行过旷野，历时四十年。他们还领受了'上帝用指头写'的律法，'上帝的指头'指的乃是圣灵，正像福音书中极为明确地指出的那样。因为用以定义②上帝的并非有形体的形式，他的肢体、指头也不应看作如我们身上的肢体、指头那样长在上帝身上。上帝通过圣灵将恩赐分给他的圣徒，为的是使他们尽管能力各有不同，却不失在爱中的和谐；既然手指看似分开，却绝不能从手的合一中分别出来，它们是特别，因此这或许就是'上帝的指头'一说的解释了。但无论事实是否如此，或还有哪些其他理由可说明圣灵被称作'上帝的指头'，当我们听到此说时，决不应想到那是人身上指头的形式。以色列民接受了'上帝用指头写'的律法，而且它实实在在地写在石版上，意指以色列民的心刚硬，因此不能成全律法。因为，他们既然殷切地从主那里得到为肉体之用的律法，就用属世的惧怕，而不

---

① 《以赛亚书》53：7。
② "定义"一词拉丁原文亦有作 *definitus* 的，即"勾勒成"。

是属灵之爱去持守它。然而，除爱之外，任何东西都不能成全律法。因此，他们为许多眼睛可见的礼仪所累，在遵守饮食条例、供奉祭牲，以及其他数不清的礼仪的同时，实际上必定感到负轭般的沉重。与此同时，这些却是关于主耶稣基督和教会的属灵之事的预表。这些事当时为少数古代圣贤所领会，以至他们能结出救恩的果子，同时也按照所处时代的方式遵行之，而为数众多的属世之人却只知持守而不领会。

36."像这样以各类事物表征将要到来之事的情形，若一一尽述则未免繁冗，而且如今我们已看到这些事在教会里得以成就。以色列民被领到应许之地，在其中将依自己的意志以属世的方式掌王权，然而这属地的王国却是一个属灵国度的影子。在那个国度中，有上帝驰名遐迩的城市——耶路撒冷，这城市虽为奴，却是那称作'天上的耶路撒冷'①的自由之城的预表，'耶路撒冷'一词乃希伯来文词汇，原意是'平安之异象'。耶路撒冷的居民就是一切成圣的人——有历世历代的，有当今世代的，也有尚未来世的——还有一切成圣的灵，就是一切在高天以敬虔之爱顺服上帝，而没有效仿在上帝面前心高气傲的魔鬼及其使者的灵。这耶路撒冷之王就是主耶稣基督，他是上帝之道，即令最高的天使也在他的治下，同时这道又曾披戴人性，②以使人也能归于他的治下，这些人将同他一起在永恒的平安中执掌王权。大卫王在以色列民的属世王国中最为突出地预表了天上的耶路撒冷之王③，这王的肉身将要从大卫的后裔而出，也就是我们的主耶稣基督，'他是在万有之上，永远可称颂的上帝'。④上帝在那应许之地所行的许多事都

---

① 指《加拉太书》4：26。
② "人性"一词拉丁原文作 hominem。
③ 《列王纪上》11：23。
④ 《罗马书》9：5。

是即将来临的基督和教会的预表,你自己将来可以从圣经中辨别出这些事。

第二十一章——论以色列民被掳巴比伦及其预表之事。

37."无论怎样,在大卫数代人之后又有预表呈现出来,与我们当前的话题明显相关。上帝使那城(耶路撒冷)①陷入了被掳的苦境,而且那民族中一大部分人被掳往巴比伦。既然耶路撒冷象征着圣徒之城和圣徒的团契,那么巴比伦象征的就是恶人之城与恶人的团契,按其原文解释,'巴比伦'本是'毁灭'之意。我不久前说过,②就此两个城(社群)的话题,自人类之初始终随时代的变迁而并存,且彼此纠结在一起,且一直会如此,直至世界的末了;那时,两个营垒注定将在最后的审判中分别开来。耶城被掳,以色列民被劫持到巴比伦为奴是上帝所命定的,并借着该时代的先知耶利米之口早已作了如此的宣告。③看上去上帝也曾在奴役以色列民的巴比伦诸王④身上做工,使他们在以色列民被掳期间,借着一些神迹奇事而认识了创造宇宙万物的唯一真神上帝,不仅他们自己拜他,还晓谕全民要敬拜他。上帝况且还要求以色列民为囚禁他们为奴的人祷告,并在平安中盼望平安,以至能在那里生儿育女、建造房舍、栽种田园和葡萄园。⑤但上帝也应许他们,七十年满了之后,他们将从为奴的状态中获释。⑥进而言之,所有这些又都象征着由一切圣徒组成的基督之教会,他们虽是天上耶路撒冷的

---

① "那城",拉丁原文或作 civitas,意即"社区"。
② 见第十九章。
③ 《耶利米书》25:18;29:1。
④ 《但以理书》2:47;3:29;6:26;《以斯拉上》2:7;《彼勒与大龙》41。
⑤ 《耶利米书》29:4—7。
⑥ 《耶利米书》25:12。

国民，却不能不在这个世界的诸王手下服侍。使徒的教训也这样说：'在上有权柄的，人人当顺服他'；又说：'凡人所当得的，就给他；当得粮的，给他纳粮；当得税的，给他上税'，①在其他同类事上也都如此，只要不妨碍对上帝的敬拜，我们就当在人类社会的体制内为掌权者做贡献。为了在我们面前为这通达的教义树立典范，甚至主耶稣也不认为自己不该因他所披戴的人类个体②之故而纳税。③同样，基督徒中做奴仆的人以及好基督徒也受命安心而忠心地侍奉他们肉身的主人；④无论他们到末后发现自己的主人是罪人而审判他们，还是发现他们的主人也归信了真神上帝，主仆平等地同掌王权。教会吩咐所有信徒顺服属人、属世的权力，直至七十年所象征的上帝预定时间的末了，那时教会将从这个世界的毁灭中获救，恰如耶路撒冷时候一到即从巴比伦的奴役中获得自由一样。然而，以色列民为奴还导致了世上的君王本身离弃偶像——起初正是因偶像的缘故这些君王才一味地逼迫属基督的人——得以认识唯一的真神上帝，后来还敬拜他。使徒保罗吩咐为之祷告的正是这些人，尽管他们一味地逼迫教会。保罗这样说：'我劝你第一要为万人恳求、祷告、⑤代求、祝谢，为君王和一切在位的，也该如此，使我们可以敬虔、端正、平安无事地度日。'⑥如今这些人已为教会带来安宁，虽然这平安只是暂时的，也可容教会在灵里建造房屋、栽种田园和葡萄园。你自己的情形也是一个例证，此时我通过这教训所做的，就正是在灵里建造、培育你。如此进程正因

---

① 《罗马书》13：1、7。
② "人类个体"，拉丁原文作 pro capite hominis，以字义解，即"因那人丁的缘故"。
③ 《马太福音》17：27。
④ 《以弗所书》6：5。
⑤ "祷告"一词拉丁原文作 orationes，更具权威性的版本中作 adorationes。
⑥ 《提摩太前书》2：1、2。

信基督的君王带来的安宁在我们周边的各国进行着，正如使徒保罗所说的那样：'你们是上帝所耕种的田地，所建造的房屋。'①

38. "的确，耶利米神秘地预言的七十年之后——'七十年'意在预表时间的末了，目的也在预示那数字满了的时候——犹太人也没有重获稳固的和平与自由。他们后来为罗马人征服，并沦为属国。事实上，自他们得了应许之地并有了自己的君王那一时期开始，为了排除一种设想，即有关他们的拯救者基督的应许在他们的某位王身上已全然实现了，为数不少的预言就基督做了越发清晰的启示；不仅大卫本人在《诗篇》中做了如此预言，其他伟大的圣先知也如此，甚至在犹太人被掳往巴比伦的途中也不例外。而被掳期间，众先知的使命正是预言主耶稣基督这位全人类的救赎主将要来临。七十年过去，圣殿修复之后，犹太人仍在外邦君王手中惨遭压迫与蹂躏，这正是为了让他们知道，那位救赎主尚未来临，犹太人因不懂得这位救主将要从属灵层面上拯救他们，反而热切盼望着属世层面上的拯救。

第二十二章——论世界的六个世代。

39. "世界的前五个世代就这样过去，进入了第六个世代。在这些世代之中，第一个世代是从人类之初，即从上帝所造的始祖亚当到大洪水前造方舟的挪亚为止。②第二个世代是从那时起直至亚伯拉罕的时代。亚伯拉罕被称作③'多国之父'④，意在使万族万民效法他信心的榜样，而就他肉身所生后裔而言，他又是上帝的选民犹太人的祖先。

---

① 《哥林多前书》3：9；参阅《耶利米书》25：12；29：10。
② 《创世记》6：22。
③ "称作"一词拉丁原文作 dictus est，亦有抄本中作 electus est，意即"被拣选为"。
④ 《创世记》17：4。

该民族在外邦人得到基督教信仰之前，曾是万邦万族中唯一敬拜独一真神上帝的民族，救主基督的肉身也注定要由这一民族而来。前两个世代的转折点①在古代书卷中占有突出的地位。在《马太福音》还明示出另三个世代的转折点，②同时还提到主耶稣基督肉身的家世。第三个世代从亚伯拉罕一直延续到大卫王；第四个世代从大卫开始，直至上帝的子民被掳，迁往巴比伦；而第五个世代是从那大迁徙直到我们主耶稣基督的降临。他的来临开启了第六个世代的进程。往日只为少数族长、先知所知晓的属灵恩典，此时得以向万族彰显出来，让全人类纯心地③敬拜上帝，殷切渴慕他，事奉他不是为得看得见的赏赐和今世的福气，而只为得到永恒的生命，并在那永恒中享有上帝自己。这一切的目的在于使人的心意在这第六个世代中按照上帝的形象得以更新，正如创世的第六天上帝按自己的形象造出的人那样。④与此同时，律法也得到成全，律法的所有诫命也都得到履行，不是出于对属世事物的贪求，而是出于爱那赐下诫命的主。况且，有谁能不向一位公义之至且仁慈之至的上帝产生由衷的爱慕之心呢？上帝率先将爱赐给极为不义、骄傲自大的人类，而且上帝的爱如此之深，甚至为人类的缘故差遣他的独生子——凡被造的，无一不是借着这独生子所造——成为人，他自己却毫未改变，而只是因披戴人性不仅得以住在人类之中，又为他们而死，且死于人类之手。

40."新约是这样表明我们所继承的永恒产业的：人将要在其中被上帝的恩典更新，并获得新的生命，即属灵的生命。其目的是显示出，

---

① "转折点"一词拉丁原文作 articuli，意即"之际"。
② 《马太福音》1：17。
③ "纯心地"拉丁原文作 gratis。
④ 《创世记》1：27。

人先前的生命属于旧制，属肉体的人在其中扮演着旧人（唯有少数族长、明悉真道的先知以及一些名不见经传的圣徒除外），过着属肉体的生活，一心指望从上帝手中得到属世的好处，得到的却是赐他们属灵祝福的预表。我要说，正是为此，主基督在为人的时候才厌弃一切属世的美物，意在向我们显示出应如何厌弃这些东西；而且他忍受了世上一切的痛苦忧患，并将此看作必须忍受的；为的是让我们既不在属世的美物中寻求自己的幸福，也不将世上的痛苦忧患看作自己的不幸。我们的主借这样一位母亲而生——她受孕并非因男人的原故，却是以童女之身受孕，以童女之身生子，以童女之身而死，一直都未与男人有染，尽管她被许配给了一位手艺人——借此而灭了一切属世权贵高傲的气焰。而且他出生在伯利恒，在犹大所有城市中伯利恒如此之无足轻重，甚至直到如今也不过称作村庄而已，这是因为他不愿有人因世上某一城市显要的地位而荣耀自己。这位万物都属于他，也是借他而造的主，还被当作穷人，为的是不让人又信他，又因世上的财富炫耀自己。他拒绝被人推为王，因为他要向因骄傲而背离他①的可悲者指出一条谦卑之路，然而，整个被造界都在为他永存的国度作证。这位忍受饥饿的人竟是全人类的喂养者，这位忍受干渴的人竟是一切可饮之物的创造者，而且是人在灵里饥饿时的干粮，口渴时的活水；这位在世上奔走劳碌的人使自己铺就了我们的通天之路；这位在辱骂者面前有如聋哑人的人竟是那使哑巴复语、聋子复聪的主；这位使我们从软弱的捆绑中获释的人自己却受捆绑；这位从人类身上驱除一切精神痛苦之鞭笞的，自己却受鞭笞；这位人身痛苦折磨的终结者，自

---

① "背离他"，拉丁原文作 *ab eo*，亦有版本作 *ab ea*，意即"从那谦卑"。

己却被钉在十字架上①；这位使死人复活的自己却甘愿受死。然而，他从死里复活，并永不再死，为的是以此让人得知，死亡并不像他们想象的那样可怕，就仿佛人不能复活一样。

第二十三章——论基督复活五十天之后差遣圣灵。

41. "此后，基督坚固了门徒，并与他们同在达四十天之久，然后就在这些人的众目睽睽之下升到天上。到了基督复活满五十天的时候，他就为门徒差来了圣灵（正如基督先前所应许的），上帝借圣灵将他的爱浇灌在圣徒心里②，目的是使他们能成全律法，不但不感觉是负担，而且满心欢喜。这律法是以犹太人所谓'十诫'（Decalogue）的十条诫命的形式颁发给他们的。这些诫命后来又归结为两条——要尽心、尽性、尽意地爱上帝；要爱人如己。③因这两条诫命是律法和先知一切道理的总纲，主耶稣于是既在他的福音中亲口如此宣告，也身体力行地就此做出了典范。以色列人也如此，他们宰杀羊羔、吃羊肉，并将羊血涂在门框上做记号以保全性命④，他们以此方式守了第一个逾越节；从那天起，也是满了五十天的时候，他们接受了'上帝用手指'所写的律法。⑤前面已说过，'上帝的手指'暗指圣灵。⑥同样，也是在主耶稣（他是'逾越'的真正的寓意）受难、复活后的第五十天，圣灵以自己的位格受差遣来到门徒中间。然而，这次不是以石版代表他们刚硬的心，而是正当他们在耶路撒冷某处聚会的时候，天上忽然有响声

---

① 此处拉丁原文是一双关语：*crucifixus est qui cruciatus nostros finivit*。
② 参考《罗马书》5：5。
③ 《马太福音》22：37—40。
④ 《出埃及记》12。
⑤ 《出埃及记》34：28。
⑥ 《路加福音》11：20。

下来,像一阵大风吹过,又有舌头如火焰显现出来,落在他们头上,他们就说起别国的方言来,以至从各国前去的人都能从他们口中辨认出自己的乡音①(因为分散到各国的犹太人在节日期间都会聚集在耶城,他们已习惯使用各国的方言)。接着,众使徒便开始放胆传讲基督,还以基督之名行了许多神迹,甚至彼得经过的时候,他的影子投在死人身上,那死人也能复活。②

42. "犹太人部分是出于邪恶的意念,部分是出于无知,将基督钉死在十字架上,当他们看到使徒以基督的名义大行神迹奇事时,其中一些人被激怒,下手迫害传扬基督的使徒;而另一些人则相反,他们因见使徒竟以基督之名行出如此大的神迹而受到震撼——曾几何时他们还在嘲笑这基督,把他当作被自己制服的失败者——这些人因此而悔改、归信基督,数千犹太人就是这样信了主。这些人的趋向此时不再是渴望从上帝手中得到今世的好处和属世的王国,也不再以属肉体之心期待上帝应许的基督成为他们在地上的君王,而将他看作永生的上帝来期盼和爱戴。这基督曾以人的式样出现,为了他们并恰恰是在他们手下遭受了无比深重的苦难,却将赦免他们一切罪——甚至流他人血之罪——的恩典赐给他们,并用自己的复活做出示范,向他们昭示了永生,这才是他们应当从他手中期盼和渴求的目标。他们既少却了旧人属世的追求,燃起了追求主在福音中教导的属灵生命新体验的热情,就变卖自己一切所有,将所得的银价放在使徒脚前,以便照各人所需分给各人;生活在基督徒彼此和谐的爱之中,他们不将任何东

---

① 《使徒行传》2 章。
② 此处所指显然是《使徒行传》5:15 的内容,但经文中提到的只是人们的愿望,且说的是病人,而非死人。

西视为己有，而是凡物公用，同心合意地寻求上帝。①后来，这些人自己的身体也在他们世上同胞犹太人的手中遭逼迫，被逐往外邦，上帝这样安排为的是借他们被逐，使基督更广泛地传扬开来。他们自己也效法了他们的主的忍耐，是那位曾以温柔忍耐了他们的主②吩咐他们为了他的缘故而温柔忍耐。

43."使徒保罗也曾是圣徒的逼迫者之一，而且对基督徒格外强暴，但后来，他相继成为信徒、使徒，并受差遣到外邦人中传福音，他（在事奉中）为基督之名所受的苦比他先前为对抗基督之名所做的还要令人难当。况且，他在自己撒下福音种子的外邦建立教会的同时，总是热诚地劝导当地的归信者，他们（来自拜偶像的文化，先前并无敬拜独一真神上帝的经验）既未做好以变卖分享一切所有的方式事奉上帝的准备，就应为犹大地的教会中信了基督的贫穷圣徒弟兄捐赠。因此，保罗的教义设立一部分人为斗士（soldiers），另一部分人为地方的辅助者（provincial tributaries），然而他们将基督当作中心，就如同房角石（正如先知早年预言的那样③），两部分人如同墙壁在基督里从各自的方向——这就是从犹太人和外邦人的方向——建造起来，使他们在亲如手足的相爱中结成一体。但在后一时期，不信的外邦人对基督的教会发起了愈加猛烈而频繁的逼迫，每天都在应验着主所预言的：'我差你们去，如同羊进入狼群。'④

---

① 《使徒行传》2：44；4：34。
② 此处拉丁原文采用本笃会版本中的文字——qui eos mansuetus passus fuerat，并将此视为与《使徒行传》13：18 和《希伯来书》12：3 相对应。然此句在各抄本中有所不同，所见有：qui ante eos, etc., 意即"那在他们之前温柔忍受者"；qui pro eis, etc., 意即"那替他们受害者"；qui propter eos, etc., 意即"那因他们而受害者"；qui per eos, etc., 意即"那经他们之手而受害者"。但本文中的文字似更为可靠。
③ 《诗篇》118：22；《以赛亚书》28：16。
④ 《马太福音》10：16。

第二十四章——论教会有如葡萄树的枝子必经修剪。

44."但正如先知和主亲口预言的,那向各国各邦伸出果实累累枝条的葡萄树,经基督的见证人如注之鲜血的浇灌,枝叶越发繁茂起来。因着无数见证人在各国为自己所信真理而死,甚至连逼迫他们的王国也不再抵挡得住,他们骄傲的颈项被折断,转而认识基督并敬拜他。而正如主所反复预言的,这葡萄树必定要经过修剪,①凡不结果子的枝子必被剪去。此话主要是指异端和分裂教会者而言,他们在基督的名义之下,代表着不寻求基督的荣耀而寻求自己荣耀的人,然而他们的反对恰好更成为对教会的磨砺,也检验并彰显了教会的教义以及教会的忍耐。

45."我们如今明白,所有这些都像我们在事发前很久的预言中读到的那样准确地应验了。由于早期的基督徒当初未能见到这些事分毫不差地兑现,他们是受神迹的激发而相信那些预言的;而我们既然看到这些事如今确切地应验了,一如我们在用许多年所写成的书卷里读到的,当时这些书卷都是就将来的事做预告,恰如今天我们看到正在我们面前发生的,因此我们就在信心上得造就,以至能在主里坚韧不拔。我们毫不迟疑地相信,即便是那些尚未应验的事,将来也注定要兑现。那些书卷中谈到的大灾难和末后日子的大审判,都还没有来临,到那时,两个国度的国民都将重得身体并复活,在基督的审判宝座前交代自己的一生。这位前次降临在人类卑微之中的基督,将在他大能的荣耀中再次降临,要将敬虔的与不敬不虔的——不论是明言拒绝信他的人还是那些信了他却无用处,不结果子的人——分开。他将赐给前一类人与他同在的永恒国度,而判后一类人与魔鬼同受永刑。

---

① 《约翰福音》15:2。

但正如没有什么世间之物带来的快乐可与圣徒将要获得的永生之乐相比一样，也没有什么世间的刑法可与不义者要受的永久磨难相比。

第二十五章——论复活之道与事实相符。

46."亲爱的弟兄，因此，你要在你所信的基督里面，借着他的帮助，抵挡嘲笑我们信仰之人的舌头，是魔鬼在借着他们说蛊惑人心的话，他们嘲笑最多的是我们所信的死人复活。但你从自身经历作出判断并且相信，①你既然已经存在，今后也必会存在，正如你知道自己如今存在，以前却不存在一样。因为若干年前，在你尚未出生或在母腹中坐胎之前，何曾有此健硕的身形？何曾有今天的相貌和紧密相连的肢体？我再问一遍，那时何曾有你如今的身量与身材？难道不是先有隐秘中的创造，也就是上帝不可见的塑造过程，你才见诸天日吗？你的身体难道不是经由生命各阶段均衡地成长，②才长成了现有的身量和模样吗？既如此，那么这位能在须臾间不知从何处聚合起大团云雾，顷刻间又使云雾遮天的上帝，若能使事物从无到有，③再造你的身体又有何难？因此，你要勇敢而坚定不移地相信，所有看似从人眼前逝去有如灰飞烟灭的人在全能上帝面前却安然稳妥，并无消亡之虞，到了上帝愿意的时候，他瞬间就能轻而易举地令其复原——应当说，起码上帝以其公平判断为值得使其复原的人是这样，以使他们能就在自己肉身里的行为向上帝交账；上帝或因他们在肉身中敬虔的美德认为值得赐他们天上的永不朽坏，或因他们在肉身里邪恶的过犯而判他们进

---

① 拉丁原文作 sed ex te ipso crede，亦可译作：但对你来说，你要相信。
② "均衡地成长"，拉丁原文作 certisque œtatum incrementis，etc.。
③ "让事物从无到有"，拉丁原文作 sicut non erat；就此，亦有版本作 cum non erat，意思变为 "他既能使不存在的事物成为存在"。

入身体必朽坏的状态。①这后一种状态也不会因死亡而消除，而只能为永远的痛苦提供原料。

47."因此，弟兄啊，你要靠坚定的信心和良善的行为举止逃离那磨难，那折磨人的在其中总不会停手，那受折磨的在其中也求死不得。对他们来说，无法从百般痛苦中死去，就意味着永无止期的死亡。你却要培养自己对属于圣徒的永生的爱慕之情和渴望，在那永生中，他们做事不觉劳苦，安息不觉乏味；在那永生中，他们对上帝的赞美从不觉厌倦，也不会减少；在那永生中，他们心不会疲倦，力不会枯竭；在那永生中，我们自己不会有任何匮乏亟待周济，我们的邻舍也没有匮乏待你赶去周济。上帝就是那圣城之欢乐与满足，②那圣城住在上帝里面，也唯靠上帝而生，活在上帝的智慧与赐福之中。因为我们盼望并寻求上帝所应许的，上帝就会使我们与他的天使同等，③而且到那时，我们将与上帝的天使一起同享可以眼见的三一真神，而现在我们对那真神只能凭信心谈论。④我们如今相信自己肉眼所不能见的，只求凭着信德或被算作配得看见自己所信的，并永久地住在他里面；以至圣父、圣子、圣灵既同等又合一，三个位格又同是一位神的奥秘，无需我们再用信心的言语和有声的语言去表述，那时在静谧中，这奥秘会在最纯净、炽热的冥想里陶醉我们。

48."你要将这些牢记在心，要呼求你所信的上帝，让他在魔鬼的试探面前保守你；你还要警惕，免得让那仇敌从陌生的方向悄然攻击你，他在面临永刑的同时，最恶毒的自慰方式就是寻求别人伴他同受

---

① "身体必朽坏的状态"，拉丁原文作 corruptibilem corporis conditionem；corruptibilis 在其他抄本中亦有所见，即"必朽坏的身体状态"。
② "满足"一词的拉丁原文作 satietas，亦有版本中作 societas，意即"伴侣"。
③ 《路加福音》20：36。
④ 《哥林多后书》5：7。

这刑罚。魔鬼十分张狂，他不仅借仇恨基督之名的人试探基督徒，也就是那些见全世界都归在基督名下而切齿悲戚的人，他们是仍旧一心想拜偶像并向邪灵行古怪之礼的人，而且还有我们方才提到的从教会的合一中分离出去的异端或分裂分子，他们就如同修剪葡萄树时被剪掉的枝子。不仅如此，魔鬼还企图借犹太人试探、诱惑信徒。但你尤其要警惕的是，不要受公教会内部某些人的试探和欺骗，这些人犹如麦场上暂且容其栖身的糠皮，只等扬场的时刻到来。上帝对这种人忍耐有着这样的目的，即借着这种人的顽固不化来磨炼、增强受拣选者的信心和智虑；同时他也考虑到这类人中有很多改过自新的，到了上帝让他们怜惜自己灵魂的时候，①他们便会幡然悔悟，转而行上帝所喜悦的事。因着上帝的忍耐，当他震怒并显他公义审判的日子到来时，②那些人并不都为自己积满了忿怒；相反，全能者的忍耐却使许多人在极为有益的痛苦中悔改。③而在那之前，他们成为磨炼持守正道者宽容和怜悯的手段。同样，你还难免会见到不少酗酒的、贪婪的、欺骗的、赌博的、通奸的、淫乱的，受亵渎神圣的魔法捆绑的，以及好行巫术、数术的，④还有迷恋各种邪术、占卜术的。你还会看到异教节日里挤满剧场的那群人在基督教节日里也同样充斥着教会。当你看到这些现象时，也会受试探去效仿他们。我何必用'你会看到'的字眼呢？对这些现象你肯定已经看到了。对于我略微提到的不少所谓'基督徒'所行的一切恶事，你一定不会一无所知。你也并非不了解，有时你所认识

---

① "到了上帝让他们怜惜自己灵魂的时候"，拉丁原文作 ad placendum Deo miserati animas suas, etc., miserati 一词有版本中作 miseranti，意思变为 "那些怜惜自己灵魂的人便转而行上帝所喜悦的事"。本笃会编者暗示，该分句指的是《便西拉智训》30 章 24 节，拉丁文作 miserere animae tuae placens Deo。
② 《罗马书》2:5。
③ 参考《罗马书》2:4。
④ 拉丁原文作 mathematicis。

的某些徒有'基督徒'之名的人，其过犯或许比上述的还严重。然而，你若带着自己也可以行那类事而无妨的想法来参加教会，就大错特错了。若是那样，这位出于极大的怜悯为拯救人类而屈尊为人的基督到他施行严厉的审判时，他的名就会与你无缘。基督还亲口在福音书中就此作了预言，他说：凡称呼我'主啊，主啊'的人，不能都进天国，惟独遵行我父旨意的人，才能进去。当那日，必有许多人对我说：'主啊，主啊，我们不是奉你的名传道，奉你的名赶鬼，奉你的名行许多异能吗？'①因此，凡在那类恶事中一意孤行的人其结局都是永远的刑罚。所以，若看到很多不但行那些事，且为那些事辩解，还劝别人照样行的人，你就要靠着上帝的律例站稳脚跟，不附和那等有意的犯罪。因为你将来受审判不是依那些人的意志，而是依照上帝②真理。

49."你要与良善的基督徒为伍，就是你发现在爱主一事上与你同心的人。只要你也致力于培养自己爱主的品格，就会在教会中发现许许多多的志同道合者。你若在公众看台上希望有志趣相投的人相伴，与或是喜好驾驭马车、或是喜好打猎、或是喜好某些运动的人亲密交往，③岂不更应以与同心爱主的人相交为乐吗？至于爱主的人，他们永远不会羞愧，不仅是因为上帝自己是不可战胜的，而且上帝也让那些对他怀有挚爱之心的人成为不可战胜的。与此同时，即便是好基督徒——他们无论是在奔走天路上走在你前面，还是伴随你左右——你也不应将自己的盼望寄托在他们身上，就如同无论你自己获得了何等

---

① 《马太福音》7：21、22。
② 或作"它（即，律法）的真理"。
③ "因为你若在公众看台上希望有志趣相投的人相伴，并与或是喜好驾驭马车、或是喜好打猎、或是喜好某些运动的人亲密交往"，拉丁原文采用的是 nam si in spectaculis cum illis esse cupiebas et eis inhaerere。另一根据稍逊于此的行文是 nam si in spectaculis et vanitatibus insanorum certaminum illis cupiebas inhaerere，意思为"因为你如果在人群中以及发狂般争竞的无谓之事上希望与……人亲密交往"。

长足的长进,也不应再将希望寄托在自己身上一样,而唯独要寄希望于使他们和你都称义,并使你成为现有式样的那一位。因为唯有信靠上帝,你才是稳妥的,只有他才是永不改变的;没有一个稍微清醒的人因依靠他人而认为自己是稳妥的。但假若我们应当爱那些尚未称义的人,为的是使他们最终也能称义,岂不更应热情地爱那些已经称义的人吗?可是,爱人与寄希望于人是截然不同的两回事,其分别之大,乃至于上帝以前者训诲我们,却明令反对后者。再者,你如果难免因基督之名的缘故受羞辱或苦难,却既不背离自己的信仰,也不偏离善道,①就必将得到上帝更大的赏赐;而那些在此种情况下向魔鬼妥协的人,则连不多的赏赐也将失去。你却要在上帝面前谦卑,求他不让你经受超过你承受能力的试探。"

第二十六章——论慕道友的正式接纳仪式及其象征的意义。

50. 在讲道结束之时,我们应当询问听讲者是否相信并愿真诚地信守这些事。如果他作出了肯定的回答,就应庄严地为他划十字,并依教会的惯例对待他。在他接受的圣礼一事上,的确,②首先要让他深刻了解,这些属灵事物的表征虽是实在可见的,却意在用来记念不可见之事,还要让他深刻地了解,借这祝福而成圣的象征③因此不应被视为仅具有日常用途。然后,还应告诉他所听到的以言语形式表达的内容

---

① "善道",拉丁原文作 bona via。另一经证实的版本是 bona vita,意即"良善的生命"。
② "的确"一词拉丁原文 sane 在本笃会编者们看来恐为 salis(盐)一词的笔误。无论事实是否如此,此处的 sacramentum 似意在表达 sacramentum salis 之意。尼安德(Neander)在《基督教会史》(Church History, iii, p.458, Bohn 译本)一书就此用法称:"在北非的教会里,主教们在为那些被接纳为预备受洗者的人划十字架做成圣记号的同时,边祝福,边为他们撒盐,意在表示将上帝的道分给他们,作他们人性中实实在在的盐。"奥古斯丁在《忏悔录》(第一卷,第十一章)中也提到此用法,他写道:"我的母亲是非常信望爱的,我一出母胎便已给我划上十字的记号,并受你的盐的调理。"
③ "象征"一词拉丁原文作 speciem,意即"种类",指用盐做外在而可感知的标记。

象征着什么，而且用实物代表的属灵恩典是撒①在他的生命里的。接着，我们应当借此仪式的机会劝导他，假使有些圣经的内容在他听起来带有世俗的韵味，尽管不理解也要相信这些内容借以象征的是属灵的事物，带有圣洁的性质和永生的含义。这样他还可以稍微了解到，每当他从圣经书卷中听到的事无法与爱永恒、爱真理、爱圣洁，以及爱邻舍联系在一起的时候，他就该相信，这是以象征的意义谈论或行出的事；因此，他应当尽力将此与两种爱（的责任）联系起来理解。我们还应进一步劝导他，不要从世俗的意义上理解"邻舍"一词，而要将之理解为可能与他永远同住圣城的每一位，无论是已在其中的还是尚不明显的。最后还应劝导他，对他认识到的如使徒保罗所说②活在上帝的忍耐之下的人，不要对其改邪归正感到灰心，这不是为了别的原因，而是因为上帝有可能使其悔改。

51. 以上是我假设自己在某个初学者面前所传授的教义，如果在你看来这讲道篇幅过长，你完全可以将此内容大幅度缩减。但我想，它不应长于此篇幅。与此同时，在讲解的过程中，要视你面前的受教者表现出的倾向和希求来决定自己当讲的内容。不过，若讲解只能从速进行，你要留意如何简略才能涵盖当解释的所有内容。假设这时又有一位希望成为基督徒的人到我们面前来，再假设我们已向他提问，他也就我们所提问题作了像前面那位受教者所作的答复；即便他不愿作答，我们也有必要起码对他说，他本应给我们以答复；于是，我们就只消对要讲的内容作如下综述：

52. "弟兄啊，我实在地对你说，上帝为圣徒应许的是在永生中又

---

① "撒"的拉丁原文采用的是 *condiat* 一词，该词无疑最贴近于文中正在谈论的圣盐之礼。另有版本中作 *condatur*，意即"其中（即在上述话语形式中）隐含的意思是"。
② 《罗马书》2：4。

大又真实的恩福。相反,一切的可见之物都会逝去,这个世界一切的浮华、享乐、喧嚣①都要消失,而且它们会将恋慕它们的人连同自己一同拖入灭亡。仁慈的上帝想要从这灭亡(即永远的苦痛)中拯救人类,只要他们不与己为敌,只要他们不阻挡创造者的仁慈。上帝为此而差遣了自己的独生子——也就是那与他同等、他借以创造宇宙万物的道——给世人。这道永远地住在自己的神性中,他既不会退出与父的同在,自身也没有任何改变,与此同时,他又亲身担当了人性,②并以可死的肉身出现在人类面前,前来寻找人类。这样做的目的是,正像死亡因一人——即最先被造的亚当,他随从自己的妻子受魔鬼诱惑,致使二人都违犯了上帝的命令——进入人类那样,又因一人——即耶稣基督,他是上帝,乃上帝之子——使凡信他的人就能将以往的罪除净,从而进入永生。

第二十七章——论旧约的预言在教会身上以可见的方式应验。

53. "因为现时你在上帝的教会里亲眼见到的一切,以及你看到全世界在基督的名下发生的一切,都是很多年前早就被预言了的。预言是怎样说的,如今我们看到事情也怎样发生了。借助这些事,我们在信心上得了造就。在远古时代,全地发生了大洪水,目的在于除灭罪人。而方舟里那些免受灭顶之灾的人是对未来教会成圣的预表,如今教会恰如方舟漂浮于世界的浪潮之上,因基督十字架之木的拯救而不至湮没。上帝对他忠实且是单身的仆人亚伯拉罕预告说,他定意要让一个民族从这仆人繁衍而生,在拜偶像的列国中,唯有这个民族必将

---

① "喧嚣"一词拉丁原文作 *curiositas*。
② "人性"一词拉丁原文作 *hominem*。

敬拜唯一的真神上帝；预言中凡注定要发生于这一民族的事，后来都分毫不差地发生了。还有预言说，一切圣徒的君王和上帝——基督——所取的肉身也必将从亚伯拉罕的后裔而来，使凡信而跟从他的人都可以成为亚伯拉罕的子孙，事情果真就这样发生了，基督由属于该民族的童女马利亚而生。众先知预言说，基督将在十字架上受难，且死在犹太人手中，而就他的肉身而言，他正是出自犹太人的血脉；事情果真就这样发生了。有预言说，他将从死里复活，他果真已经复活了；而且按照这些先知的预言，他也果真升到天上，并为他的门徒差遣了圣灵。不仅先知们，而且主耶稣基督自己也预言说，他的教会将遍满全世界，他借着圣徒殉道、受苦得以扩展。如此预言发出之时，基督之名尚未向外邦人宣告，在为人知晓的地方被人嘲笑。尽管如此，借着基督的神迹所彰显的权柄——如人们所宣称并相信的，不管是他亲手所行，还是借他仆人之手所行——我们已看到先前预言的均得以成就，就连一贯逼迫基督徒的地上的君王如今也臣服在基督的名下。还有预言说，基督的教会里会有分裂主义者和异端兴起，他们会在自己能操纵的地方借基督之名寻求自己的荣耀，而非基督的荣耀，这些预言同样也应验了。

54."既然如此，预言中余下尚未发生的事难道就不会发生了吗？事实表明，前一类预言怎样成就了，这后一类预言也会怎样成就。我指的是义人将要面临的一切大灾难尚未应验，大审判的日子也尚未来临，死人复活后，恶人将要从义人之中被分别出来，不仅要分别出教会外部的恶人，而且要将教会内部的'糠秕'分别出来，用火焚烧，这是他们应得的下场；而在末后的扬场之前，教会则必须以极大的忍耐容忍他们。更为甚者，那些讥笑死人复活之教义的人也必然要复活受刑罚，因为他们认为人的肉身既朽坏了便无法复活，而上帝则将明白无误地表明，他既然能在人身体尚不存在时使它们成形，就也能在须臾间让朽坏的身体复原。凡注定要与基督一同作王的诚信者将复活而重得原有的身体，他们还被看作配得变成像天使一样不朽坏，以使他们与上帝的天使同等，正如主亲口应许的那样。①他们于是能以人既无法言说，也无法想象的喜乐与福乐，时刻活在主里面，且只靠他而活，因而能不住地赞美上帝，永不倦怠。

55. "所以，你要相信这些事，而且要警惕各种诱惑（因为魔鬼寻求的是有人与他同归灭亡）；那仇敌因此会不遗余力地借教会以外的人迷惑你，无论是异教徒，犹太人，还是异端；你还要拒绝效仿公教会内部生活败坏之人，无论是沉湎酒色的、不守贞操的、从事虚妄不法的迷信活动的——如耽溺于（虚空的）公众看台、符咒、靠邪灵占卜的②——不论是生活在贪婪、骄傲所带来的浮华自大之中的，还是追求律法定罪、惩罚的各类生活方式的人。你要结交良善的基督徒，一旦你自己具有了同样的品格，就不难发现这样的好信徒，以至你可以和他们一起，同心合意地因上帝自己的缘故③而敬拜他、热爱他；因为上帝才是我们的全部赏赐，让我们在永生中尽享他的恩慈与荣美。④然而，爱上帝不应将他当作眼睛可见的对象去爱，而要像爱智慧、真理、圣洁、公义、博爱，⑤及其他任何同类事物那样；而且不要像喜爱人的这类品格那样，却要把上帝当作一切不能朽坏且恒久不变的智慧之源来热爱。因此无论是谁，只要你看到他热爱这些事，就要与他们为伍，

---

① 《路加福音》20：36。
② "符咒、靠邪灵占卜的"，拉丁原文作 remediorum aut divinationum diabolicarum。亦有版本在 remediorum 之后加入 sacrilegorum 一词，即"亵渎神圣的符咒，靠邪灵占卜的"。
③ "缘故"一词拉丁原文作 gratis。
④ 参见《撒迦利亚书》9：17。
⑤ 很多版本未见"圣洁、公义、博爱"的字样。

以便通过曾降世为人并成为上帝与人类之间中保的基督，你可以与上帝和好。至于那些不思悔改的人，即便他们能混进教会，也不要以为他们可以混入天国，若不警醒而改邪归正，他们终有一天会从教会被分别出来。所以，你要学效好基督徒的榜样，要忍耐恶人，要爱所有的人，因为你无从知道今天作恶的人明天将会如何。尽管如此，你却不要爱那等人的不义，却要怀着盼他们幡然醒悟的唯一目的去爱他们本人，因为我们的主不仅教导我们要爱上帝，且教导我们要爱邻舍，这两条诫命是律法和先知一切道理的总纲。①而且除非得了另一恩赐②即圣灵的人，无人能全然成全这两条诫命。圣灵与圣父、圣子同等，人的一切希望都应寄托在这三而为一的上帝身上。我们的希望不应寄托在人身上，无论其人品如何。因为那位使我们称义的上帝是一回事，与我们同被称义的人则完全是另一回事。再有，魔鬼不仅借着情欲，也借着对羞辱、痛苦、死亡的恐惧试探人。但人不管因基督之名和对永生的盼望忍受的是什么，且矢志不渝，他就将（因此而）获得更大的赏赐；反之，如若他向魔鬼妥协，就会与魔鬼同受咒诅。而仁慈的善行，加上敬虔的谦卑，则会得到来自上帝的这样的应许——他必不叫他的仆人受试探过于他所能受的。③"

---

① 《马太福音》22：37、39。
② "恩赐"一词拉丁原文作 *donum*，亦有版本作 *Dominum*，也即"主——圣灵"。
③ 《哥林多前书》10：13。

论信仰与信经

英译本导读

珀逖·尼奇拉

在写《论信仰与信经》(*De Fide Et Symbolo*) 一文时，奥古斯丁还是一位长老。奥氏在《订正录》(第十卷，第二十四章) 中写道，奉参加393年希波大会 (the council of Hippo) 的众主教之命，他在会上发表了这篇演讲。为满足友人的愿望，本篇演讲不久后付梓成书。

从奥古斯丁的这本书中，可归纳出《使徒信经》的如下行文，如此版本的《使徒信经》在4世纪末的北非教会曾普遍使用：

1. 我信上帝，全能的父。2：3。

2. 我信耶稣基督，上帝的儿子，父的独生子，或，上帝的独生子，我们的主。3

3. 因着圣灵感孕，从童贞女马利亚所生。4：8

4. 在本丢·彼拉多手下，被钉十字架，埋葬。5：11

5. 第三天从死里复活。5：12

6. 他升天。6：13

7. 坐在全能父上帝的右边。7：14

8. 将来必从那里降临，审判活人、死人。8：15

9. 我信圣灵。9：16—19

10. 我信圣而公之教会。10：21

11. 我信罪得赦免。10：23

12. 我信身体复活。10：23、24

13. 我信永生。10：24

1. 依照奥古斯丁的说法，本书的写作目的是概述信仰的内容，在"异端诡诈的攻击面前"捍卫《使徒信经》。

奥古斯丁批驳了这样一些人，他们否认上帝是全能的，还说上帝用不是他创造而是先前已存在的物质构成了他的世界。作者强调说，全能的上帝从无有创造万有。

2. 如果说上帝用某些材料创造万物，那么是他在此之前从无到有首先创造了那些材料。上帝用泥土（de limo）造人便属于这种情形。他创造无形的材料在先，然后用此材料创造了世界。

3. 上帝借着道创造万物，这道就是我们的主耶稣基督，父的独生子。这道（Word）不像我们人的言语（our words）稍纵即逝。父借着这道让我们认识他。上帝生了这道，这道就是他自己。这道基督也称作"上帝的能力、上帝的智慧"（哥林多前书1：24）。

4：5. 上帝的独生子并非上帝所造。奥古斯丁驳斥了所谓圣子与圣父同一位格，及所谓上帝的儿子为上帝所造的异端邪说。

4：6. 上帝的独生子生来就是上帝的本体，它是来自上帝的上帝，来自光的光。是这真光照亮了我们。上帝的儿子是不可改变的，他"不受时间和变动的制约"。

4：7. 上帝是自有永有的。他不存在任何自相矛盾之处。与上帝相对立的是"不存在"。

4：8. 神子是因圣灵感孕，从童贞女马利亚而生。他在童贞女马利亚的腹中穿戴了完全的人性（*totum hominem*）。这人性包括了灵、魂、体。"基督穿戴人性是为使我们得救的缘故。"人与兽的区别在于人有理性心灵（*rationali spirite*），又作"心智"（*mens*）。

4：9. 耶稣来到这个世上使男、女同受尊荣，因为他穿戴了男人的特征（*virum gerendo*），并从女人而生。

4：10. 上帝的道成为肉身，却没有被人的身体污秽。

5：11. 基督在十字架上以最羞辱的方式死去，被埋葬在一座新的坟墓里。这新坟墓见证了他注定将复活进入新的生命。

5：12. 他在第三天从死里复活，使他的"弟兄姊妹"（基督徒）成为他的同道和同得产业的后嗣。

6：13. 基督升天，甚至连他在地上的身体也升到天上。尽管哲学家们和异端不接受这一事实，我们却必须相信它。

7：14. 基督坐在父的右边。基督和父之"坐"并非身体意义上的"坐"，这坐姿表示的是审判的权柄。所谓"右边"的说法意思是"最受祝福的位置，也就是公义、平安、喜乐之所在"。

8：15. 时间一到，基督将再来，"审判活人、死人"。

9：16. 圣灵与圣父、圣子是同一本体，同享永生。圣父、圣子、圣灵是三位一体的独一真神上帝。

9：17. 作者以物质的实例讲解三位一体的圣父、圣子、圣灵间的关系。譬如，喷泉不能称作河水，取自喷泉或河流的一口水不能称作喷泉或河流。三者共同的名称是水。三者其中都是水，但我们从不说"三个水"，而是说它们"都是水"。同是水，"它有时可以说是'喷泉'，有时可以说是'河流'，有时又可以说是'一口水'"。另一个用以讲解的实例是树木。树根、树干和树枝同是木质，不是三个木质，而是一个。既然在自然界中，三个不同的客体也可以只有一个名称，我们称"父上帝、子上帝、圣灵上帝,又说他们不是三位上帝,而是一位上帝,一个本体",就更谈不上荒谬了。

9:18, 19. 异端人士认为,圣经的某些经文所表述的意思是基督与上帝既不同等,也不是同一本体。因另一些涉及两者关系的经文(如,约翰福音10:10;和合本为10:30)说:"我与父原为一。"所以,那些经文所指的并非两者的性质、本体不同等。

9:20. 奥古斯丁描述了各种关于三一真神上帝的错误概念。他指出,三一真神是一位上帝,其中所有位格同属一个本体。这三个位格处于常态,其特征并不发生互换。比如说,父永远也不会成为子。

9:21. 我们要爱上帝,也要爱邻舍。

10. 我们信圣而公之教会。异端对上帝持有错误的看法,而教会的分裂者尽管在信仰上没有错,却与教会的"弟兄之爱"隔绝了。他们都不属于公教会。

基督使我们与他自己和好了,他已涂抹了一切过去的事,并呼召我们进入新的生命。

10:22. 我们信罪得赦免。但我们也要宽恕别人的过犯(马太福音6:15)。

10:23. 奥古斯丁认为,人由灵、魂、体三部分构成。灵(或心灵)是我们人之本。魂是使我们的灵与体相结合的那部分生命。可见的身体是我们的最后一部分。当魂贪恋肉身享受的时候,它就被称作"肉体"。这魂的部分因罪的习惯作用而对抗灵。这一习惯作用已成为人的一种特性。当灵顺从上帝而魂顺从灵的时候,这魂的性质就是完美的。人的灵比较容易在真信仰和良善的意志上降服于上帝,相比之下,魂降服于灵则较难。魂倾向于属肉体和属世的事物。在灵的主导之下,这魂就得洁净。灵是魂的头,而基督是灵的头。魂的复兴较慢于灵的复兴，而体的复兴更是慢于魂的复兴，但到了时候，人的身体也要复兴（哥林多前书15：52）。

我们信身体复活。其含义是，不仅那因其肉体倾向而称作"肉体"又处于朽坏的状态的魂要复兴，而且那可见的肉体也要复兴，并且"注定要复活"。魂也是必朽坏的，"是它态度上的恶习"使其败坏。

10：24. 人的身体将要复活，那时它不再是血肉之体。我们的身体是属地的，而那时，这身体将要变成天上的形体（哥林多前书15：50）。泥土变成天上的形体也是可能的。

"到复活之事发生的时候，我们则要摆脱时间的局限，在无以言说的爱与安稳之中尽享上帝的**永生**而不再朽坏。"

10：25. 奥古斯丁总结说，《使徒信经》是为使初信的基督徒心灵得洁净，从而能明白自己所信而编写。

英译编者序言

奥古斯丁在他《订正录》第一卷中的一段文字，揭示了本篇论文的写作原由与时间。

由此我们得知，该论文的原形是奥古斯丁的一篇演讲。当时他只是一位长老，应邀在希波—里季斯主教大会上发表了这篇演讲，后来为满足友人的愿望，将这篇演讲付梓成为现有的形式。北非教会大会于393年在如今的阿尔及尔境内的博纳一地举行。那次大会也是一次具有某种历史意义的会议，因为大会对其他地方允许教会有"宗主教"教职的主张发出了坚决反对的声音，它还反对接受教会最高神职人员有比"第一教会主教"（primae sedis episcopus）更高权威或主导地位的做法。

本文由对《使徒信经》诸条文的解释构成。上帝三个位格间的相互关系问题在论文中得到了详尽的阐释。在论述与此相关的问题特别是用"存在"、"知识"和"爱"的说法类比上帝这一问题上，在提醒人们不要用从人类经验中的事物所做的这样或那样的解释等问题上，我们都可以看到作者在《上帝之城》、《论三位一体》等教义著作中再次加以表述的观点。

前面提到的《订正录》中的一段是这样写的:

> 大约在同一时期,我以长老的身份,恭奉在希波——里季斯参加全非主教大会的诸位主教之命,在他们面前作了一篇题为《论信仰与信经》的演讲。后来,应各位与我特别亲密且感情深厚的主教之急切要求,我将这篇演讲付梓成书。其中的主题本身仍是演讲的主题,不过在方法上没有采用信经特有的词序,该词序本是供预备受洗者(competentes)①记诵之用。在该书中,我在论述身体复活问题时写道②:"根据基督教信仰,人的身体要复活,这信仰不可能欺骗人。若在有人看来身体复活是不可思议的,那是因为他仅注意到肉体现有的形态,而未能考虑到它未来的性状将会是怎样。当人的身体变成像天使一样的时候,它就不再是血肉之体,而只是形体而已"云云;在那里,我还通过其他言论论述了属地的身体变作属天的身体的问题,正如使徒保罗从同一观点论及的:"血肉之体不能承受上帝的国。"③但假若有人以为这一说法的意思是,我们如今的属地的形体复活变为属天的形体时,原来的肢体和血肉物质都不复存在,那么就必须就着他的看法,让他想到主耶稣的身体,主在复活后以原有的肢体向人们显现,人们不仅可以用眼看到他,而且可以用手触摸他。主耶稣的话使他拥有肉体的事实更为确凿,他说:"摸我看看,魂无骨无肉,你们

---

① "预备受洗者",拉丁文原文作 competentes,意指已决志者的第三个等级,是完全准备好接受洗礼的人。
② 正文第十章,二十四节。
③ 《哥林多前书》15:50。

看，我是有的。"① 由此可以肯定的是，使徒保罗没有否定身体物质在上帝的国里依然存在，他所说的"血肉"要么是指顺从肉体而活的人，要么是指肉体的朽坏，到那时，这必朽坏的肉体定将不复存在。因为他在写过"血肉之体不能承受上帝的国"一句之后，马上接着写道："必朽坏的不能承受不朽坏的"，其正确的解释是，这后一句是为诠释前面的说法所作的补充。就这一难以说服非信徒的问题，凡读过我最后一部著述《上帝之城》的人都会发现，我在那里尽己所能精确地对此作了表述。② 这段文字以"因为经上写着"等作开头。

---

① 《路加福音》24:39。
② 《上帝之城》第二十二卷，第二十一章。

美国编者补序

牛津大学基督教神学与圣经教授，查理·赫特雷博士（Rev. Charles A. Heurtley, D. D., Margaret Professor of Divinity and Canon of Christ Church, Oxford）译出了《论信仰与信经》（*De Fide et Symbolo*）的另一英译本，1886年由Parker & Co., Oxford and London出版。

以下《使徒信经》的文字或得自于奥古斯丁的本篇著作，并在4世纪末流行于北非教会中。

1. 我信上帝全能的父。第二章、第三章

2. 我信耶稣基督，上帝的儿子，父的独生子，或，上帝的独生子，我们的主。第三章

3. 因圣灵感孕，由童贞女马利亚所生。第四章（8）

4. 在本丢·彼拉多手下被钉十字架并埋葬。第五章（11）

5. 第三天从死里复活。第五章（12）

6. 他升天。第六章（13）

7. 坐在全能父上帝的右边。第七章（14）

8. 将来必从那里降临，审判活人、死人。第八章（15）

9. 我信圣灵。第九章（16—19）

10. 我信圣而公之教会。第十章（21）

11. 我信罪得赦免。第十章（23）

12. 我信身体复活。第十章（23、24）

13. 我信永生。第十章（24）

正　文

第一章——论本文的由来及目的。

1. **既然**"义人必因信得生"①的立场写在圣经里,并建立在使徒教导的坚实基础之上;既然这信要求我们履行心与口的责任——因为使徒保罗说:"人心里相信,就可以称义;口里承认,就可以得救。"②——我们就不应轻忽"称义"和"得救"这两件事。将来我们注定要在永远的公义中作王,但我们若在为邻舍得救而辛劳的同时,自己却不同时在口里承认内心持有的信仰,当然也不能保证自己从这罪恶的世界得救。而且,以敬虔而警醒的心谨防异端狡猾的伎俩,不使这信仰从任何一方面因在我们里面而受亏损,也不能不成为我们努力的目标。

然而,我们有写在《使徒信经》里的公教信仰,这是信徒众所周知并谨记在心的。它浓缩在此种情形所容许的最简略的表达方式中。当初编此信经的目的在于,使那些在基督里重生的信徒中尚作初学者

---

① 《哈巴谷书》2:4;《罗马书》1:17;《加拉太书》3:11;《希伯来书》10:38。
② 《罗马书》10:10。

和"吃奶的孩子"的人,即,尚未在圣经上下过苦功,对圣经尚未获得属灵之认识,并借此得坚固的人,能就其所信的基本内容得到一份以寥寥数语表达的概括性文字。日后,当他们在谦卑与爱的坚实基础上长进、提高到圣教义之高度时,才能就这些基本内容向他们作详尽的解释。然而,正是在信经以如此顺序排列的少数文字底下,多数异端竭力塞进他们的毒素。上帝的怜悯曾借着属灵之人,并仍在借着他们忍耐这些异端。而属灵的人不仅被看作配得接受并相信以信经形式表达的公教信仰,且配得靠着主所赐的光照彻底明白、领会它。因为经上写着,"你们若是不信,定然不得明白。"① 本文就信仰的阐述意在维护信经,不在以本文取代信经,以供接受上帝恩典的人记诵,而在于借公教会的权威和更严密的防范,在异端诡诈的攻击面前捍卫信经所表达的信仰内涵。

第二章——论上帝及其独一无二的自有永有。

2. 某些人试图让教会接受他们的观点,认为**天父上帝**不是**全能的**。倒不是这些人僭妄到公然如此断言的地步,而是他们的传统使他们产生并相信这种看法。他们声称有一种自然状态②不是全能上帝所造,同时他们认为,上帝将那自然状态塑造成现有的世界,又承认世界被装点得十分美丽,③ 从而他们否认了上帝是全能的,实质上是不相信上帝可以不借先前就存在而非他所造的其他自然状态来创造现有的世界。他们其实是在按照自己肉体熟知的事物作推论,他们看到手艺人、房屋建造者和工匠等若不借助已有的材料,就没有能力达到自己

---

① 《以赛亚书》7:9,依据七十士译本的翻译。
② "自然状态",拉丁原文作 naturam。
③ 拉丁原文作 pulchre ordinatum,亦有版本作 pulchre ornatum,意即"装饰美观"。

作品的效果。于是，这些人就同样认为，假如①上帝不借非他所造的其他天然存在作原材料，也无法将世界变成现有的样式，造成这个世界的上帝因此也就不是全能的了。他们若果真承认创造世界的上帝是全能的，就自然必须承认上帝从无有而造出万有。因为上帝若是全能的，一切存在之中就不应该有一样不是他创造的。尽管他确曾以一些物质为材料而造了另一些事物——如他用泥②造了人——然而他用来造另一些事物的材料无一不是他自己造的，因为泥来自这地，而这地又是他从无到有创造出来的。即令上帝当初创造天地本身，即宇宙以及其间的万物时确曾使用了某种"材料"，如经上所说"你用不可见的（有版本作'无形质的'）造了世界"③，我们也没有理由必然地认为，那就是上帝用以创造宇宙的"材料"，尽管它是"无形质的"或"不可见的"；无论它的存在形式如何，也不可能是自有的，就仿佛与上帝同样自有永有一样。但无论这"材料"拥有的形态如何让人将它看作"以某种形式存在着的"，无论其性状如何，并如何可能成为有形的可辨之物，若不是通过全能上帝之手做工，它就不会拥有任何形式。是因上帝的恩赐，才使万物存在——不仅是一切有形之物，而且是一切可成形之物。进一步而言，有形的与可成形之物的区别在于，有形的已然成形，而可成形的存在着成形的可能性。然而，事物的形式和事物成为有形的可能性都是同一位上帝所赐。因为万物天衣无缝的外观④都来自上帝，并因上帝而存在，这是不可改变的事实。因此，上帝本身才是赋予万物以可能性的那一位，不仅有实际成为美好的可

---

① 拉丁原文作 si mundum fabricare non posset。亦有抄本中的 si 作 qui，意即"既然他不能，云云"。
② "用泥"拉丁原文作 de limo，意即"of mud"。
③ 《所罗门智训》11 章 17 节。
④ "天衣无缝的外观"，拉丁原文作 speciosissima species。

能，而且有可能成为美好的可能。正因如此，我们相信上帝从无有而造出万有就是再合宜不过的了。原因是，即便世界是以某种"材料"造成的，这"材料"本身却是上帝从无到有创造而来；于是，依照上帝井然有序的秉性，必先造成事物成为有形的可能性，后才使现已成形的万物成形。我这样说，目的是不让人以为圣经中的说法自相矛盾，既写到上帝从无有造出万有，又说世界是用无形质的材料造出来的。

3. 所以，既然我们信**上帝全能的父**，就应坚持这样的观点，即凡被造的无一不是那全能者所造。由于上帝借着那道造了万物，①那道的意思又是"真理"、"上帝的能力"和"上帝的智慧"②，在其他多处这道③还意指主耶稣基督——我们信仰的依归；圣经对他的描述还让我们明白，他就是我们的拯救者和主，④上帝的独生子；因此这万物借以造成的道，不可能不是那借着道而创立万物的上帝所生。

第三章——论上帝的独生子及其特有的称谓——"道"。

我重复说一遍，正因如此，我们也信**耶稣基督，上帝的儿子，父的独生子，我们的主**。然而，我们不应将这道（the Word）用我们自己言语（our own words）的意思去理解，我们的言语是借声带和口腔发出的，通过空气的振动并借以传播开去，声音停止之时，我们的言语也就不复存在了。这道却是永远长存而不改变的。因为《所罗门智训》

---

① 《约翰福音》1：3。
② 《约翰福音》14：6，《哥林多前书》1：24。
③ "他"的拉丁原文 qui 在有些抄本中作 quibus，此句意思变为"在多处让我们明白他是主耶稣基督，他是我们信仰的依归"。
④ "主"的拉丁原文 Rector 一词在其他版本中也有作 Creator 的，即"创造主"。

说,"他虽恒存不变,却常使万物更新"①,便是指这道而言。他之所以被称作"上帝之道(话语)",原因是父借他为人知晓。正如我们在讲实话时,意在借自己的言语使听者了解我们的心思,我们藏在内心的不管什么事,就靠这信号传达给他人的心智,让对方了解自己;同样,这天父上帝所生的智慧称作他的"话语(道)"也是再合宜不过的了,因为完全不可见的父正是借助这话语,向配得认识他的心智彰显自己。②

4. 我们的心中所思与口中所言之间有着很大的区别,我们借助言语竭力表达自己心中所想。我们可为人明白的言语③不是我们生养出来的,而是我们组织而成的。在组织言语时,我们的身体是其基础材料。然而,人的意念与身体之间差别极大。但上帝在生那道时,所生的是与他自己同为上帝的道。上帝生道,既不是从无而生有,也不是从自己已造出或立定的材料中生出道;而是从上帝自己,生出与自己同为上帝的道来。我们若仔细考察自己意志的倾向④,就会发现我们在讲话时也抱有同样的目的,当然不是在说谎的时候,而是在讲真话时。只要有可能,我们就要将我们自己的意念带入听众的意念,为的是让后者能了解并完全会意我们的想法。这样,我们就能确实地保持自我,不离开自我,同时又传出同样性质的信号,乃至通过该信号,我们的认识⑤可以作用于另一个个人。这样,只要上帝赐我们这种才能,表白自己之人的意念就能进入另一个人的意念。我们努力达到的目标除此

---

① 《所罗门智训》7章27节。
② 此处拉丁原文采用了本笃会版本的说法,即 per ipsam innotescit dignis animis secretissimus Pater。但就这句话有不同版本。一些抄本将 dignis 写作 ignis,此句意为"上帝最隐秘的火为人心所知"。另一些版本作 signis,意思变为"最为隐秘的父借助这信号为人心所知"。也有版本写作 innotescit animus secretissimus Patris 或 innotescit signis secretissimus Pater,意为"父最隐秘的心意让这道知晓"或"最隐秘的父在记号中被这道知晓"。
③ "可为人明白的言语",拉丁原文作 sonantia verba,意即"发声、言语"。
④ "倾向"一词拉丁原文作 appetitum。
⑤ "我们的认识",拉丁原文作 nostra notitia。

之外还能是什么呢？我们力图用言语①、简单的发声、面部表情、体态等如此之多的方式达到的，其实无非是表明内心所想。由于我们无力像这样尽然表达出内心的想法，因此讲话者的心思不能被尽然了解，这也导致了发生误解的可能。然而，天父上帝则不然，他既有意愿也有能力绝对真实地向为认识他而设计的心灵彰显他自己，其目的之一是宣告：他自己生了这道，他所生的就是他自己。这一位格 [Person] 亦称"上帝的能力"、"上帝的智慧"②，因为上帝是借着他而造了万物，并将它们陈设得井然有序。正因如此，圣经才就这道写着："智慧施展威力，从地极直达地极，从容治理万物。"③

第四章——论上帝之子既非父所造，也不比父小，兼论道成肉身。

5. 如此说来，**上帝的独生子**既不是天父所造，因为《约翰福音》说，"万物都是借着他造的"④；也不是生在某一时刻，⑤因为永远⑥智慧的上帝无时无刻与他永恒的智慧同在；上帝之子也并非与父不同等，即小于天父，因为使徒保罗也是这样说："他本有上帝的形象，不以自己与上帝同等为强夺的。"⑦于是，公教信仰就排除了那些声称"圣子、圣父属同一位格"之人的观点，因为很显然，这道如果不

---

① "力图用言语"，拉丁原文作 conantes et verbis。三部优秀抄本中作 conante fetu verbi，意即"正如言语试图达到的效果"。本笃会编者们建议作 conantes fetu verbi，意即"言语发出的效果试图达到"。
② 《哥林多前书》1：24。
③ 《所罗门智训》8章1节。
④ 《约翰福音》1：3。
⑤ "在某一时刻"是依照拉丁原文 ex tempore 的字面意思。但此处表达的意思或为："在时间的条件之下"，或"在时间之内"。
⑥ "永远"拉丁原文作 sempiterne，也有版本作 sempiternus。
⑦ 《腓立比书》2：6。

是"**与天父**上帝**同在**"的话,就不可能是"**与上帝同在**"了;同样显而易见的是,上帝的位格若**只有一个**,也就无所谓"**同等**"了。另一方面,那些断言"圣子是受造者"之人的观点也同样被排除了,尽管他们说,此受造者不同于彼受造物。无论他们称上帝独生子这位受造者有多么伟大,只要他是受造者,他就是被设计、被造①的。"创立"(fashion)与"创造"(create)②本是同一概念,尽管在拉丁语的用法中,用来表示严格意义上的"生出"(beget)一词有时可用"创造"(create)替换。但是希腊语却将两个词完全区分开来,拉丁文的 *creatura*(受造物)一词,在希腊文中作 κτίσμα 或 κτίσις,若想不造成概念含混,我们就不使用 *creare*(创造)一词,而应使用 *condere*(创立)的说法。所以,上帝的儿子若是受造者,不论他有多么伟大,也仍是被造的。可是我们信的是借以造出**万物**(*omnia*)的那一位,而不是**其余**被造(*cetera*)借他造出的那一位。因为,此处我们也不能将"万物"看作"凡被造的"以外的任何含义。

6. 但如经上所说,"道成了肉身,住在我们中间"③,这位上帝所生的智慧又降卑成为人。④"在耶和华造化的起头……就有了我"⑤一句指的就是这道。因为所谓"上帝造化的起头"就是"教会的头"——被赋予人性(*homine indutus*)的基督⑥——目的是要借他赐给我们一种生活方式,一条万无一失之路⑦,确保我们能到上帝那里去。人类因骄

---

① "被设计、被造",拉丁原文作 *condita et factaestest*。
② 拉丁原文作 *condere* 和 *creare*。
③ 《约翰福音》1:14。
④ "成为人"拉丁原文作 *hominibus creavi*。另一重要抄本中作 *in omnibus*,意即"在万有之中"。
⑤ 《箴言》8:22。拉丁原文中为 *creavit me*,而非英文中的 possessed me。
⑥ 多有拉丁文版本中作 *principium et caput Ecclesiae est Christus*,意即"上帝造化之初和教会的头基督"。
⑦ "万无一失之路",拉丁原文作 *via certa*,另有版本中作 *via recta*,意即"一条正路"。

傲而堕落，我们的始祖听信的谗言是："你们吃的日子……便如神"，①因此，除谦卑之外，不可能有其他道路可使我们回归上帝。于是，为让我们回归所必需的谦卑，我们的复兴者认为宜亲自为我们作出榜样，"他不以自己与上帝同等为强夺的，反倒虚己，取了奴仆的形象"②，为的是他——万物都是借着他造的道——能成为上帝造化起头的那个人。根据使徒教导托付给我们的真理，③他既为独生子，就没有兄弟；而他既为首生的，就认为配得赐给凡继他首生之后、并借他首生④而重生进入上帝恩典的人以"弟兄"的名分。因此，上帝之子就其性质（naturalis filius）而言，生来就是父的本体，是唯一生就如此的，其存在正如父之存在⑤，他是来自上帝的上帝，是来自光的光。相反，我们却不生就是光，而是被那真光照亮的，好让我们得以因智慧而发光。正如使徒约翰所言："那光是真光，照亮一切生在世上的人。"⑥所以，在有关我们主永恒之事的信仰上，又加上了他降世为人，⑦他认为值得为我们承担一切，值得为我们得救而事奉。他既是上帝的独生子，论到他，我们就不能说"他曾是"（He was）或"他将是"（He shall be），而只能说"他是"（He is）。因为，从一方面讲，那曾是的，如今就不是；从另一方面讲，那将是的，如今就还不是。他是不可改变的，不受时间和变

---

① 《创世记》3：5。
② 《腓立比书》2：6，7。
③ 《路加福音》8：21；《罗马书》8：15—17；《加拉太书》4：5；《以弗所书》1：5；《希伯来书》2：11。
④ 拉丁原文作 per ejus primatum，意即"借着他作为首生的"。英译本因循的是本笃会版本的行文，qui post ejus et per ejus primatum in Dei gratiam renascuntur。但亦有权威性不及于此的版本作 qui post ejus primitias in Dei gratia nascimur，意即"我们所有人都继他这初熟的果子而生在上帝的恩典中"。
⑤ "其存在正如父之存在"，拉丁原文作 id existens quod Pater est，等。另有版本作 idem existens quod Pater Deus，意即"其存在无异于父神之存在"。
⑥ 《约翰福音》1：9。
⑦ 拉丁原文作 dispensatio，常以希腊文中 οικονομια 一词的对应形式出现，也即"适当安排，差遣道成为肉身"。

动的制约。以我之见，正是出于此考虑，在当时的情形下上帝才让他仆人摩西那样理解自己的名字［他当时为自己取的名］。当摩西问上帝，他派去见的人若藐视他，他该说是谁派他来的；摩西得到的答复是："我是自有永有的。"然后，上帝又补充道："你要对以色列人这样说，耶和华（*Qui est*，那自有永有的）打发我到你们这里来。"①

7. 由此看来，我相信，对属灵的头脑来说事情已经很明了，上帝绝无可能存在自相矛盾的属性。因为假如上帝**是自有永有的**（is）——"自有永有"只适宜用以描述上帝（因为只有真正**自有永有**才不会改变，而改变了的事物则是昨是今非，将来又与今天不同）——他就自然不会有任何自相矛盾的地方。若有人问我：与白相对立的是什么？我会回答说：是黑；若有人问：与热相对立的是什么？我会回答说：是冷；若有人问：与快相对立的是什么？我会回答说：是慢。凡有人问我诸如此类的问题，我都会这样回答。然而，当有人问我们：与"自有永有的"相对立的是什么？正确的答案应该是："从来也不存在的"。

8. 如前所述，上帝不可变的智慧承担了我们可变的人性，同时上帝的美善又在其中做工，他降世为人，目的是使我们得救、复兴。因此我们将上帝之子在世上为我们所做的事放在所信的内容之中——我们信上帝之子**因着圣灵感孕，从童贞女马利亚所生**。靠着上帝的恩赐圣灵，如此伟大的上帝却为我们极大地降卑，以至他认为自己值得在那童贞女的腹中穿上完全的人性（*totum hominem*），住在物质的身体之中，使他的人性一无所失（*integrum*），而且也没有留下任何缺失。②上帝降世为人的信仰从多方面受异端的攻讦。但不管什么人，只要他明

---

① 《出埃及记》3：13—15。
② "留在身后"，拉丁原文作 deserens。有人认为此处应作 deferens，意即"承担或送到"，似不如前者有道理。

白公教信仰，相信上帝之道穿戴了完全的人性——即，灵、魂、体——就足以抵挡那些异端。可以肯定的是，由于基督穿戴人性是为了我们得救的缘故，我们因此就必须警惕，免得因相信属于人性的某部分与基督穿戴的人性无关，致使人性的这部分因此也与救恩无关了。①我们知道，除肢体的形状与上帝赐给各类动物的不同以外，人只在具有理性心灵（rationali spiritu）——也称作"心智"（mens）——一事上有别于动物。既如此，若有人认为上帝的智慧只穿戴了人与兽共有的部分，没有穿戴被智慧之光照亮的那部分，这部分正是上帝特别赐给人类的，他们之所信听来又如何呢？

9. 再有，那些否认主耶稣基督在世上有马利亚做他母亲的人②也应受憎恶。与这些人的想法相反，上帝做出如此安排，为的是使男、女得到同样的尊重，这清楚地表明，基督所穿戴的男性，以及他借以穿上男性的女性都受到了上帝的眷顾，正是在女性的腹中，他穿上了男性（virum gerendo）的特征，他也是从这女性而降世为人。尽管主耶稣说过，"妇人，我与你有什么相干？我的时候还没有到。"③也没有理由迫使我们否认主在地上有母亲这一事实。他说此话是在提醒我们，让我们明白，就他是上帝而言，他没有母亲；而在他准备将水变酒时要彰显的正是他作为上帝的身份（cujus majestatis personam）。论到他被钉十字架，他是作为人被钉的，那正是他先前说的"还没有到"的时候，也就是"我认你的那个时候"。也正是在他作为人被钉在十字架上的那段时间里，他认了自己肉身的母亲（hominem matrem），并极尽人

---

① 或"他就不能与救恩无关了。"
② 意指摩尼教徒。
③ 《约翰福音》2：4。

情地（humanissime）将母亲托付给他最爱的门徒照料。①我们也不应因另一事实而动摇自己所信的：当人们告知基督他母亲和弟兄来了的时候，他回答说：“谁是我的母亲？谁是我的弟兄？”②我们却应从这一事实中明白，我们在用上帝的话语教导教会的弟兄姐妹时，父母若阻挠我们的事奉，我们就不应将他们看作自己的父母。假如根据主所言"谁是我的母亲"一句，人们都必然地得出基督在世上没有母亲的结论，那么人们也都该否认众使徒在地上有父亲了，主还曾用这样的话教训他们："不要称呼地上的人为父，因为只有一位是你们的父，就是在天上的父。"③

10. 想到女人的肚腹，也无从伤及我们这一信仰到仅因不耻之人觉得不耻（sordidi sordidam putant）就不得不否认我们的主是从那里降生的地步。因为使徒保罗有两句话都是千真万确的，他说道："上帝的愚拙总比人智慧"④；又说："在洁净的人，凡物都洁净。"⑤所以，那些⑥怀有这类想法的人应思考一个事实：阳光（的确，那些人不将太阳当作上帝所造之物来赞美，却将它当作上帝来崇拜）普照大地，也照在恶臭的阴沟及各样令人作呕的污秽上，阳光依据它们的性质作用于其中，却从不因照到污秽上而受到贬损，何况可见的阳光与可见的污秽其性质还略有相近。相比之下，那既非物质也不可见的上帝之道，岂不更无可能受到女人身体的污秽吗！这道在女人腹中披上人的肉身、魂与灵，通过进入女人腹中，这道的君尊住进了与他远不可同日而语

---

① 《约翰福音》19：26、27。
② 《马太福音》12：48。
③ 《马太福音》23：9。
④ 《哥林多前书》1：25。
⑤ 《提多书》1：15。
⑥ 指摩尼教徒。

的人身的脆弱之中。①这就表明，上帝的道无论如何也不会受人身的污秽，因为就连人的灵魂也可能不受身体的污秽。人的灵魂在主导身体并赋予它生命的时候，身体则不能污秽他，只有当灵魂恋慕身体必然朽坏的好处时，才会被身体污秽。那些人若真想免于灵魂受污秽，避之有所不及的更应该是这样的虚妄与亵渎。

第五章——论基督的受难、埋葬与复活。

11. 但是，我们的主为我们的缘故而从妇人而生，这谦卑（humilitas）相比之下还不算什么，他甚至认为，自己为必死之人的好处而死也是合宜的。经上说："（他）自己卑微，存心顺服，以至于死，且死在十字架上。"②为的是不使我们当中有人即便能不怕死（一般情况下的死），却也会为在人看来极为羞辱的死法不寒而栗。所以我们信，主**在本丢·彼拉多手下受难，被钉在十字架上，受死，埋葬**。信经中写明审判主基督之人姓甚名谁是必要的，目的是让人从中辨认出事发时间。况且，主的埋葬既成为我们所信的对象，也让我们联想到那新坟墓，③它是要见证基督注定要复活进入新的生命，正如童贞女马利亚的肚腹见证了他如约降生一样。那坟墓无论在他之前还是之后都不曾埋葬过别的死人，④同样，马利亚的肚腹在他之前或之后也都没有怀上必死之人。

12. 我们也信，主**第三天从死里复活**，继这位首生的之后，注定有

---

① "通过进入女人腹中，这道的君尊住进了与他远不可同日而语的人身的脆弱之中"一句，本笃会文本中作 *quibus intervenientibus habitat majestas Verbi ab humani corporis fragilitate secretius*。另一很有根据的版本中作 *ad humani corporis fragilitatem*，也即"与人身体的脆弱的关系更遥远，等"。
② 《腓立比书》2：8。
③ "坟墓"一词的拉丁原文 *monumenti*，有版本中作 *testamenti*，意即"证据"。
④ 《约翰福音》19：41。

弟兄姊妹相继而来，他们就是受他呼召而得上帝儿子之名分的人，①他还认为，将这些人当作自己的同道和同得产业的后嗣也是合宜的。②

第六章——论基督升天。

13. 我们信基督升天，去到他应许我们也要去的永福处所，他还说，我们那时要"像天上的使者一样"③，他已去到天上永恒的耶路撒冷，那城就是"我们的母"④。但这正是某些人——要么是不信上帝的外邦人，要么是异端——一贯攻击我们的地方，说我们异想天开肉身能升天。外邦人多是极力用他们那些哲学家的观点攻击我们，意在证实天上绝无可能存在任何属地之物。原因是他们对圣经一无所知，也不明白圣经所说的，"所种的是血气的身体，复活的是灵性的身体。"⑤这经文的意思并不是人的身体将被转换而变作灵，现在人的身体被称作"有灵魂"（animale）的身体，却也没有被转换而变成为"魂"（anima）。所谓"灵性的身体"意指受灵支配的身体，其形态⑥适应于天上的居所，凡其软弱及在地上的各种残缺都被变成为天上的圣洁而稳定的状态。这就是保罗在另一处经文中所说的，"我们都将复活，但不都要改变"中"改变"的涵义。⑦这位使徒在教导说"我们也要改变"⑧时，指的不是变坏，而是变好。至于主的身体在天上处于何种形态、身居何处，这也许是一个过分好奇且多余的问题。我们只须相信，主的

---

① 《以弗所书》1：5。
② 《罗马书》8：17。
③ 《马太福音》22：30。
④ 《加拉太书》4：26。
⑤ 《哥林多前书》15：44。
⑥ 此处拉丁原文采用本笃会版本的行文，quod ita spiritui subditum est。另有一些抄本中作 quia ita coaptandum est，全句意为"它被理解为灵性的身体，因为身体被调整为适合天上居所的形态"。
⑦ 《哥林多前书》15：51，根据武加大译本就否定句式顺序的转换。
⑧ 《哥林多前书》15：52。

身体如今在天。天上奥秘的事不是我们凭着人的软弱所能探知的，我们的信仰对待主身体之尊贵却应持崇敬和景仰的态度。

第七章——论基督坐在父的右边。

14. 我们也信**基督坐在全能父的右边**。但这不应引发我们的想象，就仿佛天父上帝受人类形体的局限，以至每当我们想到他的时候，脑中就出现他身体的右边或左边的景象。同时，在遇到"坐在"这类措辞时，我们也不应幻想主基督屈膝而坐，免得我们陷入对上帝的亵渎之中，使徒保罗便是因此而指斥那些"将不能朽坏之上帝的形象变为……仿佛必朽坏的人"①。因为对基督徒来说，在殿中为上帝立任何此类神像都是违犯律法的；在心里立神像就更难免是恶事，因为圣徒的心在涤除了属世的情欲与谬误之时是上帝的殿。所以，我们一定要将"父的右边"这一表达方式理解为代表极受祝福的位置，也就是公义、平安、喜乐之所在。正如"山羊安置在左边"②意指"受磨难"一样，因为那里是不义、不平安和磨难之所在。③同样，信经所谓上帝"坐在"某处的说法不是指某种身体的姿势，而是指他作为君尊者永远拥有的审判权柄，因为他从来都给人以应得的判断（*digna dignis tribuendo*）；只是到了末后审判之时，上帝独生子——即那审判活人、死人的——其不容置疑的明察秋毫才注定要向人类彰显出来。④

第八章——论基督再次降临，施行审判。

---

① 《罗马书》1：23。
② 《马太福音》25：33。
③ "不义、不平安和磨难之所在"，拉丁原文作 *propter iniquitates*，*labores atque cruciatus*。另有数种抄本中作 *propter iniquitatis labores*，等，也即"因不义的劳苦和折磨的缘故"。
④ 此处拉丁原文作 *futura sit*，亦有作 *fulsura sit* 的，也即"注定要更加明光闪耀"等。

15. 我们也信，在时机成熟的时候**基督必从那里降临，审判活人、死人**；无论这"活人、死人"是指义人和罪人，抑或，"活人"指主再来时尚活在世上而未死去的，①"死人"指基督降临时将要复活的人。那道成肉身的不仅是今在（is），而且也是昔在（hath been）和永在的（shall be），因他是上帝所生，就是上帝。因为我们的主曾来到世上，如今在天上，将来还要在他的荣光中审判活人、死人。依据《使徒行传》的权威说法，②他虽已升天，却还会再来。因此，他在《启示录》中也说，他将再来，《启示录》这样写道："主上帝说……我是今在、昔在、必将再来的全能者。"③

第九章——论圣灵，兼论三一真神的奥秘。

16. 我们的主为上帝所生及其降世为人，既然已经这样系统地被安排并托付给了教会的信仰，④我们的信经中又加上了关于圣灵［的教义］，以使我们对上帝的信仰得以完备。圣灵的性质并不逊于⑤圣父与圣子，三个位格可以说共为一体，并同享永生，因为这三位一体的上帝是一位神，其含义并非父的位格等同于子与圣灵的位格，而是父是父，子是子，圣灵是圣灵。但依据经上所写，"以色列啊！你要听，耶和华我们的上帝是独一的主"⑥，这三个位格又同为一位上帝。我如果

---

① "未死去的"，拉丁原文只是 ante mortem。有些版本在其中加入 nostram 一词，意思变为"在我们死前"。
② 《使徒行传》1：11。
③ 《启示录》1：8。（中文译自英文钦定本圣经。——中译者）
④ 拉丁原文作 fideique commendata et divina generatione 等，而另一受到微弱支持的版本似更合理：fide atque commendata divina 等，意为"这信仰既已被系统地指派下来，并且我们主为上帝所生以及他的降世为人既已让我们了解"等。
⑤ "性质不逊于圣父"，拉丁原文作 non minore natura quam Pater。本笃会编者们认为 minore 应作 minor，意思变为"在性质上不逊于"等。
⑥ 《申命记》6：4。

被逐一问及三个位格,有人若问我:"圣父是上帝吗?"我就会回答说:"他是上帝。"若被问及圣子是上帝与否,我也会同样作答。若就圣灵以同样的问题问我,除他是上帝之外,我也不会作出别样的答复。不过,见到经上说"你们是神"(You are gods)①,我们切记小心,不要仅以适用于人的意思来接受这一说法。因为凡是父借着子用圣灵的恩赐而造的,没有一样就其本质而言是神。使徒保罗说:"万有都是本与他,倚靠他,归于他。"②指的就是这三位一体的上帝。所以,尽管在我们被逐一问到上帝的三个位格——不管是父、子,还是圣灵——我们的答案只有一个,但不应以为我们敬拜的是三位神。

17. 就上帝难以言喻的性质我们这样讲并不稀奇,因为即便对于我们肉眼可见、身体感官可判断的事物,类似说法也是成立的。例如,有人指着喷泉问我们它是什么,可想而知,我们绝无可能说喷泉是河流;当有人问及河流的时候,我们又多么没有可能称它为喷泉;同样,我们也绝无可能将取自喷泉或河流的一口水,称作河流或喷泉。尽管如此,对这三者我们都可以统称为"**水**";而且当人们分别问及它们是什么时,我们在三种情形下都会回答,是**水**。如果我问喷泉里的是不是水,答案必然是,是水;若问河里的是不是水,回答也会是同样的;在上述一口水的情形下,回答也不可能是别样的。不过对这三者,我们不会说是"三个水",而会说它们"同是水"。与此同时,我们一定要小心,不要有人将至高者难以言喻的本体仅看作如同可见的、属物质的③喷泉、河流,或一口水的性质。因为就水的三种情形而言,眼下喷泉中的水若流入河水,就不再是喷泉了;当这水从河流或喷泉进入人

---

① 《诗篇》82:6。
② 《罗马书》11:36。
③ "属物质的",拉丁原文作 *corporeum*,意即"有形质的"。

口，也不再是河流或喷泉了。所以，同是水，它有时可以说是"喷泉"，有时可以说是"河流"，有时又可以说是"一口水"。但就三位一体的上帝而言，我们可以断定，父不可能有时是子，有时是圣灵。正如一棵树，树根只是树根，树干只是树干，我们也不能称树枝为树枝之外的任何东西，称作树根的也不能称作树干或树枝；当下属于树根的木质无论如何转换，都不可能一时是树根，一时是树干，又一时是树枝，而只能存在于树根之内；由于名称与所代表事物之间的关系这一规则是稳固不变的，因此，树根是木质，树干是木质，树枝也是木质，然而这样说的意思并不是有三个木质，木质只是一个。有人会说，它们之间毕竟存在着某种不同，就其强度不同而言，可以毫不荒谬地说它们是三种木质。但至少人们都承认，前一例子的说服力，即若有人从一喷泉那里灌满三只杯子，人们自然会说这是三杯水，却不能说它们是三个水，水只是一个。可与此同时，当有人问到杯中各为何物的时候，我们就会回答说，杯中各自装的都是水。不过在此情形下，没有发生我们先前提到喷泉注入河水时发生的那种转变。列举这些物质的实例（*corporalia exempla*），其目的并不在于借此类比上帝的属天性质，而只为说明即使在可见的事物中也存在着诸物为一的现象。由此可见，三个客体不仅可能各具名称，且也可能共有一个名称。这样，尽管我们称父上帝、子上帝、圣灵上帝，又说他们不是三位上帝，而是一位上帝，一个本体，①就不会有人感到疑惑不解或荒唐可笑了。

18. 的确，就圣父和圣子的问题，一些既有学识又属灵的②人士在

---

① "同一位上帝，同一本体"，拉丁原文作 sed unum Deum unamque substantiam，多部抄本在 Deum 之后加入了 colamus 一词。于是使该句变作"尽管如此，我们应当敬拜的是三位一体的上帝，而不是三位上帝，而是一位上帝，一个本体"。

② "属灵的"，拉丁原文中作 spiritales，亦有作 religiosi，意即"敬虔的"。

许多的著作中已作了阐述。在这些著作中，他们面对人，且竭尽人之所能，就如下问题作出了清楚易懂的表述：父与子何以不属同一位格，却又在本体上合一；①父在哪些方面是独特的 (*proprie*)，子又有哪些独特之处：换言之，父是生子者，子是被生者；父非出自于子，而子却是出自于父——父是子之初，因而也称作"基督的头"②，尽管基督也是起初的，③却不是父之初；而且子是父的像，④不存与父不肖之处，他绝对地、毫无差别地与父同等 (*omnino et indifferenter æqualis*)。就这些问题，那些作者论述得更加广泛，比我此处所做的更加不受限制，意在全备地阐明基督教的信仰。这样，基督既是子，他从父那里得到他的神性 (*it that He is*)，而父的神性却不是由子而来。基督既然因难以言说的恩典降世为人，亲自担当了人 (*hominem*) 性，以此将人这可变的受造者变得更美好。在圣经里可以找到许多关于基督的说法，其表达方式使异端不敬虔的观点中谬误百出，他们还不明白这些说法就迫不及待地教训人，乃至他们以为基督要么与父不同等，要么不与后者同属一个本体。我所指的圣经中的说法是这些："因为父是比我大的"⑤；"基督是各人的头，男人是女人的头，上帝是基督的头"⑥；"子也要自己服那叫万物服他的"⑦；还有，"我要升上去见我的父，也是你们的父；见我的上帝，也是你们的上帝"⑧，大意相同的章节还有一些。这

---

① 拉丁原文作 *non unus esset Pater et Filius, sed unum essent*，意即"何以父与子的位格不是一个，但在本质上却为一"。
② 《哥林多前书》11：3。
③ 此处或指《约翰福音》8：25 的说法，就此武加大译本作 *principium qui et loquor vobis*，是从希腊文的 τὴν ἀρχὴν ὅ, τι καὶ λαλῶ ὑμῖν 直译而来。
④ 《歌罗西书》1：15。
⑤ 《约翰福音》14：28。
⑥ 《哥林多前书》11：3。
⑦ 《哥林多前书》15：28。
⑧ 《约翰福音》20：17。

些说法之所以在圣经中占有一席之地，其目的当然不在表示基督与父上帝在性质、本体上有异，因为若不是这样理解，便意味着圣经里的另一些说法是假的了。这些说法诸如："我与父原为一（*unum*）"①；"人看见了我，就看见了父"②；"道就是上帝"③（因为既然"万物是借着他造的"④，他就不是被造的）；还有，"他不以自己与上帝同等为强夺的"⑤，等等，同类章节还有很多。这些宣称之所以在圣经中占有一席之地，部分地是考虑到基督穿戴了人性（*administrationem suscepti hominis*），圣经就此说道，他"反倒虚己"——这不是说那智慧有了改变，因为他是绝对不变的，而是说，他愿意以此卑微的形式出现在人类面前。再重复一遍，被异端分子看作他们虚妄断言之根据的那些经文之所以如此，部分地是因考虑到基督穿戴了人性；另一部分原因是考虑到，子之所以是父的本体，归因于父——他也因此与父同等，或是他的同侪（*eidem Patri æqualis aut par est*），而父的性质如何，却不归因于自己以外的任何客体。

19. 但就**圣灵**，饱学而杰出的圣经研究者们却未作出足够全面、审慎的阐述，让我们能就其位格（*proprium*）特征的诸方面获得明确的概念；他们只是表明圣灵是上帝的恩赐，使我们因此可以相信，上帝所赐的恩赐不会逊于他本身。由于圣灵的位格特征，我们既不能称其为圣子，也不能称其为圣父，只能称其为圣灵。与此同时，研究者们坚持这样的主张，即圣灵并不像圣子那样为圣父所生，因为基督是父的独生子；圣灵也不是圣子所生，就仿佛其为至高父的孙辈；但他们不将

---

① 《约翰福音》10：30。
② 《约翰福音》14：9。
③ 《约翰福音》1：1。
④ 《约翰福音》1：3。
⑤ 《腓立比书》2：6。

圣灵之存在归因于其他位格,唯归因于万有之源——圣父,免得我们证得有两个"无生之始"①的"初"② (ne duo constituamus principia isne principio),那样的结论既与事实相违,也是荒谬的,不是公教信仰的内容,却正是某些异端的谬误之所在。③不过,有些人却是这样认为,圣父、圣子的合一以及他们的"神性"(拉丁文作 deitatem,希腊文作 θεότης)便是圣灵。于是,既然父是上帝,子是上帝,他们在"神性"中彼此合一——前者借其生子,后者借其与父同心④——因此就与生他的父构成同等的关系。他们希望人们将这"神性"理解为存在于父、子两个位格间彼此的爱与仁慈,持此观点的人断言说,这"神性"于是获得了"圣灵"之称。他们还从圣经中举出一些证据以支持自己的观点,例如,"因为所赐我们的圣灵将上帝的爱浇灌在我们心里"⑤,还有其他不少意思相近的经文。他们还将自己的观点建立在我们借圣灵与上帝和好的事实之上。因圣灵被称作上帝的恩赐,他们由此就愿将此视为足以表明,上帝的爱与圣灵是同一回事。因为我们唯有借着这爱才得与上帝和好,并因此被称为上帝的儿子,⑥我们"所受的不是奴仆的心,仍旧害怕"⑦,因为,"爱既完全,就把惧怕除去"⑧;"我们所受的乃是儿子的心,因此我们呼叫:'阿爸,父!'"⑨我们既借着爱被召回到与他的朋友关系中来,将来能知晓上帝一切奥秘

---

① 《希伯来书》7:3。
② 《启示录》21:6。
③ 此处再指摩尼教的错误主张。
④ "依附于父",拉丁原文作 Patri cohærendo,意即"与父密切相连"。
⑤ 《罗马书》5:5。
⑥ 《约翰一书》3:1。有时此处加有 Dei,意即"上帝的"。
⑦ 《罗马书》8:15。
⑧ 《约翰一书》4:18。
⑨ 《罗马书》8:15。

的事，正因如此，圣经才说圣灵将"引导你们明白一切的真理"①。也是出于这个原因，众使徒被圣灵充满时产生的传扬真理的信心②也被说成是爱，因为缺乏信心的原因是惧怕，而惧怕为爱的完全所排斥。因此，传福音的信心也称为上帝的恩赐，③因为除非一个人同时也爱其所知，就不会享受它。而享受上帝的智慧，意思不外乎因爱他而与他同心（ei dilectione cohærere）。除非爱，人不会只因明白一事物而住在它里面。圣灵也同样，他被称作"圣善的灵"（Spiritus Sanctus）④，原因是，一切受上帝认可的（sanciuntur）⑤事之所以受认可，目的都是为使其长久。毋庸置疑的是，"圣洁"（sanctitatem）是由"认可"（a sanciendo）一词衍生而来。而持有此观点的人特别引以为证的是经上的这些说法："从肉身生的，就是肉身；从灵生的，就是灵"⑥；"上帝是个灵"⑦。因为此处耶稣是指我们的重生，⑧不是像亚当那样从血气而生，而是像基督那样因圣灵而生。因此他们认为，这段经文说"上帝是个灵"时若指的是圣灵，人们就必须留意，它说的不是"因为那灵是上帝"⑨，而是"因为上帝是个灵"。于是，父与子的"神性"在这段经文中就称为上帝，也就是圣灵了。就此，他们又将使徒约翰的话"上帝就

---

① 《约翰福音》16：13。
② 《使徒行传》2：4。
③ 《以弗所书》3：7，8。
④ 《罗马书》1：4。
⑤ 就此处所用抄本中的 sanciuntur 一词，有些版本中作 sanctificantur，此句意思变为"一切归为神圣的事物皆为受认可的"，等等。
⑥ 《约翰福音》3：6。
⑦ 《约翰福音》4：24。
⑧ 译文所用抄本和本笃会版本中作 Hic enim regenerationem nostram dicit。有些版本中的 Hic 作 Hoc，dicit 作 dicunt，意思变为"因那灵是上帝的"。
⑨ "那灵是上帝"，拉丁原文作 quoniam Spiritus Deus est。但有些版本或抄本中的 Deus 一词作 Dei，意思变为"那灵是上帝的"。

是爱"当作佐证；①因为同样，约翰在这里说的不是"爱是上帝"②，而是"上帝就是爱"。因此，上述"神性"就被他们理解为爱。而且考虑到如下情形，即在诸如"（这）全是你们的。并且你们是属基督的；基督又是属上帝的"③，及"基督是各人的头，男人是女人的头，上帝是基督的头"④，这类列举相互关联的客体的经文中，没有提到圣灵。那些人断言，这只是一种原则的应用，该原则是：就总体而论，两个相关事物之间的联结本身常不明文写出。他们还认为，从"万有都是本于他，倚靠他，归于他"⑤这节经文中，用心的读者也可辨认出对三位一体的表述。似乎"本于他"的意思是说，本于其存在不归因于其他位格的那一位，"倚靠他"的意思是倚靠一位中保，而"归于他"的意思则是归于那位联结另两个位格并使其合一的联结者。

20. 反对这一观点的人认为，所谓的合一，无论人们称其为"神性"、"爱"，还是"仁慈"，均非本体。而他们提出，圣灵应依他是一个本体来表述。他们还认为，"爱"若不是一个本体，圣经就不会使用"上帝是爱"的措辞了。在此观点中，他们的确是受物体性质之常态的影响。因为两个物体若以并列的位置连在一起，这联结本身并非一物体；连在一起的两个物体若分离了，如此联结自然也将不复存在；同时，他们认为联结本身不应理解为离去和移走，就好像那些身体一样。但这些人应当尽力洁净己心，才有能力看到，上帝的本体中没有任何这样的内容——其性质表明，其本体是一回事，而属本体的非主要特性又是另一回事，而非本体；相反，凡能归于其中的均属本体。不过，谈

---

① 《约翰一书》4：16。
② 此处亦然，就 dilectio Deus est，作 dilectio Dei est 的也有所见，意思变为"爱是上帝的"。
③ 《哥林多前书》3：22、23。
④ 《哥林多前书》11：3。
⑤ 《罗马书》11：36。

论、相信这些事或许不难，但领悟它，以至能揭示出其中的所以然，就绝不是件容易的事了，唯有凭着洁净的心才可以做到。正因如此，无论上述见解是符合事实的，抑或事实是另外一种样子，我们都应毫不动摇地持守自己的信仰，即称圣父为上帝，圣子为上帝，圣灵为上帝，却不认为这是三位神，而坚信那三位一体的真神是一位上帝；也不认为这三个位格的性质各异，而是坚信他们的本体是一个；而且不认为似乎父有时是子，有时是圣灵，而要坚信父永远是父，子永远是子，圣灵永远是圣灵。况且，我们也不应就不可见的事物妄下断言，就仿佛对其尽知无遗，而只应谦卑地相信。因为这些事非用洁净了的心便无法得知；即使有人活着时就能"部分地"看见，如经上所说，像"对着镜子"那样，①他们对别人讲述自己所见，也不能保证心不洁净的人能明白这些事物。然而，"清心的人有福了，他们必得见上帝。"②这就是我们对我们的创造者、更新者上帝的信仰。

21. 既然我们所受的命令是不仅要爱上帝，因为经上写着，"你要尽心、尽性、尽力爱耶和华你的上帝"；而且也要爱邻舍，因为主耶稣命令我们，"要爱邻舍如同自己"③；况且，既然上述信仰若不包括有兄弟之爱运行其中的人类会众和团体，它就不会多结果子——

第十章——论大公教会、罪得赦免，并身体复活。

既如此，我再重复一遍，我们也信**上帝的教会**，这指的当然是**圣而公之教会**。异端和教会分裂者都称他们的团体为教会。但异端分子因对上帝持有错误的见解而对信仰本身造成危害，另一方面，教会的

---

① 《哥林多前书》13：12。
② 《马太福音》5：8。
③ 《路加福音》10：27。

分裂者尽管或许与我们所信并无分别，却因分裂行为与教会的弟兄之爱断绝了。所以，异端不属于爱上帝的公教会；教会的分裂者也不再是教会的一部分。教会爱邻舍，随时准备宽恕邻舍的罪，因为她祈求让我们与他和好的主也使赦免恩及她自己，涂抹一切往事，呼召我们进入新生命。而在我们的新生命臻于完全的地步之前，我们不可能没有罪。但是，关键是看我们有什么样的罪。

22. 我们也不应只讨论各种罪的区别，而应彻底地相信，假如我们在饶恕别人的过犯问题上表现出严重的不顺服，那么我们自己的过犯也无从得赦免。①于是我们也信**罪得赦免**。

23. 由于构成人的有三个部分——灵、魂、体——也有人说是两部分，因为灵、魂常被一概而论。人的理性部分是动物不具备的，称之为"灵"，灵是我们人之本；接着是使我们的灵与肉相合的那一部分，称之为"魂"；最后是身体本身，由于它是可见的，因此是我们的最后一部分。但这整个"受造之物"（creatura）都在"叹息、劳苦，直到如今"②。尽管如此，上帝已给了它圣灵初熟的果子，在其中它已信了上帝，而如今是有良善意志的了。③这灵也称之为"心灵"，使徒保罗就此写道："我以内心顺服上帝的律。"④他在另一段经文中这样表白自己，说："我用心灵所侍奉的上帝可以见证。"⑤再谈到魂，当它尚在贪恋肉身享受的时候，称作"肉体"。因为属于魂的某一部分抗拒圣

---

① 《马太福音》6：15。
② 《罗马书》8：22。
③ "圣灵"，拉丁原文作 spiritūs，若作 spiritus，其含义或许就是"尽管如此，那灵已分给了初熟的果子，在其中它已经相信了上帝，并如今是有良愿的了"。
④ 《罗马书》7：25。
⑤ 《罗马书》1：9。

灵①，这不是出于本性，而是出于罪的习惯律，就此，经上说："我以内心顺服上帝的律，我肉体却顺服罪的律了。"这习惯律已因人类从情欲而生，变作他的一种性质，人类从情欲而生是因始祖犯罪。其结果也如经上所写，"我们……本为可怒之子"②，换言之，我们受罪之律的奴役是因受咒诅。然而，当魂顺从它自己的灵，就如灵顺从上帝一样，这魂的性质则是完美的。因此，"属血气的人③不领会上帝圣灵的事"④。但魂不是那样快地被灵降服而行善事，不像灵在真信仰和向善的意志上很快被上帝降服那样；有时魂的驱动力不及时受到遏止，它就滑落到属肉体和属世的层面上去。而灵是魂的头，这魂的头在基督里又有基督作头，在灵的主导之下，这魂就被洁净，并使其应有的性质得以稳固。既如此，我们就不应对身体也恢复其应有的性质而感到失望。这当然不会像魂的恢复那样快地实现，正如魂的恢复不如灵那样快一样。不过到了时候，也就是当号筒最后吹响时，身体的复兴必发生，那时"死人要复活，成为不朽坏的，我们也要改变"⑤。所以，我们也信**身体复活**。换言之，我们相信不仅是如今因其肉体倾向而称作"肉体"的魂将得复兴，那可见的肉体同样也要得复兴；后者本性就是肉体，魂也获得此名，但不是因其本性，而是就其肉体倾向而言是肉体。我要说，我们必须确信，这名副其实的可见的肉体注定要复活。因为使徒保罗在说"这必朽坏的总要变成不朽坏的"时，⑥似乎是在用指头指着自己的肉体而说的。他说"这"的时候，仿佛是指着自己的身

---

① 某些优秀拉丁文抄本中不是 caro nominatur. Pars enim ejus quædam resistit，等，而是 caro nominatur et resistit 等，意即"被称作肉体并抗拒"等。
② 《以弗所书》2：3。
③ "属血气的人"拉丁原文作 animalis homo，直译为"属魂的人"。
④ 《哥林多前书》2：14。
⑤ 《哥林多前书》15：52。
⑥ 《哥林多前书》15：53。

体而言，因为唯有可见的事物才能用指头去指。魂也可被称作"必朽坏的"，是它态度上的恶习使其自身败坏。经文在说"这必死的总要变成不死的"一句时，同样意指那可见的肉体，因为说此话时，那指头仿佛是在不时地指着这可见的肉体。因为正如魂就其态度上的恶习而被说成"必朽坏的"一样，它也同样可以被说成"必死的"。毫无疑问的是，"魂的死亡始于背离上帝"，①指的是经上所记的乐园里的初次犯罪。

24. 依据不能欺骗人的基督教信仰，人的身体将要复活。这在有人看来若是不可思议的，[那是因为]他只注意到身体现有的形态，却没有思考它未来的形状将会是怎样。因为到了人变得像天使一样的时候，身体就不再是血肉之体，而只是形体而已。使徒保罗在谈到肉体时说："凡肉体各有不同，人是一样，兽又是一样，鸟又是一样，鱼又是一样。有天上的形体，也有地上的形体。"②请看，他此处说的不是"天上的肉体"，而是"天上的形体和地上的形体"。可见，凡肉体又都是形体，但并非凡形体也都是肉体。例如，前面一种情形即证明如此，因为地上的形体中，木头是形体，却不是肉体。再谈到人或动物，我们既是形体，也是肉体。然而，说到天上的形体，就不是肉体，而只是使徒保罗所指的"灵性的身体"，又有人称作"天上的形体"，是单纯而发光的形体。因此，保罗所言"血肉之体不能承受上帝的国"③与身体复活并不矛盾；他只是在预告，眼下的血肉之体复活后其形态将如何。假如有人不相信肉体能变成保罗表明的性状，我们就有必要有步

---

① "魂的死亡始于背离上帝"，拉丁原文作 Mors quippe animae est apostatare a Deo。其出处或为《便西拉智训》10 章 12 节，武加大译本中作 initium superbiae hominis, apostatare a Deo。
② 《哥林多前书》15：39、40。
③ 《哥林多前书》15：50。

骤地引导他相信。你若问他泥土可否变成水，由于两者性质相近，在他看来就不会是不可能的。你再问他，水可否变成气体，他回答说，这听起来也不很荒唐，因为这两种物质更是彼此相近。如果你问他气体可否变成天上的形体，两者相去不远的简单事实立刻也会使他相信这是可能的。通过如此循序渐进式的引导，他若承认泥土改变成为天上的形体还是相当有可能的，而且因上帝意志的介入，人可以有能力在水面上行走，那么他何以不相信，从泥土到天上形体的转变可以转瞬间完成呢？恰如经上说的"眨眼之间"①，就如常见的浓烟转瞬变成烈火一般，不经过任何渐变。因为肉体本是泥土。但哲学家们根据自己的论据反对最多的就是身体复活的教义，他们断言说，没有任何属地的肉体能在天上生存，可是他们又承认，任何一种物质都可能被转换成为另一种物质。到复活之事发生的时候，我们则要摆脱时间的局限，在无以言说的爱与安稳之中尽享上帝的永生而不朽坏。②因为"那时经上所记'死被得胜吞灭'的话就应验了。死啊，你得胜的权势在哪里？死啊，你的毒钩在哪里？"③

25. 这就是为初信者所写的《使徒信经》以寥寥数语所涵盖的信仰，为的是使他们能持守这信仰。信徒对这字数不多的《使徒信经》耳熟能详，其目的是使他们能因信而顺服上帝，因顺服上帝而能过正派的生活，因正派的生活而心灵得洁净。有了清洁的心，他们才能明白自己所信的。

---

① 《哥林多前书》15：52。
② 一些抄本中的拉丁原文有别于此处的 a temporis conditione liberati, æterna vita ineffabili caritate atque stabilitate sine corruptione perfruemur，而是 corpus a temporis conditione liberatum æterna vita ineffabili caritate perfruetur，意即"身体将摆脱时间状态的局限，在无以言说的爱之中尽享永生。"
③ 《哥林多前书》15：54、55。

论 信 经

给初信预备受洗者的一篇讲道

1. 我的孩子们，你们要接受称为《使徒信经》的信仰条文①。既接受了，就要铭记在心，终日默诵，在入睡、出行之前，都要用这《信经》装备自己。编写《信经》的目的不在阅读之用，而是为记诵之用，免得因人的健忘，使使徒斟字酌句地交付给我们的信仰化为乌有，要让你们的记忆清晰得如同自己清晰的账目。②以下听到的，你们要相信；既相信了，又要用自己的口去传扬。因为使徒保罗说："人心里相信，就可以称义；口里承认，就可以得救。"③你们要一呼百应地念诵的就是这《信经》。你们从中听到的话语散见于整本圣经之中，又从其中会合浓缩成为一体，就连头脑迟钝的人也不难记忆，为的是人人都能道出并持守自己所信。你们以前是否只听说上帝是那全能者？在你们借教会之母重生之后，上帝从此以后就是你们的父。

2. 这就是你们如今既相信，便反复思想，既经思想，便加以持守的。因此你们要说："**我信上帝，全能的父。**"上帝是全能的，但他虽是全能的，却不能死去，不能受欺骗，不能说谎，又如使徒保罗所言：

---

① 拉丁原文作 *symbolum*。
② "账目"拉丁原文作 *codex*。
③ 《罗马书》10：10。

"他不能背乎自己。"①他有这许多"不能",却又称为全能的!一点不错,正因他不能做那些事,才是全能的。假若他能死去,他就不是全能的;假若他又能说谎、受欺骗、做不义的事,他也就不是全能的了;因为,在他若有这些事,他就不配是全能的了。对于我们全能的父来说,犯罪是完全不可能的。他随着自己的心意而行,这就是全能。无论他公义的旨意是什么,凡在他公义的心意之中的事,他都必然行出来;而凡是邪恶的事,都不是他的心意。凡自相矛盾的——也就是不做自己心意中之事的——则不可能是全能的。是这位上帝创造了天上的、地上的、海洋里的,及其中能看见的、不能看见的万有。不能看见的有天上的,如德乐尼、神权天使、主权天使、神力天使、天使长、普通天使等,②我们若生活正直,他们就与我们同做天上的子民。上帝也在天上造了可见之物,如太阳、月亮和众星宿。他还以各种活物使地上琳琅满目,他让天空中有飞鸟,让地上有走兽、昆虫,让海洋里有漫游其中的各种水族,到处都充满了适存其中的活物。上帝还照自己的形象和样式造了人,使人心灵中有上帝的形象。这就是为什么人心无法测透它自己的原因,因为那其中是上帝的形象。我们本是为此而造,为的是让我们管理地上其余的受造之物。但由于人类始祖犯罪,人就都沉沦了,无一幸免地继承了死亡。我们沦为卑贱,沦为必死的,内心充满恐惧,充满谬误。这些都是人的罪报,人人都带着如此的罪报和罪尤而生。③这就是为什么你们如今看到,就连小孩子也经受驱魔赶鬼,为要从他们身上赶出与孩子为敌的魔鬼势力,这势力蒙蔽人,以求辖制人。婴儿并非因是上帝所造,才需要驱魔赶鬼,而是因为人在魔鬼

---

① 《提摩太后书》2:13。
② 古代教会传统中有九级天使之说,奥古斯丁此处列举了其中的六级。——中译者
③ 《创世记》1—3。

的辖制之下，人人都带罪而生。魔鬼是最初的①犯罪者。正因为一人的堕落将整个人类带入死，上帝才差遣了一位无罪的来到世间，为要救一切信他的人从罪中得释放，得以进入生。

3. 由于这个原因，我们也信上帝的儿子，也就是全能父"**上帝的独生子，我们的主**"。每当你们听说"上帝的独生子"，就要承认他是上帝。因为上帝的独生子不可能不是上帝。上帝是怎样的，从他所生的也是怎样的，只是上帝与他所生的独生子各有自己的位格。耶稣基督若是上帝真正的儿子，就必然与父同等；他若不与父同等，就不是上帝真正的儿子。你们不妨观察地上被造的活物：它们是什么，生的也必是什么。人生不出牛来，羊生不出狗来，狗也生不出羊来。无论它是什么，所生的总是各从其类。因此，你们要大胆、坚定而忠实地相信，天父上帝所生的也正如他自己一样，是全能者。被造的必死之物是从败坏而生。上帝也是这样生的吗？必死的生必死的；不死的生不死的；可朽坏的生可朽坏的，不朽坏的生不朽坏的。的确如此。正如什么生的就是什么一样，独一上帝所生的也是独一的上帝，因此同为独一的。你们知道，我若向你们宣讲《信经》，我怎样讲，你们也必定会怎样信；你们也知道，我们信的是"上帝，全能的父；耶稣基督，上帝的独生子"。同样，你们若相信耶稣基督是独一的上帝，也要相信他是全能的；因为我们不应认为，天父上帝按自己的旨意而行，而上帝的儿子却不按自己的旨意而行。圣父、圣子的旨意是一个，因为他们本为一，子的旨意不可能与父的有丝毫偏离。上帝与上帝，同是一位上帝；全能者与全能者，同是一位全能者。

4. 我们不像有些人那样声称有两位上帝，他们说："父是上帝，子

---

① "最初的"，拉丁原文作 *princeps*。

是上帝，但父神比子神大，子神比父神小。"这两位又是什么呢？是两位上帝吗？他们应为这样说而羞愧，为这样相信而羞愧。他们说，父上帝是主，子上帝是主；而这位子自己却说："一个人不能侍奉两个主。"①我们是否可以认为，上帝的家就如同一大户人家，其中有一位父亲，父亲有一个儿子，因而就该说，父和子是大、小两位主呢？你们千万要远离这样的想法。你们若容自己这样想，就等于在那"一心一意"中立偶像。要完全排除这种观念。人总是先相信，后明白。对于那些上帝使其信了之后很快明白的人来说，那是上帝所赐，而不是人的软弱。假如你们还没有明白，就暂且这样相信：圣父是独一的上帝，上帝基督是上帝的儿子。二者是什么？是一位上帝。二者怎可能是一位上帝？你觉得不可思议吗？《使徒行传》里这样写着："那许多信的人都是一心一意的。"②那里本来有着许多个心意，是信使他们心意合一。本来的千万个心意彼此相爱，千万个于是就变作一个；他们在爱火中爱上帝，许多个个体于是融为美丽的一体。爱③若能将多人的心意变作"一心一意"，上帝自身之爱又该有多么亲密，三个位格之间毫不存异，而是全然同等！假若在地上，在人与人之间能有这样亲密的爱，竟能使许多心意成为一个心意，那么，圣父与圣子、圣子与圣父从来都是亲密无间，怎能不是一位上帝呢？只是，信徒的心意既可以称作"许多个"，也可以称作"一个"；而圣父、圣子有着难以言喻之最高程度的合一，只能称作一位上帝，而不是两位。

5. 圣父按自己的旨意行，圣子也按父的旨意行。你们不要设想父是全能的而子不是，这是错误的。要从头脑中将这谬误涂抹掉，不要

---

① 《马太福音》6：24。
② 《使徒行传》4：32。
③ 拉丁原文作 *charitas*。

让它存在自己的记忆里,在你们的信仰中不要吸收这种内容。倘或你们当中有人已经吸收了如此内容,他就要把它吐出去。圣父是全能的,圣子也是全能的。全能的所生的若不是全能的,他所生的就不真是他的儿子。弟兄姐妹们,我们怎能说圣父比他生的圣子大,那样,我又怎能说是"生"呢?人类的父亲生子,父比子大,这是事实。但这是因为一个渐渐变老,另一个渐渐长大,是成长使儿子获得父亲的外貌。而上帝若不会渐渐衰老,他的儿子若不必从小长大,那么圣子生来就是成熟的。他若不必成长,生就是成熟的,而且始终毫无减损,那么他与父必定是同等的。你们要听身为真理的那一位怎样说,就可以知道,全能者是从全能者而生。那身为真理的所说的必然是真话。这位真理是怎样说的呢?那身为真理的圣子是怎样说的呢?"父所作的事,子也照样作。"①圣子在凡事按自己的旨意行上是全能的。父所作的某些事子若不照样作,子所说的"父所作的事,子也照样作"就是不真实的了。但你们要相信:"父所作的事,子也照样作。"因为这话是子实实在在地告诉我们的,这样你们就无异于相信圣子是全能的。虽然你们说这话没有写在《信经》里,但你们在信上帝的独生子的同时,表明的正是这个意思。是否上帝的哪一部分是他儿子没有的呢?这是阿里乌异端亵渎之人所说的,不是我说的。我是怎样说的?倘若父的某一部分是子没有的,那么子说:"凡父所有的,都是我的"②就是说谎了。无数的见证都证明了,圣子是天父上帝真正的儿子,圣父上帝所生的儿子是圣子上帝,而圣父、圣子是同一位上帝。

6. 让我们来看一看,这位全能父上帝的独生子为我们做的是什

---

① 《约翰福音》5:19。
② 《约翰福音》16:15。

么，为我们忍受的是什么。《信经》说，他"**因圣灵感孕，从童贞女马利亚所生**。"他是伟大的上帝，与父同等，因圣灵感孕，从童贞女马利亚所生，他降生在卑微之中，为的是以此医治人的骄傲。人类因高抬自己而沉沦；上帝却谦卑自己，来救拔人类。什么是基督降卑？就是上帝向沉沦于卑贱的人类伸出援手。我们堕落，他降卑；我们卑贱，他屈尊俯就我们。我们在沉沦中抓住上帝之手站起来，就不会落入审判。他就是这样俯就我们——他"因圣灵感孕，从童贞女马利亚所生"。他降世为人成为卑微的，却是至高的。就什么而言是卑微的？因为他从人而生，成为人。就什么而言他是至高的？因为他从童贞女而生。这位童贞女感孕、生育，生育之后仍是童贞女。

7.《信经》接下来说，"**在本丢・彼拉多手下受难**。"彼拉多是当时的巡抚和法官，基督受难正是彼拉多任职期间。隐藏在这法官名字之中的是一个时间的标记，说明基督是在本丢・彼拉多手下受难。那时，他"**被钉在十字架上，受死，埋葬**"。是谁？是上帝的独生子，我们的主。发生了什么事？他被钉在十字架上，受死，埋葬了。为了谁的缘故？为了不信的人和罪人。这是何等的屈尊，何等的恩典！"我拿什么报答耶和华为我所赐的一切厚恩？"①

8. 基督生在时间之先、生在万有之先。所谓"之先"是在什么之先？他在谁的里面又不是之先？千万不要想象在天父生基督之前会有任何时间存在。借着我上面所说的出生，基督成为全能父上帝之子，他是上帝的独生子，我们的主。不要想象这出生意味着时间上的一个起点；不要想象在永恒中的某一段时间内，只有父，没有子。因为自从父存在之时起，子就存在。然而若没有开始，又何谈"自从"呢？因

---

① 《诗篇》116: 12。

此，父怎样无始，子也怎样无始。你会说，基督若没有起始，又如何是被生的呢？他生于永恒，因此与父同是永恒的。只有父而没有子的时间并不存在，但子却是为父所生，从哪里才能找到与此相类的事物呢？我们属于地上之物，是可见的受造者。让这地给我一个相类之物，它一个也给不出。让水给我一个可比之物，它也无从给出。让动物给我一个可比的，它们同样爱莫能助。动物的确生育繁衍，它们既生育，也被生育；但总是先有父，父后生子。让我们来寻找两种事物同时存在的例子，并想象它们同样无始无终。我们若能找到一个父与子、子与父同时存在，就让我们相信天父上帝与他的儿子同时存在，并且圣子上帝与他的父同为永恒的。在地上我们可以找到一些同时存在之物，却无法找到任何同为永恒之物。那就让我们将那"同时存在"无限延伸，①并想象它是同为永恒。或许有人会追问你们说，"哪里见过父与子同时存在，或子与父同时存在的呢？生子的父总是出生在先，从他所生的儿子总是出生在后。这父与子，子与父同时存在，又如何有可能呢？"你们不妨将火设想为"父"，将火光设想为"子"；这样，我们就找到了同时存在的例子。在火开始存在的那一刻起，它就生出火光；火的存在既不在光之先，光的存在也不在火之后。我若问，是火生光，还是光生火？你们即刻就会凭常识而知道，并本能地脱口而出："是火生光，不是光生火。"请看，这里你们就知道一位初始之"父"；请看，这子与父同时存在，既不在父之前，也不在父之后。请看，这里你们就知道一位初始的"父"，父开始存在的同时，子也开始存在了。我既向你们表明，一位父开始存在的同时，儿子也能开始存在，就请你们相信，天父是无始的，同他一样，儿子也是无始的；父是无始无终

---

① "延伸"一词拉丁原文作 *intendamus*。

的，子也同是无始无终的。你们只要不断地学习，就能明白这一切，因此你们要持续不断地努力。你们是被父母所生，出生后还要成长，因为没有人生来就是成熟的。论到上帝的儿子，他生来却可以是成熟的，因为他生于时间之外，与父同是永恒的，其存在远远早于万有，不是在世代之中，而是在永恒之中。因此他生来就与父同是永恒的，先知就如此出生写道："有谁能宣告他的出生呢？"①父生他于超越时间的永恒之中，到时间满足的时候，他的肉身又从童贞女而生。在他降世之前是有时间在先的。在时机成熟的时候，在他愿意并知道的时候，他就降生了，因为他不可能不在自己的旨意之中降生。我们没有一个人是因自己的意愿而生，也没有一个人是因自己的意愿而死。然而，基督却是在自己愿意时降生，也是在自己愿意时死去；因他的心意，他从童贞女而生，因他的心意，他死在十字架上。他愿意怎样行，他就怎样成就了。因为在这位如此有智慧的人里面是上帝，他就是人不能眼见的上帝；②他是上帝担当了人性，成为人③。他就是集上帝和人于一身的基督。

9. 论到基督的十字架，我要说，他选择的这一极端死法使他的殉道者们不再惧怕任何形式的死亡。在他作为人的生平中，他显明了自己的教义；在十字架上，他树立了最大的忍耐的榜样。在那里，你们看到他所做的工，那就是被钉十架；看到他所做的工的标记，那就是十字架；也看到那工所得的赏赐，那就是复活。他在十字架中显明了我们应忍受的是什么，又在复活中显明了我们的盼望何在。他正如竞技场上的一位完美的监督员那样说：努力做工吧，你还要忍耐；做工的得赏赐；奋力搏击吧，你会赢得冠冕。什么才是我们要做的工？那就

---

① 《以赛亚书》53：8。[见修订版圣经]
② "人不能眼见的上帝"拉丁原文作 ut lateret Deus。
③ "上帝承担了人性，成为人"拉丁原文作 suscepter susceptus。

是顺服。什么才是赏赐？那就是复活，而且不再死。我为什么还要加上"不再死"？因为拉撒路复活，又死了；而基督复活，却"不再死，死也不再作他的主了"①。

10. 经上说："你们听见过约伯的忍耐，也知道主给他的结局。"② 我们在读到约伯所受的大试炼时，就会不寒而栗。他得到的又是什么？是双倍于他损失的赏赐。不要有人为得属世的报偿才愿意忍耐，并且这样对自己说，"让我遭受损失吧，上帝会还给我双倍的儿女；约伯什么都得了双倍，他后来生的子女与先前埋葬的一样多。"如此说来就不是双倍了？是双倍，恰好双倍，因为他先前的子女依然活着。不要有人这样说，"我要忍受邪恶，上帝会回报我，正像他回报约伯那样。"这样就不再是忍耐，而是贪心了。若不是那位圣徒百般忍耐，勇敢地忍受一切临到他的事，又何来主赐给他的见证呢？主这样说道："你曾用心察看我的仆人约伯没有？地上再没有人像他完全正直，敬畏上帝，远离恶事。"③弟兄姊妹们，这位圣徒是如何配得主的见证啊！然而，有个恶女人却试图引诱他，这女人代表的也是那古蛇，它正如在伊甸园中欺哄上帝初造的人那样，在这里又试图用亵渎上帝的想法去哄诱一个讨上帝喜悦的人。弟兄姊妹们，约伯所遭受的是怎样的苦难啊！谁会遭受这样大的苦难——财产、房屋、儿女、健康的肌体，无不丧失殆尽，就连幸存下来的妻子也成了他的引诱者。其实，魔鬼本可以连她的性命也夺去，让她存活下来，目的是留她作他自己的帮凶；因为当初正是借着夏娃，魔鬼才摆布了人类的始祖，于是魔鬼存留的只是一个夏娃而已。如此说来，约伯遭受的是何等的不幸！他失去了一切所

---

① 《罗马书》6：9。
② 《雅各书》5：11。
③ "恶事"一词拉丁原文作 *querela*。

有，房屋倒塌了，不仅如此，还压死了他的儿女。要想知道约伯的忍耐在他生命中占有何种地位，请听他的回答吧，他说："赏赐的是耶和华，收取的也是耶和华；耶和华随己意而行；①耶和华的名是应当称颂的。"②上帝拿去了他所赏赐的一切，约伯是否连那赏赐者也失去了呢？约伯说"上帝收取了他所赏赐的"的同时，毋宁是在说，主收取了一切，让他都拿去吧，送我赤身回归，我只愿存留上帝给自己。有了上帝我还缺什么？换言之，若是没有上帝，其余的一切又于我何益？于是，试炼又临到了他的肉体，他从头到脚长满毒疮，遍身脓水，爬满蛆虫，他却表现出在主面前矢志不移。他妻子非但没有成为丈夫的安慰者，反而成为魔鬼的帮凶，她想唆使约伯亵渎上帝，她说："你仍然持守你的纯正吗？你诅咒上帝，③死了吧！"④由此可见，约伯被降卑，为的是使他升高。主之所以要这样做，是为了显示给世人看，他在天上为他的仆人存留的更好得无比。可见他使降卑的约伯升高，使抬高自己的魔鬼降卑，因为"惟有上帝断定，他使这人降卑，使那人升高。"⑤但是，我的弟兄姊妹们，不要有人在遭受这类灾难时寻求今世的回报，比如，他若失去了什么，不要一心想得所失的双份才这样说，"赏赐的是耶和华，收取的也是耶和华；耶和华随己意而行；⑥耶和华的名是应当称颂的。"你们要用忍耐，而不是用贪念称颂上帝。你们若只是为要得到所失的双倍而称颂，那么你们的称颂就是出于贪念，而不是出于爱。不要以为这是圣徒约伯所做的典范，否则你就是在欺哄自己。约

---

① "耶和华随己意而行"一句的拉丁译文译自七十士译本。
② 《约伯记》1：21。
③ "你诅咒上帝"一句的拉丁译文译自七十士译本。
④ 《约伯记》2：9。
⑤ 《诗篇》75：7。
⑥ "耶和华随己意而行"一句的拉丁译文译自七十士译本。

伯在遭受各种苦难的同时，并没有期望得双份于所失。从他在失去一切财物并埋葬亲生儿女时的第一次告白中，以及从他在忍受肉体痛苦折磨时的第二次告白中，你们都不难看到我说的是事实。他在前一告白中这样说："赏赐的是耶和华，收取的也是耶和华；耶和华随己意而行；①耶和华的名是应当称颂的。"②他本可以说，"赏赐的是耶和华，收取的也是耶和华；他收取的还能再赏赐；他再赏赐的会比收取的还多。"他并没有说这样的话，而是说："这是主所喜悦的，所以他就这样行了，"这既是上帝喜悦的，让它也能使我喜悦；恩慈的主所喜悦的，莫让他卑微的仆人不喜悦；那医治者所喜悦的，莫让他的病人不喜悦。请听约伯的另一次告白，他对妻子说："你说话像愚顽的妇人一样。难道我们从上帝手里得福，不也收祸吗？"③他并没有添上即便那样说也是事实的话："耶和华能让我的皮肉复原，他从我们收取的，他会加倍赐给我们；"否则，他看上去一定是因寄希望于这些才忍耐了。这不是约伯所说，也不是约伯所望。但是，主或许教导我们不要将盼望寄托之上的事，他却为约伯成就了，由此我们应当看到，上帝与约伯同在，因为他既令没有让约伯重得所失，也确确实实地为他预备了冠冕，但这冠冕是隐而未现的，是我们的眼睛所不能见的。那么，圣经又是怎样劝人忍耐，并盼望将来的而不是眼前的事呢？经上说："你们听见过约伯的忍耐，也知道主给他的结局。"④这里为什么说"约伯的忍耐"，而不是"你们听见约伯自己的结局？"你或许满心期待那"双倍的"，或许会说，"感谢上帝，让我能忍受，也像约伯那样收回双份。"

---

① "耶和华随己意而行"一句的拉丁译文译自七十士译本。
② 《约伯记》1：21。
③ 《约伯记》2：10。
④ 《雅各书》5：11。——中译者注

请注意，是"约伯的忍耐，主给他的结局"。我们知道约伯的忍耐，也知道主给的结局。什么是主给结局呢？《诗篇》中写道："我的上帝，我的上帝，为什么离弃我？"①这也是主耶稣在十字架上说的话。他之所以这样说，是由于就今世的福分而言，他被离弃了，而就永生而言，他并没有被离弃。这就是"主给他的结局"：犹太人捉拿他，羞辱他，捆绑他，给他戴上荆棘冠冕，啐吐沫侮辱他，鞭打他，劈头盖脸地诽谤他，把他挂在十字架上，用长矛刺他，最后置他于死地。他的确是被离弃了，然而是被谁离弃的呢？只是被那些羞辱他的人。因此，你们只是要为此结局而忍耐，这样你们就能从死里复活，而且不再死，也就是永不死，甚至像基督那样，"基督既从死里复活，就不再死。"②

11. 你们要相信，"**他升天；**"要相信，他"**坐在全能父上帝的右边**"。所谓"坐"，你们要理解为"居住"，正如［在拉丁文中］人们说，某人"在那个国家居住（sedit）了三年"。圣经中也有同样的表达方式，说某人多日住在（sedisse）某城。③难道说他一直坐着，从没有站起来吗？上述经文中的"住"被说成是"坐"（sedes）。④人们（在这种意义上的）"坐"在那里，难道是久坐不动，不站起来，不走路，也不躺下吗？然而，他们却被说成是"坐"着（sedes）。于是，你们就应相信基督"住在"全能父上帝的右边；他只是在那里。你们心里不要这样对自己说，他在那里做什么？你们不要想去探求不容许我们知道的事，你们只须知道基督在那里，就足够了。基督是有福的，"全能父上帝的右边"就是"有福"的意思，基督之名本身就是祝福，就是父的右边。因为我们

---

① 《诗篇》22：1。
② 《罗马书》6：9。奥古斯丁所述的信经似乎不含"下到阴间"的条文。
③ 《列王纪上》2：38。根据七十士译本。
④ 参阅奥古斯丁讲道第二百一十四篇。

若用属世的观念解释它,基督既坐在父的右边,父必然就在基督的左边了;这样将他们放在一起,子在右边,父在左边,难道符合敬虔的原则吗?在圣父、圣子那里只有"右边",因为在那里没有痛苦忧伤。

12. **"将来必从那里降临,审判活人,死人。"** 活人就是到那时仍然存活着的人;死人就是在那之前已离世的人。"活人、死人"也可以这样理解:活人指义人,死人指不义的人。因为基督必将审判这两种人,照各人的义或不义施行赏罚。在审判中,他要对义人说:"你们这蒙我父赐福的,可来承受那创世以来为你们所预备的国。"①你们要为此而预备自己,为此而生盼望,为此而活,并且这样活着,为此而信,为此而受洗,为的是基督将来能对你们这样说:"你们这蒙我父赐福的,可来承受那创世以来为你们所预备的国。"对那"左边"的,他会怎样说呢?"进入那为魔鬼和他的使者所预备的永火里去!"②死人和活人就要像这样受基督的审判。我们已论到基督的第一次出生,是在时间之外;论到时间满足了的时候,基督从童贞女降生;论到基督受难;论到基督再来施行审判。关于上帝的独生子,我们的主基督,该论到的我们都已经论到。但对于三一真神上帝来说,这还没有完全。

13. 《使徒信经》接下来是:**"我信圣灵。"** 这三一真神是同一位上帝,同一性质,同一本体,同一权柄;三一真神具有至高的品质,永不分离,永不相异,永在亲密的互爱③之中。你们是否知道这圣灵是上帝呢?你们受洗之后,将成为圣灵的殿。使徒保罗说,"岂不知你们的身子就是圣灵的殿吗?这圣灵是从上帝而来,住在你们里头的"。④殿是

---

① 《马太福音》25:34。
② 《马太福音》25:41。
③ "爱"译自拉丁原文 charitas。
④ 《哥林多前书》6:19。

为上帝而立,兼国王、祭司于一身的所罗门当初也受命为上帝建一座圣殿。假如他建殿是为太阳、月亮、某个星宿或天使,上帝岂不是要定他的罪吗?所以,他用为上帝建殿表明了自己是敬拜上帝的。他用什么建殿?是用土木砖石,上帝恩准他的仆人在地上为他建造一座殿宇,在那里人们可以求告他,在那里人们可以记念他。就此,有福的司提反说道:"所罗门为上帝造成殿宇。其实,至高者并不住人手所造的。"①而我们的身体若是圣灵的殿,那么为圣灵建殿的上帝又怎样呢?建这殿就是上帝。因为我们的身体若是圣灵的殿,那为圣灵建殿的,就正是造了我们身体的那一位。请听使徒保罗所说的:"上帝配搭这身子,把加倍的体面给那有缺欠的肢体,"②这里,他当然是在指教会身体上不可分离的诸肢体。上帝造了我们的身体。野地里的草既是上帝造的,我们的身体又会是谁造的呢?我们如何证明草是上帝所造?是谁装饰了它,谁就是创造了它。请读一读《马太福音》是怎样说的:"野地里的草今天还在,明天就丢在炉里,上帝还给它这样的装饰。"③所以说,那装饰者就是创造者。使徒保罗也说:"无知的人哪,你所种的若不死就不能生。并且你所种的不是那将来的形体,不过是子粒,即如麦子,或是别样的谷。但上帝随自己的意思给他一个形体,并叫各等子粒各有自己的形体。"④那么,上帝若是建造了我们的身体,建造了我们的肢体,而我们的身体又是圣灵的殿,你们就不应怀疑圣灵就是上帝。也不要在此之上添加什么,就仿佛圣灵是第三位上帝,圣父、圣子、圣灵是一位上帝。你们要这样相信。

---

① 《使徒行传》7:47、48。
② 《哥林多前书》12:24。
③ 《马太福音》6:30。
④ 《哥林多前书》15:36—38。

14.《信经》在托付三一上帝的信仰之后的内容是"**圣而公之教会**"。它在指明上帝是信仰的对象之后，接着就指向上帝的殿。使徒保罗说："上帝的殿是圣的，这殿就是你们。"①这就是上帝的圣教会，那合一的教会，真正的教会，公教会，与各种异端抗争的教会；教会有能力抗争，却不会被击倒。至于各种异端，它们到处滋蔓，正如从葡萄树上被修剪掉的无用枝条一般。而教会本身却连接在根系之上，连接在葡萄树上，植根于仁爱之中。"阴间的权柄不能胜过它。"②

15."**罪得赦免**。"你们在接受洗礼时，要完全相信这条信经。你们当中不要有人说："我犯了这样那样的罪，也许洗礼也不能使我得赦免。"你都做了什么？你犯了多么重大的罪行？举出你犯过的任何滔天罪行，那些十恶不赦的，耸人听闻的，让你想起来都胆战心惊的；你曾经为所欲为，但你可曾杀害过基督？没有什么罪行比这更严重的了，因为也没有什么事物比基督更美善。杀害基督是何等极端的罪行啊！然而，犹太人居然杀害了他，后来他们当中竟有许多人信了他，喝了他的血，他们所犯的罪于是得到赦免。你们在受浸之后，要在上帝的诫命中谨守正直的生活，那样你们就可以保有自己所受的洗礼，直到末了。我不是在对你们说，你们将活在世上而没有罪；而是说，你们的罪是可以得宽恕的，在今世的生活中，你们不可能没有罪。洗礼是为洗净我们以往一切的罪而设立的，祷告是为使我们摆脱无可避免的较轻的罪而设立的。③主祷文中对此是怎样说的呢？"免我们债，如同我们免了人的债。"④在洗礼中，我们彻底得到洁净，在祷告中，我们每

---

① 《哥林多前书》3：17。
② 《马太福音》16：18。[见拉丁文修订版圣经]
③ "设立"一词译自拉丁文原文的 *inventus*，英译本中译作 provided。
④ 《马太福音》6：12。见拉丁文修订版圣经。

日得到洁净。只是千万不要犯使你们必须从基督的身体上除去的罪，千万要远离那些罪！你们看到那些做苦修①的是犯了重罪的人，要么是犯了奸淫，要么是犯了其他重罪，他们是为此而苦修。他们若只是犯有轻罪，每日的祷告就足以涂抹其罪。

16. 在教会里于是有三种赦罪方式：一是借洗礼，二是借祷告，三是借苦修的更大谦卑，然而，上帝只为受过洗的人赦罪。他最初的赦免罪就不外乎对受洗之人。是在什么时候？就是在他们受浸的同时。此后，他为祷告和苦修的人赦罪，这也无非是针对已受浸的人而言。原因是，尚未重生成为上帝儿女的人，如何能称他为"我们天上的父"呢？决志而未受洗的人只要尚处于这种状态，就仍带着自己所有的罪。已决志的人尚且如此，更何况异教徒，更何况异端了。不过，对于异端，我们不会改变他们受过浸的事实。为什么呢？因为他们如同逃兵带有士兵的标记一样②，也带有洗礼的标记；只是那些人却要因这标记而被定罪，而不是因此而受冠冕。可是这逃兵若是改邪归正，从此履行士兵的职责，又有谁敢于改变他的标记呢？

17. 我们也信"**身体复活**"，我们是因基督的复活而复活；这身体也因着头的复活而有了盼望。教会的头就是基督，而教会就是基督的身体。我们的头复活、升天了；头在哪里，各肢体也必将在哪里。圣徒的身体将怎样复活？信经为不让人或以为这复活就像拉撒路复活一样，且让你们知道并非如此，因此又加上"**我信永生**"一句。愿上帝重生你们！愿上帝保佑和保守你们！愿上帝带领你们安然地归向他自己，他就是永生。阿们。

---

① "做苦修"译自拉丁原文的 *agere paenitentiam*，英文译作 doing penance。
② "标记"译自拉丁原文的 *characterem*，英文译作 mark。

信之功用

英译本导读

皮尔逊·尼基拉(Pertti Nikkilä)

奥古斯丁在《订正录》中提到，《信之功用》(De Utilitate Credendi)是他在做长老时为一信摩尼教的朋友所写。奥古斯丁于391年在希波就任长老，而本书是他任期中最早的著作之一。作者为之著述的霍诺拉图斯后来似从摩尼教的谬误中觉醒。大公教会强调的是首先要信，而不是求证。摩尼教正是在这一点上对公教攻击最烈。《信之功用》则是对摩尼教论点的驳斥。①

《信之功用》是一部护教作品，作者力图在其中将基督教的真理与摩尼教学说做对比，以说服霍诺拉图斯。基督教、摩尼教两者的根本区别在于，他们对圣经——尤其是旧约——的态度不同。正因如此，本书特别强调了圣经的重要性及涵义。在释经上，奥古斯丁通常依照整个基督教社会或公教对经文的理解模式。这就是群体释经原则。奥

---

① 比较奥古斯丁与帕斯卡尔观点，参阅：Siris (Smithsonian Institution Research Information System), A Golden Chain from Tar-Water to the Trinity, With Thoughts Relating to Philosophy, Christian Theology, and the Universe Generally Monday, April 18, 2005. Augustine on the Utility of Believing。

古斯丁的释经观点同时也以基督论神学为基础。在本书中，他另有一释经观点足以使他的朋友霍诺拉图斯加入基督徒的行列，那就是他所论证的——信，是无可回避的前提。①

本文的各节概要如下：

1. 奥古斯丁写道，有些异端分子是在为自己谋利，他们蒙蔽了霍诺拉图斯。为此缘故，奥古斯丁为霍诺拉图斯写下了这本题为《信之功用》的著作。作者说，他是怀着敬畏和友善的心写作的。

2. 奥古斯丁说，摩尼教徒声称能使一切愿意信从他们说教的人摆脱谬误。作者还指出如下事实：他自己也曾信从他们，并发现他们使人自动落入他们的网罗。

3. 奥古斯丁还表明，他曾一度深深地为有害的今世享乐所缠累。他生命中的这一谬误却不是来自摩尼教，因为他们也曾劝他抛弃那种享乐。

4. 摩尼教惯用的方法是企图从公教信仰和旧约中挑错。作者在阐述中毫无诡诈，因此当以辨明真理为目的来接受他的观点。他坚信，只要他热爱真理，珍重友谊，上帝就不会让他劳而无功。②

5. 奥古斯丁在本节中解释了一些希腊文的释经概念，比如，他说 etiology（起因）意在表示经文中一些言行之所以使然的原因；analogy（类比）用以表示出新旧两约相互不矛盾；而 allegory（寓意、讽喻）表示

---

① "《信之功用》与《论基督教教义》都以圣经经文的涵义问题为突出的主题。"参阅：St. Augustine's Hermeneutics of Friendship: *A Consideration of De Utilitate Credendi*, 10–13, 并参考作者本人的认信过程，见《忏悔录》第八卷。

② 关于摩尼教，参阅 Peter Brown 的 Religion and Society in the Age of Saint Augustine, Harper & Row, Publishers, New York, Evanston, San Francisco, London, 1972, pp. 94–118. 该文亦见于 *The Journal of Roman Studies*, LIX. 1969, pp. 92–103.

对隐喻文字的解读。①

6—8 奥古斯丁以耶稣和使徒如何运用上述原则作范例。

7. 将新旧两约加以类比，就看出圣经的经文不可能是被篡改了的。奥古斯丁描述了摩尼教徒如何声称圣经遭到了篡改。摩尼教徒的信息越是有影响力，对他们的反驳就越少。但奥古斯丁本人和霍诺拉图斯是在用比常人更为谨慎的态度作出自己的判断。摩尼教徒声称他们的创始人摩尼是使徒之一，还说圣灵是通过他差遣而来的。作者援引了使徒行传，以说明圣灵究竟是如何差遣下来的。摩尼教说《使徒行传》在摩尼的时代之前受到了篡改，它将律法和福音融为一体。奥古斯丁不接受这种说法。

8. 作者举例说明，耶稣在诠释约拿的故事时使用的就是类比的方法。耶稣说，约拿怎样三日三夜在大鱼腹中，人子耶稣基督也将怎样三日三夜在地里头。根据使徒保罗的观点，犹太人出埃及也是对尔后

---

① 参阅 Thomas Williams, Biblical Interpretation, in The Cambridge Companion to Augustine, Edited by Eleonore Stump and Norman Kretzmann, Cambridge University Press, 2001, pp. 59 – 70。

　　有关教会权威的论述，参阅 Robert B. Eno, S. S., *Teaching Authority in the Early Church*, *Message of the Fathers of the Church*, General Editor: Thomas Halton, Volume 14, Michael Glazier, Inc. Wilmington, Delaware 1984. Eno 在其中列举了奥古斯丁不同著作中关于教会教导之权威的论述, pp. 126 – 140. *The Trinity*, Ⅲ. 11. 22., Ⅳ. 6. 10., *True Religion*, 24. 45., *The Morals of the Catholic Church*, Ⅰ. 25, 47., *Against the Academics*, Ⅲ. 23. 43., *Enchiridion*, 1. 5., *Confessions*, Ⅵ. 5. 8., *On the Gospel of John*, ⅩⅩⅩ. 1., *Against Faustus*, ⅩⅠ. 5., Letter 28 and 82 to Jerome, 28. 3., 82. 3., Letter 148 to Fortunatianius, 148. 15., *Christian Doctrine*, Ⅱ. 8. 12., *Sermon* 7. 13., *Faith and the Creed*, 1. 1., *Sermon to the Catechumens on the Creed*, 1. 1., Letter 164 to Evodius of Uzalis, 164. 6., *Against Cresconius*, Ⅰ. 33. 39., *Against the (Manichaean) letter called Fundamental*, Ⅴ. 6., ⅩⅣ. 18., Ⅳ. 5., *Sermon* 117. 6., *On the Gospel of John*, 97. 4., *The Trinity* Ⅲ Preface, 2., *Against Julian (of Eclanum)*, Ⅰ. 7. 34., *Against Faustus*, ⅩⅢ. 5., *The Unfinished Work against Julian (of Eclanum)*, Ⅰ. 11., *Against Julian*, Ⅱ. 10. 37., *Sermon* 37. 3., *On Baptism*, Ⅱ. 3. 4., Ⅴ. 17. 23。

　　奥古斯丁的一个神学方法论的原则是"严守信仰的权威，其源头是基督之权威，是圣经所表达的，也存在于教会传统之中"。见 Agostino Trape, Saint Augustine in Patrology, edited by Angelo Di Berardino, Volume Ⅳ, The Golden Age of Latin Patristic Literature form the Council of Nicea to the Council of Chalcedon, Christian Classics, Inc, Westminster Maryland 1992, pp. 342 – 462, 425。

基督徒的讽喻。

9. 作者阐述了律法与福音的区别。对于不能靠说理将之从罪中挽救的人，上帝只好用律法来约束，用惩罚来警戒，而基督的恩典却使我们从律法中得自由。但是恩典并不是要废弃律法，而是邀请我们顺服律法，不再做惧怕律法的奴仆。在律法奴役下的人无法理解恩典的白白赐予来自于上帝。使徒保罗则称这些人为"不信的人"，因为他们不相信，借着耶稣基督，他们已从律法捆绑下得自由。作者援引保罗的说法，"律法是我们训蒙的师傅，引我们到基督那里"（加拉太书3：24），并对此解释说，上帝先是赐人一位值得惧怕的训蒙师傅，后来又赐给他们一位值得敬爱的主（耶稣基督）。基督徒如今不允许再守律法的一些规条，如安息日、割礼、献祭等。作者认为，凭字句理解诫命有损于上帝的话语，唯有在圣灵里揭示出其精意，这些诫命才成为有益的。旧约蒙着一方帕子，使我们难解其意。而基督将它除去了，使旧约的真意彻底显明出来，也使人们明白旧约成为可能，若没有基督，旧约的真意则是扑朔迷离，被掩盖着的（哥林多后书3：14—16）。保罗不是说律法或旧约被废弃了，而是说蒙在旧约精意上的帕子因着主的恩典被揭去了。于是，旧约与新约是彼此完全吻合的。这意味着基督是旧约文字的释经之匙。①

10. 在解读文字时，人们可能发生三种类型的误解。第一种是误解作者本来是正确的本意；第二种情形不常发生，即将作者本来错误的本意看成是正确的；第三种是误解作者本来不正确的本意，其误解的方式却成为有益的，这种误解所带来善意的解读使错误或多或少地得

---

① 奥古斯丁此语不仅预示了《论基督教教义》的中心论点，且也成为他整个释经工作中的试金石。不过，此处作者不愿就此多着笔墨，以阐明如何运用基督论解释"如此伟大的奥秘"。

到弥补。奥古斯丁举例说明了上述各种错误。10—13中提出的释经原则是出于作者对霍诺拉图斯能否得救的关注,他期盼后者因接受大公教会的信仰而得救。①

11. 何谓其作品"有益于人类及其福祉"的好作者。

12. 所谓"大公教会的错误"属于上述三种错误中的哪一种。驳倒摩尼教的指控并不难。奥古斯丁举荐自己为可靠的权威与教师,因为他所相信的与摩尼教恰恰相反,他相信旧约的作者们"为了人类的好处而将其所知所见记录下来,他们是超凡的人,是属天的人"。

13. 总体而言,读者与作者的关系与是否能解读文字的真意关系重大,怀着敌意则无法真正了解作者文字的真意。

奥古斯丁向霍诺拉图斯确言自己对旧约经文评价甚高。他鄙视那些对自己试图解释的书卷持敌对态度的所谓"解经者",因为他们很可能根本没有读懂自己所解释的内容。真正的信仰要求人必须以"敬虔与祈祷的心"从事研究。作者假设霍诺拉图斯爱圣经的作者,他认为,假如他恨恶那些作者,便失去了认识他们的著作的任何前提。②

---

① 与本文形成对比的是作者约五年后发表的《论基督教教义》,后者正式且系统得多地阐释了文字的解读问题。"然而,看到此处奥古斯丁的想法在释经方面尚属简单且不成熟,他早期的努力却不应被轻易抹煞或贬低。用更宽泛的语言来讲,我们应抵制一种现代教条,即认为某些论点、思想,或思想体系的前后两种阐释,后者自然较前者精深,往往更有价值,推理和逻辑上也更严谨。《信之功用》的释经观点是'实际情况下的释经学',它单纯以朋友之信主(从而得救)为目的,然而在上述各方面均不逊色。"参阅 St. Augustine's Hermeneutics of Friendship: A Consideration of De Utilitate Credendi, 10 – 13, 关于作者自身的信主经过,参阅《忏悔录》第八章。

② 奥古斯丁一贯认为,通过理性培育对上帝的认知是一个人深层的、与经历有关的、内省式的努力。这是出自异象(vision)的寻求——这种异象借着更深的神学认识赋予人信心。就奥古斯丁而言,这一过程是由潜心思索上帝的启示与创造而完成的:"奥古斯丁会让每个人通过对经文和上帝之创造的省思,也通过反省自己的内心,以求得见上帝的面。"他强调圣经的功效,正是因为"(圣经中的)一切内容极为超越,是来自上帝的,真理全然蕴含于其中,学习它极有益于人心灵的苏醒与更新"(《信之功用》13节)。通过对圣经"绝妙的深思",信徒是在与上帝进行着某种交谈(《忏悔录》第十三卷,第十八章。奥古斯丁向上帝祈祷说:"求你对我讲话,与我交谈吧。我信你的书卷,其中的话语充满了奥秘"(《忏悔录》第十二卷,第十章)。他还盼咐信徒们从基督的信息中寻求其真意(《书信第一百一十八封》4.32)。参阅 Visio et Ratio: Toward a Reconciliation of the Augustinian and Thomistic Traditions by Nathan J. Jun (Loyola University Chicago)。

14. 奥古斯丁有意探寻公教信仰的奥秘,并向那些想要爱护自己灵魂的人表明,结出"属灵的果子"和"认识真理"都是有希望的。人的灵魂若是受到祝福,就无须担忧死后将会发生什么事。真正的宗教信仰是为灵魂的缘故而赐下的。人的灵魂深陷于谬误与愚昧之中,它总是在寻求通向真理的道路,冥冥中知道真理是存在的。在获得且认识智慧之前,这灵魂错误百出,冥顽不灵。"也许这智慧就是真正的宗教。"作者说,如果情况对于霍诺拉图斯来说不是这样,就请他原谅;而假若他意识到奥古斯丁所说的在他也是事实,那么作者就愿同他一起寻求真理。

15. 教导人的人有很多,其中有些是为人类所普遍接受的。我们应当对这些人加以考察,看他们是否拥有真理。假如我们这样做而犯错误,便是与人类同错。

16. 假若只有少数人拥有真理,你知道谁拥有它,就等于说你已知晓什么是真理了。很多人都想成为优秀的演说家,但只有极少数人获得成功。奥古斯丁问道,假如真正的宗教信仰亦如此,又该如何?为数众多的人参加教会的崇拜,若其中只有少数受到奥秘真理的完好装备,又该如何?

17. 我们在研读诗作的时候,必须有教师指导。在研究基督教时则更有理由这样做,因为它被视为最神圣的事。圣经中的某些内容似乎冒犯那些对其无知的人,因此我们应找出其中隐藏的涵义。

18. 任何的法律都不阻止我们寻求公教信仰。

19. 若想找到能洁净、更新自己灵魂的宗教信仰,就须先到大公教会那里去寻找。公教只有一个,而在以基督教为名的团体中异端却不鲜见,它们无一不想被人看作公教。

20. 奥古斯丁述说了自己在寻求真理和寻求属天权威中所遇到的

困难。他曾怀着满心的痛苦祈求上帝在其寻求中帮助他。他与米兰主教安布罗斯探讨旧约,从而决定参加教会里的信徒入门课程。任何一位教师都可以看到他学习的热诚。奥古斯丁写道,倘若霍诺拉图斯发觉自己与他当时的处境相似,且关心自己的灵魂,他就劝他"遵循公教教导的路径"。因为它的教导源自基督本身,经使徒传给我们,日后还将传给子孙后代。①

21. 奥古斯丁无法否认,各异端也都这样自诩,同时还声称不勉强别人相信,只是教导人而已。许多人喜欢如此,容自己蒙受异端的欺哄。在奥古斯丁看来,一个真正的宗教信仰若想让人接受它,首先必须具有"相当有分量的权威性"。

22. 奥古斯丁认为,霍诺拉图斯需要令人信服的理由说明他为什么先要学习信,然后再学习思辨。他请霍诺拉图斯告诉他,为什么他认为人们不应当信。霍诺拉图斯认为,怀疑者若怀疑一切自己未确证的事,这是过错;而"轻信者"对他不了解的事物不加怀疑,这过错比怀疑者更严重。奥古斯丁接受这一区分。**好奇者**求得了解与自己完全无关的事。**好学者**寻求了解与自己有关的事,如关于自己家人的近情。但一个只想了解家人情况,不关心其他事的人,不足以称为好学。好学者寻求了解与学识和心灵有关的事物。

23. "信"与"轻信"是两种不同的概念。尽管如此,两者都有过错,就如同喝酒、酗酒皆有过错一样。信宗教也可能有过错。奥古斯丁希望自己能清楚地表明,在宗教信仰上,最好是先信其然而后知其所以然。

24. 根据奥古斯丁的观点,唯有少数人有资质以明白何以人类的灵

---

① 关于寻求真理,参阅 *Trinity*, IX, 1. pp. 270, 271。

魂会被引向认识上帝。霍诺拉图斯也许不能回答他自己是否也在这少数人之列。他仍不愿意信。假如他认为自己有上述资质,那些不具备如此资质的人是应被宗教拒之门外,还是让他们慢慢地获得能回答该问题所需要的进步呢?不能想象有谁会在认识真理上遭到拒绝。奥古斯丁假设霍诺拉图斯认为人只有先相信真理,才能达到认识真理的目标。那么,像霍诺拉图斯这类能凭可靠思维了解属天奥秘的天才人物相信在先也并无害处。所以,接受真理并相信"那些上帝指定来服务于文化和医治人心"的内容是有益的。

25. 有两种人"在宗教信仰上是值得赞赏的":(1)那些已找到真理的人,他们是最受祝福的人;(2)那些正在寻求的人,且循着正确的道路,他们终将达至寻求的目标。有三类人在此问题上是不可取的:(1)那些固执己见的人,他们以不知为知之;(2)那些意识到自己不知,却不去求知的人;(3)那些既不认为自己"知之"也不求知的人。为了解 *fides quaerens intellectum*(拉丁文"由信而知"之意)这一公式的含义,我们必须重视奥古斯丁在认识论上的等级体系(epistemic hierarchy)。观点可分三类:(1)从来都是正确的观点;(2)有时是错误的观点;(3)从来都是错误的观点。

再者,"信仰"或"信"通常被理解为"相信"。人们相信某些事物是借着他人或机构之广受信赖的权威。而"知识"则相反,其定义是"人们亲身通过理性认识某一事物"。①

奥古斯丁说,任何人的认识也是一种相信,他们的观点同样是一

---

① 此处值得指出的是,奥古斯丁在谈论真信仰时所采用的"知识"的定义不是现代特有的定义。事实上,知识与信仰截然不同。因此,任何人依据他人的见证而相信某一事物,都应力求自己亲身经历它,从而认识它。(*De Ord.*, 2.9.26; *Contra Acad.*, 3.20.43; *Of True Religion*, 24.45.)参见 Visio et Ratio: Toward a Reconciliation of the Augustinian and Thomistic Traditions by Nathan J. Jun (Loyola University Chicago)。

种相信。并非每个相信的人都对其相信的事物有认识,而没有一个固执己见的人能对其固执的事物达到真正的认识。

作者无从得知,在日常生活中人们若什么都不相信则意味着什么。那些随机行事的人与其说是一无所知,不如说是一无所信。认为有机会其实就意味着相信它是机会。

对抗真理的人有两种,一种人反对知,却不反对信;另一种人知、信皆加反对。那些声称人不该信任何自己不了解的事物的人试图抗辩"固执己见"的名声。奥古斯丁的意思是说那些人的抗辩没有恰当的理由。这些人十分可悲。他们应当想到,自以为知与某些权威人士使人们了解他们不知的事,这两者是不同的。后一种人可以免于犯错。①

26. 假使我们不相信任何自己不能完全认识的事物,人类社会则无法正常运作。

27. 对愚拙人来说,信从有智慧的人胜于信从自己的判断。正确的理性就是善德。有智慧的人不犯罪。愚拙人除非听从有智慧之人的带领,就会在相应的事情上犯罪。不犯罪好过犯罪。愚拙人若能作智慧人的奴仆,他的日子会更好过。在日常事务中如此,在宗教信仰上这样做更重要。假如我们愚拙,又想要拥有"美好而有宗教信仰的生活",我

---

① 尽管奥古斯丁认为权威所授之信为时在先,认识在后(参看 De Mor., 1.2.3; De Ord., 2.9.26),但他与柏拉图都强调说,亲自认识强于仅仅相信。参看 Visio et Ratio: Toward a Reconciliation of the Augustinian and Thomistic Traditions by Nathan J. Jun (Loyola University Chicago)。

有关信仰与理性的问题,亦可参考:Augustinus, Uber Schau und Gegenwart des unsichtbaren Gottes, Texte mit Eifuhrung und Ubersetzung von Erich Naab, Mystik in Geschichte und Gegenwart, Texte und Untersuchungen, Abteilung I, Christliche Mystik, Herausgegeben von Margot Schmidt und Helmut Riedlinger, Band 14, frommann-holzboog, Stuttgart-Bad Cannstatt 1998. Printed in Gulde-Druck Tubingen。

有关知识、真理与认识的问题,请参考 Trinity XV, 17 – 19, pp. 407 – 409。

们就只得求教于有智慧的人。奥古斯丁将他自己以及霍诺拉图斯都置于"愚拙人"之列,其谦卑不能不令人叹服。

28. 然而,要找到一个有智慧的人实属不易。人只要是愚拙的,就无从得知谁是能使他们摆脱"愚拙之恶"的智慧人。

29. 唯有上帝能为此难题提供答案。寻求宗教信仰的人必然会寻到信仰。

30. 我若不相信一宗教存在,就不会去寻求它。若是我不相信什么,也不会到阻止我相信的人那里去。那样做是愚蠢的。上帝指引我如何寻求真正的宗教信仰,他说,"寻找的,就寻见"(马太福音7:8)。

31. 奥古斯丁承认他已经信了基督。他可以肯定基督所言是千真万确的,尽管不受理性的支持。作者凭借的是古时许多人的有力见证。异端的人如此之少,以至于提不出任何值得接纳为权威的东西。奥古斯丁的意思似乎是,甚至是那些希望他按他们的方式去信的异端,只要他们相信什么,也需要借助权威。

32. 那些声称没有无可置疑的根据就不该信基督的人,其实不是基督徒。这也是某些异教徒反对奥古斯丁教义的说法。基督之所以行神迹,就是为了让人们能相信他。"基督曾经用愚拙人的信带领他们;而你(霍诺拉图斯)用的却是理性。"耶稣曾赞扬那些信他的人,而你却指责他们。[1]

---

[1] 坎本豪森视奥古斯丁对神迹的态度为"出奇的,近乎感情用事的天真与轻信。这位思维缜密的思想家对所有历史真实性问题未显露出丝毫的批评态度。在此方面,他使中世纪崇尚奇迹之风畅行无阻。"参看:About miracles, Hans Von Campenhausen, *The Fathers of the Latin Church*, *Adam and Charles Black*, London, 1864, pp. 266, 267。然而,奥古斯丁视神迹为真实历史现象的态度更符合后现代的思维方式,而非现代的思维方式。坎本豪森的评论多随从现代观点。见 Stanley J. Grentz, *A Primer on Postmodernism*, William B. Eerdmans Publishing Company, Grand Rapids, Michigan, 1996, pp. 165 – 171。

33. 奥古斯丁写道，霍诺拉图斯的心若向往幸福生活，他就力劝他祈求上帝，让他摆脱"谬误之恶"。只要他甘心顺服公教会所认同的上帝的诫命，得到幸福生活是可能的。

34. 奥古斯丁劝霍诺拉图斯从爱世界转而爱上帝。"这是唯一能驱使愚拙人朝着智慧疾行的权威。""也就是说，一个人唯有与教会的权威交流，才能尽快走上正确的道路，即从入门者走上认识真理之路。"①

受权威的蒙蔽固然可悲，但不能受激发而觉醒更可悲。那些无法得见真理的人因着神迹并因着信者之众而对真理折服，但有智慧的人无需借神迹或信者之众而立论。有些奇迹——如有人在飞——只能使人称奇。而基督所行的诸多神迹则使世人的心灵转向了属天的权威。霍诺拉图斯会问，为什么如今不再有神迹了？作者回答说，神迹若不出人意外便无从使人猛醒，而常见的神迹则会使人见怪不怪，他列举了很多这类的神迹，诸如昼夜更替、四季轮转，以及光，等等。②

---

① "如此入门者若走弯路，从重新发明车轮开始——即靠自己重新发现上帝早已向教会启示的，一位公教教师就能传递给他的一切——则会使自己的进步严重滞后。这也正如要上法庭的人与其自己从头学习法律，不如将案子委托给一位法律专家，寻求真理的人也同样，不如听由一位向导带领自己，这种向导犹如存有上帝与人之真理的公教会输出真理的管道。"参阅 Entrusting Ourselves: in fides et ratio and in Augustineg's De Utilitate Credendi, Anne Barbeau Gardiner。
② 奥古斯丁在其后来的著作中称，在他所处的时代也存在着许多神迹奇事。根据 Benjamin B. Warfield 的 *Counterfeit Miracles* 一书的说法，"奥古斯丁对于当代奇迹由衷相信…… 是逐渐形成的，表现在他所罗列的许多事件上……[如，他晚期著作《上帝之城》(413—426) 第二十八章所记。] 直到他回到非洲 (其神学需要得到满足) 数年后，才较易见到他的如此说法。"
到了奥古斯丁一生近乎末期，他以《订正录》一书 (427) 回顾自己以往著述时说 (第一卷，第十四章，第五节)，他先前并不是说在他的时代不再有神迹，而是指再也不会发生耶稣当初所行的那种伟大的神迹，而且不是耶稣行过的每一种神迹都会不断地重复。参阅: Some Thoughts on Miracles, Prophecy, 和 Hester Panim by "Ammi ben Hoshea"。
有关神迹，另请参阅: Augustine, *The Trinity* III, 11, 12, 19, The Trinity, *The Works of Saint Augustine*, a translation for the 21st century, introduction, translation, and notes Edmund Hill, O. P., *Augustinian Heritage Institute*, *The Works of Saint Augustine*, part I, Books, Volume 5, *The Trinity*, New City Press, Brooklyn, New York, 1991, pp. 133, 134, 139, Benedict J. Groeschel, Augustine, *Major Writings*, *The Crossroads Spiritual Legacy Series*, Edited by John Farina, Crossroads, New York, 1999, p. 122。

35. 我们可以反对、厌恶恶习，即过度的情欲，但很少有人行禁食、忍耐、周济贫寒这类的善事，行得有智慧的更少。万民都认同、喜爱这种事，又责备自己软弱不能行。若要行出这些善行，万民之心需要被领到上帝面前，需要有"某些善德的火花"。上帝已借着先知、基督的教训，使徒、殉道士、圣徒、神迹带领万民。我们在看到上帝大能的帮助及其伟大的进展和果效时，就应给予教会最高的权威地位。通向智慧和心灵健康的道路，是信心预备心灵从事理性思考的道路。若有人对上帝的如此帮助不知感恩，他就是在抗拒那权威。而且不学习充满属天奥秘的书卷是"十足的鲁莽和傲慢"。

36. 奥古斯丁认为，如果这些道理能感动霍诺拉图斯，如果他想要善待自己的灵魂，就要让大公基督教来带领自己，还应开始向上帝祈求，是上帝因他的恩慈而创造了我们，又使我们得自由。

由最有学识的真正基督徒所写的著作很多，这些著作、思想足以使霍诺拉图斯借以找到他正在寻找的真理。奥古斯丁劝他离弃那些恶人，恶人找到的只有恶。上帝不是恶的始作俑者，罪与恶也不是由上帝支配的。假教师们称旧约的教义与此相反。从公教会奥古斯丁学到了很多完全无法指望从那些人那里学到的东西，如上帝不是物质的，用肉眼不能看见他的任何一部分，他的性质都是不可改变或扭曲的，也不是靠人构想或塑造而成的。

奥古斯丁提出问题：上帝没有创造恶，而上帝又创造了一切，他又使我们从恶的奴役中得自由，这如何可能？

理性证明了这些都是成立的，没有疑问。

在本书末尾，奥古斯丁说他还没有开始驳斥摩尼教的谬误，也还没有阐述公教的教义。他只是想清除霍诺拉图斯头脑中对真基督徒的错误看法，并促使他学习伟大的属天真理。

英译编者序言

奥古斯丁的《订正录》（第一卷，第十四章）写道：在希波—里季斯（Hippo-Regius）任长老时，我曾撰写《信之功用》一书。该书是为一位友人而写。这位友人受了摩尼教的欺蒙，据我所知，他当时仍为摩尼教的谬误所左右，嘲弄大公教会的信仰。这信仰首先要求于人的是信心，而不是先以确实的方法教导他们何为真理。该书以"*Si mihi Honorate，unum atque idem videretur esse*"等词句开篇。

奥古斯丁将《信之功用》列为他任长老之初所写的著作之一，他于391年初赴任此职。奥古斯丁为之著述的友人起初是被奥古斯丁引入歧途的，后来似从谬误中觉醒过来，事实至少如此，假如此人就是412年从迦太基修书向奥古斯丁提问，而奥古斯丁又为他写下《书信第一百四十封》的那一位。卡西奥多鲁斯（Cassiodorus）称此人为长老，尽管当时他尚未受洗。奥古斯丁在其《书信第八十三封》中提到另一位霍诺拉图斯长老的过世。在他一生的最后日子里，奥古斯丁还为一位同名的塔比纳（Thabenna）地区主教写下了《书信第二百二十八封》。——（本笃会编者）

《订正录》就本书的评论将在本书相关章节的脚注中引述。

正　文

1. 亲爱的霍诺拉图斯，假若异端分子与异端的盲从者毫无差别，我就会认为自己该对这一切有口不言，有笔不书，全然保持沉默。然而，这两者之间有着很大的差别。在我看来，异端是为了属世的好处——主要是为炫耀自己、出人头地——而炮制出荒谬新说，或散布道听途说的人。然而，相信此类人的人多是受了假真理、假敬虔的蒙蔽。正因如此，我不认为自己应就如何寻求、持守真理对你闭口不言。我从很年轻时起内心就燃烧着对真理的热爱，这你是知道的。但是，真理远离虚妄人之心，虚妄人在属世的路上走得太远，陷得太深，以为除他们用自己熟悉的感官所能感知的事物之外，什么都不存在；即便是在他们努力脱离五官感觉时，也仍脱离不了由此感觉而来的印象①与概念，他们以为凭借自己致命而虚妄的法则，便可万无一失地参透真理之莫测堂奥。我亲爱的朋友，声称或以为自己发现了真理是再容易不过的事了，然而你从此信中会看到，发现真理事实上是何等的艰难。我向上帝祈求且要不断祈求的是，此信能为你并为凡可能读到此

---

① "印象"一词拉丁原文作 *plagas*。

信的人带来益处，至少不要带来任何害处。我希望如此，因为①我明白自己是怀着敬虔和友善的心从事本书的写作的，决不以虚名或无谓的炫耀为目的。

2. 我此信的目的是尽已所能向你证实，摩尼教徒在未能得见公教信仰的真理之先，就抱着亵渎的心，贸然攻击接受大公信仰之权威的人，这真理唯为清洁之心所见，清心的人借着信的预备，才能得到上帝真理的光照。霍诺拉图斯，你是知道的，我当初落得与摩尼教徒为伍，其首要原因是那些人声称，他们不在乎一切权威的震慑，仅靠纯粹而简单的理性思维，就能将听信他们的人领到上帝面前，并使他们摆脱一切的谬误。在将近九年的时间里，还有什么能促使我摒弃自幼长辈深植我心中的基督教，而跟从且毫不厌倦地倾听那些人的胡言乱语呢？正是他们所谓，我们受了迷信的恫吓，这迷信驱使我们只知信，却不知用理性思考；而他们在让人探讨并辨明真理之前，却不逼着人信。②有谁不受这种承诺的诱惑，更何况是一心渴求真理的青年呢？其结果却是，那些所谓"学问人"的强辩将我变得目空一切，夸夸其谈。他们后来果真发现我变成这样的人——对被我看作是"老生常谈"的真信仰不屑一顾，却如饥似渴地吸纳、执迷于那些人声称是直白而纯粹的"真理"。但又是什么阻止我，使我没能全然与他们同流呢？我一直停留在他们称之为"聆听者"的层次，以便不放弃世俗的各种盼望和营生。之所以如此，是因为我观察到他们能言善辩，批驳他人有余，确凿而肯定地证实自己的教义却很不足。我何以要谈及我自己呢？因为，我起初是大公教会的基督徒，可后来在长久的饥渴，几近

---

① 此处拉丁原文作 si。
② 参阅《忏悔录》第一卷，第十一章；第五卷，第十四章。

枯竭焦灼之后，我又极力寻求能哺育我的乳汁，哭喊着、呻吟着，用嘴挤压着那乳房，以求在我当时的状态下吮出足够的乳汁，使我重新得力，将生命的盼望与救恩带回给我。我何以要谈及自己呢？因为，当时是在我的鼓动之下，还不是基督徒的你才勉强同意试听摩尼教徒讲什么，以看清你极为反感的那些人究竟如何。希望你还记得，当时使你欢欣的，不外乎他们的大胆假设和对于理性的承诺。他们高谈阔论，情辞激昂，极力反对无知人的谬误。直到后来，我才逐渐明白，那些是凡稍受过教育的人都极易办到的事。但凡他们向我传授了什么"教义"，我就以为自己不得不持守，因为当时我心中已不存任何可以坦然处之的其他东西了。他们用狡猾的捕鸟人惯用的手法对待我们，那些捕鸟人将涂了粘鸟胶的树枝放在水边，让口渴的鸟儿上当，他们堵塞、掩盖了周围的其他水源，或用惊吓的手法让鸟儿们恐慌，好让它们落入自己的圈套。他们不让鸟儿有自己的选择，而是利用鸟儿的急切需求使其落网。

3. 诚然，我可以反驳自己说，这类巧妙而无伤大雅的比喻，这类一般性的评价，可以被任何对手极为礼貌而有说服力地用来批评教导任何教义的人。但我认为，将如此内容放在自己的书信中，以警告那些人别再使用那套辩论模式是恰如其分的。正如有位诗人①所说："我们不要再隔靴搔痒，还是让我们就事实论事实，就情形论情形，就道理论道理吧。"当有人长期听他们讲道而最终离开时，请他们休要再总是说这样的话："光明全然在他身上消逝了。"其实我并不在乎他们怎样讲，我所关注的却是你，你会看到这种批评人的方法是何等简单而了无意义。我还是留给你去思考吧。因为我不担心你会认为，当我陷

---

① 指西塞罗。

入世俗生活中，以美貌的妻子、万贯的家财、空泛的声名还有其他有害、致命的享乐为自己暗淡的希望之时，才是被内心中的光明所充满。如你所知，在我还是他们热心的倾听者时，并没有停止过对那一切的依恋和盼望。我并不想将此归咎于他们的教导，我承认，他们曾谨慎地告诫我要警惕那些东西；我只是想说，难道我丢弃那些暗昧之事，并决心过仅仅满足身体健康所需的生活却是离弃了光明，而当我迷恋那些事，并为之捆绑之时，却是在光明的照耀之下；轻而言之，这些话表明了一个人对自己滔滔不绝所谈论的事毫无洞见。但现在，还是让我们言归正传吧。

4. 你清楚地知道，摩尼教徒借对大公信仰的责难，又主要借对旧约诋毁性的批判来影响对其内容无知之人，后者不了解当如何理解这些内容，这些内容又如何可以①在他们尚能哭喊②之时，深入他们的血脉神髓，以使他们受益。由于其中有些内容会使对其不了解或粗心的人感到受冒犯，这种人又为数不少，因此对这些内容的攻击不无市场。而有能力以通俗的方式为这些内容作辩护的人却不多，因为其中深藏着奥秘。为数不多有能力这样做的人偏偏又不喜欢常常出面，过多地谈论有争议的话题③，所以除非有人诚意寻访，这些人就鲜为人知。因此，有关摩尼教在对旧约和大公信仰问题上的草率态度，请你听一听我的见解。切望你能按我所写的本意接受这些内容。上帝知晓我良心中的一切秘密，他会了解，在这本小册子里我所写的毫无恶意，我只是希望我对真理的见证能被人接受。长久以来，我立志只为真理而活，而且我深深挂虑，生怕你我轻易地同入歧途，却难以共同

---

① "可以"，拉丁原文作 *Quatenus*。
② "哭喊"，拉丁原文作 *Vagientium*。
③ "话题"拉丁原文作 *Famigerula*。

走上正道。我大胆地①期望你能与我同走在智慧之路上。我为之奉献自己的上帝不会让我劳而无功，我日夜竭诚地仰望他，时常流泪向他祈求，因我知道，由于我的罪，由于以往的恶习，我的心灵之眼已被有害的观念所伤害，我软弱无力，无法得见他的面。长期处于黑暗与失明中的眼睛很难向骤然射向自己的光明张开，因而往往转而背向它，拒绝直面那渴望已久的光明，尤其是在有人想要将太阳本身指给它们看的时候。就我而言，我不否认无以言说且无与伦比的属灵之善是存在的，是人心可见的，但我也痛心悲泣着承认，我自己还不配得见它。尽管如此，只要我讲实话，只要我忠诚地履行自己的责任，只要我热爱真理，只要我珍视友谊，只要我诚惶诚恐地防止你受欺骗，他就不会让我徒劳无功。

5. 称作"旧约"的经文对于渴望真正了解它的人来说，是从历史（history）、起因（ætiology）、类比（analogy）和讽喻（allegory）四个层面展现在他们面前的。我使用希腊词汇，请不要以为不着边际。因为，首先这些词汇是我受教时原本的形式，我不敢向你传授我所学之外的东西。而且你也看到，在我们拉丁文中并不存在用来表达这些概念的词汇。我若试将这些词汇翻译成拉丁文，可能会显得更加牵强。我若迂回解说，便会使论述受其限制。我只求你相信，无论我或许在哪里出错，却决不以炫耀自己而写什么。比如，按经文历史层面上的涵义，它会告诉我们，经上记载了什么，或发生了什么；或没有发生什么，但它却仿佛发生过一样被记下来。依照其起因层面上的涵义，我们得知所说、所做的事原因何在；类比的涵义又向我们表明，旧约与新约互不矛盾；而讽喻的涵义则告诉我们，经文中的内容不全都该

---

① "大胆地"，拉丁原文作 *Præsumo*。

按字面意义理解，而必须按象征意义去理解。

6. 我们的主耶稣基督和他的使徒便是从所有这些意义上引用旧约经文的。当有人责难说耶稣的门徒在安息日掐麦穗吃的时候，他便是以旧约的历史事实作答："经上记着大卫和跟从他的人饥饿之时所作的事，你们没有念过吗？他怎么进了上帝的殿，吃了陈设饼，这饼不是他和跟从他的人可以吃得，惟独祭司才可以吃。"①而基督禁止以淫乱以外的原因休妻一例，则属于以起因的涵义引用旧约经文，他告诉质问他的人说，摩西之所以允许丈夫给妻子休书便可以休了她，是"因为你们的心硬"②。这段经文显示了摩西早年允许休妻的原因，而基督禁止休妻的诫命似在表明如今时代不同了。若要解释时代如何按照上帝奇妙的指令变迁，变迁的顺序又是如何安排、设定的，则需要冗长的篇幅。

7. 而且还有突显出新、旧两约相吻合的类比涵义。无需赘述，连摩尼教也接受的一切权威人士都以此涵义解经。摩尼教徒常旁敲侧击地说，经文中不知有多少内容被人添枝加叶，还是由他们自己来解决这个问题吧，我却不知道其中有哪些真理受到了歪曲。他们的断言我一向感到站不住脚，即便在我做他们的倾听者时也如此。不仅在我看来如此，你也同样（我清楚地这样记得），凡愿意比他们大多数的追随者作判断时多一点谨慎的人都会这样认为。如今，许多当初让我困惑的章节得到了解释和澄清，这些章节正是他们最慷慨陈词、滔滔不绝地当作不争之事实而大做文章的题目。在我看来，没有比他们的说教更无耻的了，或用比较温和的话说，没有比他们所谓"圣经已被篡改

---

① 《马太福音》12：3、4。
② 《马太福音》19：8。

的断言更没有根据、更草率的了，因为他们完全举不出例子来证实自己的话。假如他们说，拒绝①相信这些文字的原因是依他们判断其作者所记不实，他们的指摘或许还显得正派一些，或者说他们的错误尚可理解。②他们就是这样对待《使徒行传》的。看到他们所用的手段，简直让我惊诧不已。在此事上我要说，这些人不单缺乏智慧，而且缺乏一般的理解力。③因为在《使徒行传》中有如此之多的内容与他们所接受的圣经内容相差无几，所以在我看来，他们唯独不接受这卷书，且又声称其中所谓错误和添加的部分使他们恼火，这是愚不可及的。倘若那类内容是无耻的，他们又何以认为保罗的书信或四福音书中却有可取之处呢？若按比例，新约的这两部分比起《使徒行传》或许有更多在他们看来被篡改者添枝加叶的内容。的确，这正是我要请你与我共同思考、冷静判断的问题所在。因为你知道，他们企图把摩尼教的创始人摩尼充作使徒之一，还说主应许要差遣给门徒的圣灵是借摩尼临到我们的。所以，他们若接受对圣灵之降临有着直白描述④的《使徒行传》，便无从解释相关章节如何会是有人添加上去的了。因此，他们就会把事情说成是，那些篡改圣经的人（我不知是谁）一定生活在早于摩尼的年代，一定是想要使犹太人的律法与福音相结合的那些人。可是他们又不能就圣灵说这样的话，否则他们或许就是在断言，那些属天的先知曾预言了不利于摩尼的事，说摩尼将要兴起并胡言圣灵是经他差来的。我将会在另一处更加直白地讲述关于圣灵的事，眼下我最好还是回到本文的主旨上去。

---

① "拒绝"，拉丁原文作 *Tergiversatio*。
② "理解"，拉丁原文作 *Humanior*。
③ "理解力"，拉丁原文作 *Cor mediocre*。
④ 《使徒行传》2：2—4。

8. 我想，我已用足够的篇幅证明了旧约的历史、起因、类比的解读方法在新约中都有所见，只剩讽喻的方法未作说明。我们的救主自己就曾以讽喻的涵义引用旧约，说："一个邪恶、淫乱的世代求看神迹，除了先知约拿的神迹以外，再没有神迹给他们看。约拿三日三夜在大鱼肚腹中，人子也要这样三日三夜在地里头。"① 使徒保罗更是如此，他在《哥林多前书》中解释说，出埃及的历史是对未来基督徒的讽喻，他写道："我不愿意你们不晓得，我们的祖宗从前都在云下，都从海中经过，都在云里、海里受洗归了摩西，并且都吃了一样的灵食，也都喝了一样的灵水；所喝的，是出于随着他们的灵磐石，那磐石就是基督。但他们中间，多半是上帝不喜欢的人，所以在旷野倒毙。这些事都是我们的鉴戒，叫我们不要贪恋恶事，像他们那样贪恋的；也不要拜偶像，像他们有人拜的。如经上所记：'百姓坐下吃喝，起来玩耍。'我们也不要行奸淫，像他们有人行的，一天就倒毙了二万三千人；也不要试探主，像他们有人试探的，就被蛇所灭；你们也不要发怨言，像他们有发怨言的，就被灭命的所灭。他们遭遇这些事都要作为鉴戒②，并且写在经上，正是警戒我们这末世的人。"③ 在这位使徒的书信中，另一具有讽喻涵义的说法与我们谈论的话题关系密切，摩尼教徒自己从不引用这段经文，还时常因此争论。保罗对加拉太的教会说："因为律法上记着，亚伯拉罕有两个儿子：一个是使女生的，一个是自主之妇人生的。然而那使女所生的，是按着血气生的；那自主之妇人所生的，是凭着应许生的。这都是比方④，那两个妇人就是两约。一约是出

---

① 《马太福音》12：39、40。
② "鉴戒"，希腊原文作 τύποι。
③ 《哥林多前书》10：1—11。
④ 希腊原文作 ἀλληγορούμενα。

于西奈山,生子为奴,乃是夏甲。这夏甲二字是指着阿拉伯的西奈山,与现在的耶路撒冷同类①,因耶路撒冷和她的儿女都是为奴的。但那在上的耶路撒冷是自主的,她是我们的母。"②

9. 在此问题上,那些恶人一方面图谋废弃律法,一方面又强迫我们认可这些经文。他们只强调经上所说,在律法之下的是为奴的,却越过这一句:"你们这要靠律法称义的,是与基督隔绝③,从恩典中坠落了。"④我们承认两句都是事实。我们说律法是必要的,只是就它对为奴的人有益而言,而且律法本是在此意义上为使人得益而设,因为仅靠说理不能把人类从罪中挽救出来,只有靠律法约束,即靠连愚昧人都懂得的惩罚来威慑罪人。基督的恩典从中释放我们,这并非宣告律法无效,而是邀请我们在上帝的爱中顺服律法,而不再做奴隶而惧怕律法。这本身就是恩典,是白白赐给人的恩惠⑤,那些不明白此恩典来自于上帝的人仍愿受律法的束缚。保罗有理由责备这些人为"不信的",因为他们不相信,如今借着我们的主耶稣他们已从为奴的状态中得释放,上帝让他们在某一时期内处于为奴状态完全是公义的。因此保罗说:"这样,律法是我们训蒙的师傅,引我们到基督那里。"⑥如此说来,上帝先给了人一位值得惧怕的师傅,后又给了他们一位配得爱的主。但律法之中的一些戒律、规条——如安息日、割礼、献祭等——如今在基督徒中已不再使用,即或用这些事物,所表明的也是其中蕴含着的伟大奥秘,敬虔人都能明白,凭字句⑦理解这些奥秘是极为有害

---

① "同类"一词拉丁原文为 confinis。
② 《加拉太书》4:22—26。
③ "隔绝"一词拉丁原文作 Ventilant。
④ 《加拉太书》5:4。
⑤ "恩惠"一词拉丁原文作 Beneficium。
⑥ 《加拉太书》3:24。"到基督那里"拉丁文中译作 in Christo。
⑦ "凭字句",拉丁原文作 Ad verbum。

的，而凭着精意揭示出其中蕴含着的真理却是极为有益的。正因如此，经上写着："不是凭着字句，乃是凭着精意。"①正因如此，经上还写着："但他们的心地刚硬，直到今日诵读旧约的时候，这帕子还没有揭去，这帕子在基督里已经废去了。"②在基督里废去的不是旧约，而是遮盖着旧约的帕子。借着基督，我们才能读懂旧约，没有基督时曾是扑朔迷离、被掩盖着的事如今已显露无遗。使徒保罗随后补充道："他们的心几时归向主，帕子就几时除去了。"③此处他并没有说律法或旧约被废除。所以，因着主的恩典，不是先前被遮盖着的就像无用之物被废弃，而是那遮盖着有用之物的帕子被除去了。那些真诚、敬虔之人（而非骄傲、亵渎之人）是这样解释圣经的涵义的，他们认真地将诸事件的顺序、人物言行的原委，以及旧约与新约的契合都透彻地体现出来，使新、旧两约没有一点④不和谐的地方，这种释经方法所阐明的，必令不经研究便横加指责的人承认自己之可悲。

10. 与此同时，抛开所有深奥的学问不谈，我想，我应尽可能以密友的情分与你交谈，也就是以我自己的见解，而不是以我所敬佩的那些学者的高超才智与你交谈。人们阅读任何文字时会在三种情况下发生误解，请容我逐一道来。其一，读者可能将作者明知错误的观点当正确的接受。其二，读者可能将作者自身的错误观点误当正确的接受，尽管这种错误没那么大，但害处却丝毫不比前一种小。其三，读者可能从别人的著作中读出某些正确的观点来，而这些观点却不是作者

---

① 《哥林多后书》3: 6。参阅奥古斯丁的《订正录》(I. i. c. 14. n. I.)，其中写道："在该书（《信之功用》）中我写道：'正因如此，等等'，但我后来在《论精意与字句》(De Spiritu et Literâ) 一书中对使徒保罗这句话的诠释不同于此，且依我所见，或不说，后者在一般意义上显得更贴切，不过这里谈到的涵义也不应受到全然的排斥。"
② 《哥林多后书》3: 14。"这帕子"，拉丁文中作 quoniam，即希腊文的 ὅτι，英文译作 "which veil"。
③ 《哥林多后书》3: 16。
④ 拉丁原文为 apex。

自己的。请你仔细想一想,哪一种误解不仅对读者无损,且使他们大得阅读的好处呢。第一种误解的一个实例是,有人若相信拉达曼图斯(Rhadamanthus)在下界审理、裁断死人的案子,因为此人读到维吉尔(Virgil)的《埃涅阿斯纪》①中就是这样写的。这是双重的错误,一方面是此人相信了不该相信的事,另一方面是他不该以为作者自己相信所写的是事实。第二种误解的一个实例是,有人若以为自己应相信灵魂是由原子构成的,人死之后,灵魂会化作原有的原子而消失,因为卢克莱修(Lucretius)就是这样写的。而他在如此重大的事上错将谬误当真理来相信,其害处也不亚于前一种情形,尽管以其著作蒙蔽了自己的卢克莱修的确持有这种观点。读者把握住了作者的意思,却不选择透过作者来避免谬误,而是与作者一同犯错,又有何益处呢?第三种情况则产生裨益。假如有人在伊壁鸠鲁(Epicurus)的著作中读到崇尚节欲的内容,并断定伊氏将此美德奉为最大的善,他作为读者无可厚非,因为伊壁鸠鲁认为"肉体的快乐是人最大的善"的谬误没有对这位读者造成危害,因为他并没有接受这种荒谬、有害的观点。这位读者之所以喜爱伊壁鸠鲁,只是因为他设想伊氏不会持有那个不该持有的观点。这类错误对人②来说不仅难免,而且往往表现出善良人的可贵之处。假如有人告诉我说,我所敬爱的某人虽已上了年纪,却向众人宣称他很喜欢童年时代的生活,还起誓自己仍要那样生活;又假如他曾这样说的证据十分确凿,我若否认他这样说过都会感到惭愧;如果我断定他这样说的意思是喜欢天真无邪,一心摆脱世人沉湎其中的贪欲心态,因而会比往常更敬重他。但事实上,他年少时曾贪

---

① Virgil: *Aeneid* vi. 566—569.
② "人",拉丁原文作 *humanus*。

爱可耻的放纵，沉溺于宴乐，难道我就应当因此受指责吗？假设此人发表上述言论后很快就死去了，我无从询问他所说那些话的原意何在，难道有人会因我就已所闻赞扬那人的生活目标和决心而向我发怒吗？对于这种事，恐怕每个公正的判断者都会毫不迟疑地称赞我对无邪的高度评价并用善意理解人的意愿，当然，事实本身仍存在质疑的余地，我本来可以把此人想得很坏。

  11. 读者的情形既如此，要知道，从作者角度看也存在着同样多的纷繁状况。正如我们时常看到的那样，要么是作者写了有益的内容，读者却没有朝有益的方向解读；要么是作者所写、读者所读均未带来益处；要么是读者的解读使其获益，作者的原意却不是这样。在三种可能性中，我不怪罪第一种情况下的作者，第三种情况也不是我所关注的。因为我不能责怪一位自己未写错却被人错解的作者；当看到作者未能得见真理，却没有为读者带来伤害时，我也不会为此担心。当然最可取可佳的情形是，作者写的内容好，读者理解得当。即便如此，也分两种情形，因为两者都不能完全避免谬误的发生。通常的情形是，作者的意思是正确的，读者的观感也是正确的，但读者的观感与作者的原意仍有差异，有时更好，有时稍逊，但总归是有益的。当我们与作者的观点相同，且这些观点与生活中的好行为相符，真理就得到最大程度的实践，谬误就失去了立足之地。非常少见的情形是，我们所读的内容极为含蓄，不可能彻底地了解，只能凭信心去相信它，因为我无从找到作者，或作者早已去世，又如何能找到确凿的证据以了解其意图呢？即令这位作者可以找见，而且也不是恶人，他也仍有可能不愿写明许多事。但我认为这与了解作者的品格事实上如何无甚关联，最公平的是相信，其作品造福于人类及其子孙后代的作者是善良的好人。

12. 既如此，请摩尼教徒告诉我，他们所谓的"大公教会的谬误"应归入哪一类呢？若归入第一类，这是一项严重的指控，但无需过多地驳斥，只需说明我们不像他们攻击的那样理解旧约就够了。若归入第二类，这指控也不比前者轻，但同样的话就足以反驳他们。但若归入第三类，就算不得什么指控了。以下还是让我们来考察圣经本身吧。他们对旧约提出的究竟是怎样的非议呢？是否这些书卷是好的，只是被我们恶意错解了？但是，是摩尼教徒自己拒绝接纳它们。是否它们既不是好作品，同时也被我们错解了？我以上驳斥在此也足以使他们站不住脚。是否他们会说，尽管你们用良好的意愿理解这些书卷，但它们依旧是邪恶的？这只不过是在宣布自己的辩论对手是对的，同时在指控早已死去的人，在与不能与之争辩的古人争辩。我深信，那些为人类的益处而记下旧约所有内容的作者们是属天的杰出人物。律法是依上帝之命而写就，并因上帝的旨意而颁布的。尽管我对于这些书卷尚知之甚少，但仍可以不费力地证实，如上看法是正确的，只要人们以公正而非顽固之心倾听于我。待你预备好自己的耳和心的时候，我就将这样做。但我何时能有这样的机会呢？难道现在还不是让你明白自己受骗的事其真相究竟如何的时候吗？

13. 霍诺拉图斯啊，我要唤起自己的良心作证，我也要呼求住于圣洁之人灵魂里的上帝作证，证明我相信，大公教会以旧约的名义接纳的圣经书卷是最富智慧、最正派、最虔诚不过的文字了。我知道，你对此话感到吃惊，因为我不能隐瞒说，我未曾听信过与此大相径庭的观点。当初，我撇下精通这些书卷又精心向学生传授知识的解经家，反去求教于那些猛烈攻击旧约作者的人，实在是再草率不过的事（当时我年少不经世，正是行事莽撞的年岁）。有谁会请亚里士多德（Aristotle）的反对者讲解亚氏艰涩难懂的著作呢？我指的是不使读者陷入亵渎的讲解。有谁会求教于伊壁鸠鲁，以学懂阿基米德的几何学著作呢？依我判断，前者对后者的论文一无所知，却不停地攻击后者的论述。摩尼教徒不知所云地攻击律法书，难道这些书卷是人人都能读懂的通俗读物吗？我看这些人正如他们自己时常嘲弄的那位头脑简单又富有宗教热情的妇人一样，当一位摩尼教女教徒推崇太阳崇拜时，那妇人便跳起来，站在阳光照在地板上的地方，大声宣告说："看哪，我把你的太阳神踩在脚下了！"无人能否认，这种做法是妇人式的愚昧之举。在我看来，摩尼教徒就正像这无知的妇人，他们滔滔不绝地演讲并恶意指责自己一窍不通的书卷，自己尚未读懂，就将它们撕碎、丢弃了。① 这些书卷看似浅近，但在读懂它们的人看来却极为精微②，是属天的文字。那些人不了解这些著作的来由及性质，只因无知人的吹捧，就以为自己成就了了不起的事。请相信我，这些书卷中的信息其涵义极为深奥，是来自上帝的信息，蕴含其中的全然是真理，是有利于人灵魂的苏醒与更新的教导体系。然而，正如真正的信仰所要求的那样，人若不以敬虔与祈求的心从事研究，便从中汲取不到它所蕴含的丰富。若想向你证实这一点，则需诸多的讲解，需要一篇更长的论述才能达此目的。我首先必须做的是让你不再厌恶旧约的作者，然后才是让你敬重他们，而若不对他们所写文字之深意加以注释，又如何能达到这个目的呢？假如在读懂维吉尔的诗作之前我们首先厌恶他，或者说不喜欢他，仅靠着前辈的推崇，我们永远也无法就无数令文法教师坐卧不安的问题找到完满的答案；我们也不会听取赞扬这位诗人者的见解，却乐于听取想要显示出维氏既悖谬又昏聩无能之人的看法。如今，许多

---

① "丢弃"一词拉丁原文作 *jacentibus*。
② "精微"一词拉丁原文作 *subtilia*。

教师都尽其所能解答这些问题；而且有些受人赞誉的人已将诗作的涵义解释得十分明了，就连不能读懂这些诗作的人至少也相信维吉尔的诗歌并非谬误满篇，而是从各个角度都值得欣赏了。假如在某些枝节问题上教师仍难作答，我们只会对这位教师感到不满，而不会认为他只是对诗人的谬误保持沉默。假如这位教师试图以贬损一位如此伟大的诗人来为自己辩解，那么他的弟子们即使交了学费也会很快离去。既然如此，对于历史证实圣灵确曾对其说话的旧约作者，我们难道不更应向他们表示出善意么？然而，我们这些聪敏的青少年，这些从理性出发的热心探索者，从未打开过旧约书卷，从未寻访过讲授这些书卷的教师，从未对自己的迟钝发生过怀疑，也丝毫①未留意过那些意在让人们将这些文字长久地在世界范围诵读、持守并传扬下去的人士。相反，我们深受仇视旧约作者之人演讲的影响，却在理性的虚妄期许之下，相信且欣赏许多的无稽之谈，而轻率地以为旧约所言一无可信。

14. 现在我要继续谈论业已开始的话题。若有可能，我就不对大公教会的信仰多作阐述，而只是让人们能寻见这教会的伟大奥秘，只是向那些关心自己灵魂的人表明，结出属灵的果子、认识真理都是有希望的。毋庸置疑的是，凡真宗教之寻求者，他们或是相信那宗教所产生的益处是使灵魂得永生，或是盼望从那宗教中求得这种益处。因此，一切宗教的存在都是因灵魂的缘故。因为无论人肉身的性质如何，只要人的灵魂拥有了将会使他受祝福的真理，人就不必为自己的肉体而焦虑或不安，特别是在人死后。所以，若有真正的宗教信仰存在，其存在的唯一或主要原因必然是为了灵魂。但这灵魂（我还要思

---

① "丝毫"一词拉丁原文作 *mediocri corde*。

考其原因，也承认这是一件极不明朗的事）在获得并明了智慧之前，却充满谬误，冥顽不灵。这智慧也许就是真正的宗教信仰。我对你所说的这些难道只是无稽之谈吗？难道是在迫使你草率地相信吗？我的意思是，我们的灵魂在愚昧与谬误的缠绕之中深陷泥淖，它急切地寻求可能存在着的通向真理之路。假如你不是这样，请原谅我，也请与我分享你的智慧；但假如你发现我所说的在你也是实情，我就恳请你同我一道寻求那真理。

15. 设想，我们从未听说过一位传授如此宗教的教师，寻求真理对我们是全新的事，于是我想，我们就必须首先探讨谁才是高师。设想，我们发现人们的见解各有不同，而且都想将寻求者吸引到自己一方来；与此同时，有些人却众口皆碑，全世界的人都信服他们。他们是否持有真理就是一个大问题。但是难道我们不应首先全面地检验一下这些众口皆碑的人究竟如何么？这样，即便我们作为人难免错了，这错似乎也是人类本身共同的错误。

16. 有人也许会说，真理往往掌握在少数人手里。你既知道真理掌握在谁手里，就意味着你已经知道什么是真理了。而我方才不是还在说，我们权当自己是刚刚上路的真理探寻者么？就算你从事实推测出只有少数人能掌握真理，实际上你仍不知这掌握真理的人究竟是谁。如果知晓真理的极少数人能以自己的权威吸引普罗大众，从而能广泛地向众人揭示并阐明①那真理的奥秘，事情又会怎样呢？难道我们没有看到，成为卓越的雄辩家的人极少，而世上各修辞学校里大批年轻人的辩论声却不绝于耳吗？想要成为优秀演说家的人不会去留意不学无术之人的见解，有谁会想在凯基利乌斯（Caecilius）或艾鲁修斯（Eru-

---

① "阐明"一词拉丁原文为 *eliquare*。

cius）的而不是西塞罗（Cicero）的作品上下工夫。人人都争相研究西塞罗的著作，原因是我们前辈的权威验证了这些著作的价值。多数无知的人努力研究少数有学问的人为他们指定的内容，但学而有成者是少数，能学以致用的更少，成名的尤其是凤毛麟爪。真正的宗教信仰情形也有些相似。教会里坐满了无知的人，但并不能说明其中无人受到奥秘真理的完好装备。假如学习雄辩术的人数如同雄辩家一样少，我们的父母就绝不会认为我们应受教于如此教师了。然而，假若我们是因受到为数众多的学生的吸引才研究这门学问，而学生中大多数是无知之人，他们寻求的是唯有少数人才能掌握的学问，那么，何以对于相同情形的基督教我们就不愿如此行呢？我们轻视它或许已到了严重威胁自己灵魂的地步。即令唯有少数人对上帝的崇拜才是真正纯粹意义上的崇拜，而大多数崇拜的参与者虽可能仍在情欲的捆绑之中，也远非真正理解崇拜的涵义（这无疑是可能的），却认同于那少数人的崇拜；我要问，有人是否就有理由以此攻击我们愚昧草率，不努力向合宜的教师求教，而那种教师正是我们急切寻求的，我们该如何作答呢？是否该说，我盲目跟从了那些乌合之众？我们对甚至今生也赢得不了太多利益的文科教育，对金钱财富，对保健，何以不这样说呢？最后，对寻求幸福人生何以不这样说呢？人们对于上述这些无不孜孜以求，而出类拔萃的只是少数，却没有人因这些事物的寻求者多而退避三舍。

17. "但教会那些人所说的听起来是无稽之谈。"是什么人这样讲？无非是仇视教会的人，无论是什么导致他们仇视教会，也无论他们以什么理由仇视教会，总归是仇视教会的人。"我在阅读的时候全靠自己汲取知识。"果真如此吗？假如从未接受过诗文方面的指教，人们就不敢问津特仁田努斯·莫鲁斯（Terentianus Maurus）的作品，而且人们需要像阿斯帕（Asper）、科努图斯（Cornutus）、多纳图斯（Donatus）等很多这类的教师才能读懂，哪怕是只能在剧场上赢得喝彩的诗句。至于那些全世界都公认为神圣的、充满属天信息的书卷，无论它们表面上看去如何，我们又怎敢不在明师的指点之下对其加以研究，还贸然地枉作评断呢？假如你在其中发现在你看来荒谬的内容，难道不应怪自己愚钝，怪自己的心智被这个世界败坏了吗？这正是世上凡愚拙之人的通病，既如此，他们又如何能读懂那些神圣书卷呢！你应当立刻去请教虔诚而有学问的人，或是被很多人公认有这等资质的人，你可能既因他的劝导变得更良善，又因他的学识而得到指教。这样的明师不容易找到么？你需不辞辛苦去寻找。在你所居住的国家没有这种人吗？这正是出游最有价值的理由。在整个大洲①都没有或找不到这样的人吗？那就跨洋过海。在大洋彼岸最近的地方找不到吗？那就继续前行，到旧约书卷所记诸事发生的列国去。亲爱的霍诺拉图斯，我们又何曾这样寻求过呢？相反，对于或许是世上最神圣的宗教，已征服了整个世界的宗教（请容许我暂且将此说成可怀疑的事），我们这些可悲的年轻人却凭着自己的轻狂去反对。上帝将圣经中在无知的人看来受冒犯的内容放置在那里是有目的的，为的是让普罗大众——而不是智慧的圣徒——每当读到它感到难以接受时，就更急切地探索其中隐含的意义。难道你没有看到人们如何千方百计赋予维吉尔的《布柯里克斯》(*Catamite of the Bucolics*)②中亚利克西斯的诗作以优雅的诠释吗？那粗犷的牧羊人为布柯里克斯唱得热泪盈眶。他们又断言说，连柏拉图（Plato）也称写下一首情诗的这个男孩，其作品另有深意，是未得

---

① "大洲"一词的拉丁原文作 *continenti*。
② 维吉尔的 *Eclogue* ii。

指教的人无法领会的。如此看来,一位有才华的诗人无论发表多么充斥着情欲的诗歌,也可以不存一丝猥亵。

18. 既如此,难道有哪些理由妨碍我们寻求公教信仰吗?是法律条文,是反对的势力,是教会圣徒低下的人品或恶名,是教会组成的时间太短,或是它只能秘密地认信?所有这些理由都不存在。无论上帝的律法和世间的法律(all laws divine and human)都让我们寻求大公信仰。但即便至今我们仍生活在谬误之中,对上帝的律法有所怀疑,世间的法律不管从何意义上也都允许我们持守并实践这一信仰。更没有敌对势力使我们惊慌(尽管真理和灵魂得救需要冒风险去寻求,并非在安逸中可以寻到)。这一属天宗教各阶层的牧者都虔诚地侍奉上帝。这一宗教的美名漫溢,极受赞誉。请问,有什么妨碍我们透彻地考察它,并以敬虔、谨慎之心来探讨这样一个问题——是否得窥这宗教之堂奥并捍卫它的纯洁性的人必然是少数的,虽然这宗教赢得了万民的赞同与爱戴?

19. 事情是这样的,假设我们初次探讨自己究竟应将灵魂托付给什么宗教才能使其得洁净与更新的问题,毫无疑问,我们首先考虑的一定是公教信仰。因为基督徒的数目比犹太教和偶像崇拜者相加的总数还多。尽管在这些基督徒中存在着几个异端,而且都希望被视为"公教",并都称自己团体以外的人为"异端",然而人人都承认,在世界范围内,唯有一个教会在人数上多于其他的,真理上也较其他的纯正,正如对真理有深入认识的人所证实的那样。不过,真理的问题不是我们眼下所关注的。我们只需探讨一个问题便足矣:只有一个公教教会,不同的异端用不同的名称称谓它,而异端各自有各自的名称,这连他们自己也都不敢否认。对此,凡不以偏好作判断的人都会清楚,谁才真正配得"公教"之名。无须赘述,无论在何种程度上看,只有一个教会,从某种意义上说,就连人类法律也是基督教的。我不希望因此事实生出任何偏见,而只是认为这对于我们的讨论来说是一个最适合不过的起点。无需担心,似乎对上帝的真正崇拜不是依靠自身的力量,反需要它本应支持的人来支持。但无论在何种程度上,倘若真理是可以寻见的,人们在哪里可以不受任何威胁地寻求并持守真理,哪里就有最完美的快乐。否则,无论路途多么遥远,无论冒着何种风险,我们都必须到别处去寻求真理。

20. 确定以上原则之后——我认为这些原则是公平的,能让我公平地在你面前赢得这场论战,不管对手是谁——现在我要尽我所能向你讲述,在以此应有的态度寻求真宗教的过程中,我曾走过了怎样的一段路程。在大海彼岸与你分手时,我正处于犹疑徘徊之中,不知究竟应信守什么,放弃什么。这犹疑自我听福斯图斯讲道①之日起,日甚一日。如你所知,福斯图斯曾是他们对我们的期许,听起来福氏似乎是从天而降,要向我们解释一切疑难。可我却发觉他除有一定的口才之外,与摩尼教的其他人大同小异。在意大利安顿下来之后,我独自苦思冥想,思考的并非是否应留在摩尼教那里,我已为陷入其中而感到难过,我所思考的是如何才能寻见真理。世上没有人比你更了解,我曾如何望真理而兴叹。很多时候在我看来真理似乎无法寻见,我的思想如同被潮水裹挟着,当时更倾向于柏拉图学派的怀疑论(Academics)。又有很多时候我得以审视人类的心灵,看到它如此富有生命力,如此聪慧,且又如此清晰,于是感到真理应该不是不可知的,只是人们不知寻求真理的路径,只有属天的权威才能向人指明这路径。剩下的问题则是考证谁是那权威,因为许多众说纷纭的学说都声言要为人

---

① 参阅《忏悔录》第五卷,第六章,第十节。

指明通向真理之路。我好像置身于一片不见出路的密林之中，内心充满了受困其中的苦闷，同时又无时无刻不在渴望寻找到真理。我对那些自己觉得应当远离的人更加疏远了。处于如此困厄的境地之中，除流泪祈求上帝的帮助之外，我已一筹莫展，而这正是我愿意做的。正当此时，米兰主教①的一席话给了我希望，使我产生了向他请教有关旧约本身许多内容的愿望，如你所知，我们以前听到的是对这些问题的歪曲解释，因此以为这些内容是应当被扬弃的。我决定到教会去做慕道友，我父母以前曾送我去那里学习，希望我要么找到自己渴求的，要么说服自己无须寻求什么。于是，教会里只要有我可以求教的人，他就会看到我是最热诚而虚心受教的学生。假如你长久以来也有相同的经历，假如你也同样关心自己的灵魂，假如你觉得自己已厌倦了不知所归的状态，愿意了结如此痛苦，还是遵从大公教会的教导吧，因为它源自基督本身，经由使徒传给我们，还要经过我们而传给子孙后代。

21. 你或许会说这没有道理，谁都在说自己信守、教导的是这样的教义。无可否认的是，所有异端都这样自诩，他们允诺受诱惑的人，要给他们理性以搞清楚那些最费解的问题。他们还主要以此为由攻击公教会，说教会盼咐每个到那里去的人要信，而他们自己不把信的轭强加于人，却为人们打开知识的源泉。你回答说："有什么比这更值得赞赏的呢？"但事实上却不然。他们虽这样说，却无力实现自己的允诺，只不过是在以理性为名哗众取宠而已。人心生来就喜欢这种许诺，却不考虑自己的能力和健康状况，一味贪求强壮人的食品，不慎吃进了骗子的毒饵。因为，对于真正的宗教信仰，人们必定首先要相信它是

---

① 即圣安布罗斯，参阅《忏悔录》第五卷，第十三章，第十四章，第二十三至二十五节。

真理，然后只要他行为举止端正，证明自己配得，才能得着并领会这些真理；而且，若没有权威之权柄的指引，人就难得其门而入。

22. 但正是在这一点上，你寻求理性的解释来说服自己——何以不应首先让你理解，而是首先应让你信。只要你能做一个公正的倾听者，证明这一点并不难。为使证明的过程进行得顺畅，我想请你回答几个问题。请你先告诉我，人为什么不该相信？你会说，因为轻信乃是轻信者的特征，轻信本身在你看来就是某种错误，否则我们就不会用轻信来指责人了。假如怀疑论者怀疑凡未经证实的事是错的，那么在这方面轻信者难道不是更糟么？两者的区别在于，怀疑论者对于不了解的事物怀疑过多，而轻信者对这些事却毫不怀疑。让我暂且接受这种见解和区分。不过，你知道，我们说某人好奇时，常含有贬义，而说某人好学时，常是褒义。请你想一想两者之间区别何在？你一定会回答说，两者尽管形容的都有强烈的求知欲，但好奇者想知道的是与己无关的事，而好学者则相反，想知道的是与自己有关的事。我们不否认一个男人的妻小及他们的安康是与他自己有关的事。假如此人旅居国外，他必定会向每个从家乡来的人仔细询问家人的近况，是了解这些情况的强烈愿望驱使他这样做。尽管他不但有急切的求知欲望，而且这欲望又是针对与己密切相关的事，我们却不会称他好学。因此，我们就好学者的定义在这一点上就被动摇了，虽然每个好学者都想了解与自己有关的事，但并非每一个这样的人都是好学的，唯有热心寻求与文化和思想提升有关之事的人，才可称为好学。我们可以正确地称他"为有所研究"，① 特别是我们若能补充说明他研究的是什么。如果某人专注于自己的家人，我们会说他对家人很有苦心，但因

---

① "研究"一词拉丁原文作 *studentem*。

他并不兼具另外一些品质，我们就不应认为他配称为一般意义上的"好学"。我也不会称一个极想了解家人情况的人为热心向学（studious of hearing）的，哪怕是有好消息令他欢欣，他想反复地听此消息。但我却会说一个人好学（studies），哪怕他仅只听讲一次就满意而归。再说到好奇者，请告诉我，你是否觉得乐意听无用之空谈——比如与他无关的事——的人该被称作"好奇者"呢？他在诸如筵席上、人群或聚会中偶然旁听到一些无伤大雅的事后就感到满足了。我不认为如此，尽管他看来对自己乐于听到的事有几分关心。所以，"好奇者"的定义也必须依照"好学者"的同一规则加以修正。请你想一想，本段之初的定义是否无须修正呢？为什么某时在某事上有怀疑的人不应被冠以"怀疑者"之名？同样，何以有时相信有些事的人不应被视为"轻信者"呢？所以，正如一个有时学习（studies）的人与真正的好学者，一个有时关心某事与对此真正好奇的人大有区别，同样，一个"信的人"与"轻信者"也大有区别。

23. 你会说，眼下还是让我们来思考是否应信宗教的事吧。因为即便我们承认"信"与"轻信"有别，也不能因此说明相信宗教的教义就没有错。假如信与轻信正如饮酒与酗酒成性之间的关系一样又如何？在我看来，确信如此的人不会有朋友。如果相信任何事都是可鄙的，那么相信一位朋友也就成为可鄙的了。换言之，如果在任何事上都不相信一位朋友，我就无从看到对方或他自己如何可以称为"朋友"了。谈到这里你也许会说，就算我们有时必须要相信有些事，坦白地讲，在宗教问题上人在理解之前就信怎么不是可鄙的呢？我会尽己所能对此加以解释。就此我要先问你，你认为什么才是更严重的错误，是向不配的人传教的，还是相信传教人所说的话呢？假如你不明白我所谓"不配的人"指的是谁，我指的是带着虚伪的心来听道的人。我猜想你会说，更应受责备的是向这种人揭示神圣奥秘的人，而不是信任宗教人士关于宗教的确凿之言的人。你不太可能作出别的回答。现在假设在你面前有一个人要向你传教，你如何才能使他确信，你在此事上是带着真诚无伪的心而来学习的呢？你会说，你以良心保证自己不存任何虚伪，你竭力用言辞证明这一点，但言辞毕竟是言辞。因为你无法将自己内心的隐秘之处向别人敞开，让别人彻底了解你。但假设对方说，"你瞧，我相信你。但我这里若有真理，你会因接受它而获益，我要把它传授给你，你是否也相信我才公平呢？"你将如何作答？你的回答必定是，你会相信他。

24. 但是你说，他若能给我相信的理由，让这理由来引导我，让我不要轻率地相信，岂不是更好么？你说的也许不错。你能靠理性来认识上帝固然甚好，但你认为人人都配明白人类灵魂何以被带到上帝面前的原因吗？或者说，配明白这道理的人是多数还是少数？你会说，我想是少数。你是否认为自己也在这少数人之列呢？你会说，这不是我能回答的问题。那么，就是你认为你的宗教导师也应相信你属于这类人了。他确实这样相信。只是你要记得，在不肯定的事情上他已经两次相信你，而他在教导有关宗教的事情时，你却一次也不愿意相信他。让我们假设你带着真诚的心来认识宗教，且也属于少数能明白人何以能在某种程度上认识上帝①之原因的人。你认为其他未被赋予如此资质的人是应被拒之宗教门外，还是应被循序渐进地领到宗教的至圣奥秘面前呢？两者之间，你可以清楚地看到孰为更敬虔的做法。你无法想象，渴望这上好事物的人该遭到禁止或拒绝。可是，你难道不认为，无论何人，首先相信自己可以达至此目标，继而将自己的心呈献

---

① "上帝"，拉丁原文作 *vis divina*。

在上帝面前，虚心领受极好而必要的教训，并在生活的某个阶段彻底洁净自己的心，此外他就无法得到纯正的真理吗？你当然会这样认为。那么，凭借可靠的理性不难了解属天奥秘的人（我已相信你就属于这类人）又怎么办？难道这些人采取相信在先之人的路径会成为他们认识真理的阻碍吗？我相信不会。可是你说，何必舍近求远呢？原因是，越过信这一步即便于他们自己无害，也为别人开了不良的先例。因为无人能恰如其分地衡量自己的能力，对自己低估者有必要受到激发，而对自己高估者有必要受到制约，这样，前者才不会意气消沉，后者也不会听凭自己草率行事。若想达此效果，比较可行的方法是让那些能飞的人为他人的安全暂且在地上走（免得他们诱使他人做危险动作）。这就是上帝对真宗教的构想，这就是上帝的命令，这就是经我们有福的先贤传承下来的道路，这就是一直保留到今日的做法，企图使人们不信任并推翻它，无异于循亵渎之路寻求真正的宗教。无论何人这样行，就算上帝听凭他们，他们也绝不可能达到自己的目标。不管他们的天赋如何突出，上帝若不与之同在，他们就只能在地上爬行。而那些以上帝为自己寻求目标，又关怀自己同类的人，上帝必会与其同在。此外并无确然的通天之路。我个人不禁要这样推论，因为我怎能说没有特定的认识之前，我们就什么都不该信呢？除非人们相信一些不能被特定理由证明的东西，就根本不会有友谊可言；而且主人相信服侍他的奴仆也不是错。但在宗教问题上，我们在声言自己是真诚时，上帝的服侍者们①相信我们，而他们在教导我们时，我们却不愿相信他们，再没有比这更不公平的了。最后，上帝为我们指定的是因信而接受真理的道路，为的是培育、医治人心，使人首先变得

---

① "服侍者们"拉丁原文作 *antistites*。

适于接受真理，还有什么比这更有益的途径呢？或者，假如你已完全适应了，稍为绕远而万无一失的道路，比起既让自己陷于危险，又为他人开鲁莽行事的先例，岂不是好得多吗？

25. 余下还要思考的是，何以我们不应跟随声言以理性带领我们的人。我已阐述了跟随要求我们信的人何以是无过的。但有人以为求教于那些以理性自诩的人不仅无过，而且是值得赞扬的，但事实却不然。在宗教信仰上，有两种人是值得赞扬的：一种是已寻得真理的人，我们不能不判断他们是最受祝福的人；另一种是以正确的途径热切寻求的人。前一种是已经"得道"的人，后一种正行在得道的路上，且必定能达至目标。①还有三种人不仅完全不可取，且是受咒诅的：一种是固执己见的人②，以不知为知之；另一种人意识到自己不知，却不以可让他们寻见的方式去寻求；第三种人明白自己不知，却也不想去寻求。人的头脑有三种密切相关却需要加以区分的思想活动，即所谓"知"、"信"和"执"。就其自身而言，第一种从来都是无过的，第二种有时有过，而第三种从来都不是无过的。知晓重大之事、可敬之事

---

① 参阅《订正录》第一卷，第十四章，第二节："我还说，'有两种人是……'等等。此处我所写的'那些已经找到的人'，若作'最大祝福'解——不是今生能得享的，而是我们盼望中的，靠信心要达到的目标——则没有错，因他们的确应被视为找到了追求目标的人，他们所追求的正是我们坚持在信心的路上寻找并相信的。但此言若作今生'将得到'或'已得到'解，在我看来则有违事实，这并非因为今生完全不能找到凭心智可了解且不是只凭信心去相信的真理，而是因为今生人所能得到的有限，不足以使人'最受祝福'。使徒保罗所言，'我们如今仿佛对着镜子观看，如同猜谜'，以及'如今我所知道的有限'（《哥林多前书》13:12），都不是不能凭心智认识真理的意思。真理显然是可以知晓的，但还未到使我们'最受祝福'的时候。使人全然受祝福的是'到时时，就要面对面了'，以及'到那时就全知道，如同主知道我一样'。那些被称为'得祝福的'人是寻得此目标的人，我们持守的信心便是通向它的道路，我们渴望凭信心而达至的也正是这一目标。然而，谁是'最受祝福'之人，谁才是得到这道路通往之目标的人，却是一个大问题。对于圣天使而言，他们除了不离开天国以外，诚然不存在问题。但仍有理由质疑的是，已去世的圣民是否完全可以说已得到了那祝福。他们已摆脱了'重压着灵魂的必腐朽的肉身'（所罗门智训 9 章），但仍在等待身体得赎（罗马书 8 章），他们的肉身在盼望中安息，尚未在将来的不朽坏中得荣耀（诗篇 16）。至于是否所有圣民将来都有资格如经上说的'面对面'地以心灵之眼亲眼看见天国的真实，该文则没有足够的篇幅予以探讨。"

② "固执己见"拉丁原文作 *opinantium*。

乃至属天之事，是最有福的。①知晓不必要的事虽无害，研究它却未免耽误我们作必要之用的时间。对于有害之事，只是知道也于人无害，但行这种事或受这些事的侵害则是可悲的了。例如，有人知道如何杀害仇敌却不危及自己，只是了解却没有愿望那样做，则不是过，有什么比不生此念更无邪的呢？人们若信上帝，但信歪了，信得与上帝自己不相称，或是将属于人的东西当作属于上帝的相信，这都是应受指责的。但在其他事情上，人若相信自知不完全了解的事，便不为过。譬如，我相信那恶毒的阴谋策划者曾被西塞罗的善德置于死地，我不仅不了解其具体事实，且也确知自己无从去了解。而固执己见的人则因两个原因而落得可鄙：一是他自以为再也无甚可学，尽管事实上大有可学；二是他的草率表现出自己理智上的缺失。例如，有人以为自己了解方才提到的关于西塞罗的事实，尽管他对此加以探讨并无妨碍，可是严格地说，这不是一件可知的事；但假如他不明白，在我们的理性能可靠地把握的知识与依人们所相信的，以口、笔形式流传下来的佳话之间大有区别，他肯定就错了，况且错误无不是可悲的。所以，我们所知归功于理性；我们所信归功于权威；我们所执归咎于谬误。②凡"知"者也意味着"信"，凡"执"者同样意味着"信"，但并非凡"信"者都意味着"知"，而"执"从来不意味着"知"。于是，若将

---

① 参阅《订正录》第一卷，第十四章，第二节："我还写道：'了解重大之事、可敬之事乃至属天之事'等，我们应在此谈及'受祝福'的问题。在此生中，无论对这些事了解得如何之多，也还不是'最受祝福'的，因为属天之事尚属未知的部分更是好得无比。"
② 参阅《订正录》第一卷，第十四章，第三节："我所写的'在我们理性能可靠地把握的知识与依人们所相信的以口、笔形式流传下来的佳话之间大有区别'，及其后边的'凡我们所知归功于理性；凡我们所信归功于权威'，意思不是说，在交谈中我们不敢说自己'认知'了基于合宜之见证所相信的内容，因为从严格的意义上讲，我们只对头脑可靠推理所能领会的事物才说'认知'。但我们在以寻常语言表达时（圣经也用这种方式表达），对于我们通过肉体的感官所认知的，以及我们通过可信之见证所信的，就都应毫不犹疑地说'知道'，尽管我们明知两者之间存在着区别。"

这三种思想状态应用于上述五种人身上——即首先谈到的两种可取之人及随后谈到的三种不可取之人——就会发现那第一种有福之人相信真理本身；第二种热爱真理，努力寻求真理的人相信的是权威。第一种不可取之人，即坚持以不知为知之的人，表现出的是错误的轻信；另两类人——即，寻求真理却对于寻见感到失望的人，以及根本不寻求的人——则是什么都不相信。这适用于涉及各门学问的问题。在实际生活中，我从未见过任何事情都不相信的人。即便是声称自己在实际事务中随机行事的人，他们的意思是自己什么都不知，却不是什么都不信。有谁会不相信自己认可的事呢？① 换言之，若不是对"机"有所认可，他们又如何随机呢？因此，对抗真理的人或许有两种：一种人只反对知，不反对信；另一种人知、信皆反对。但我不知在实际生活中这后一种人是否找得到。谈论这些是为了让我们明白，对于尚未完全理解的事，凭着信，我们可以免于固执一类的轻率。那些声称除我们所知之外什么都不该信的人当警惕"固执"之过②，这种错误既可鄙又可悲。但他们若能仔细思想以下两者的极大差别——一是误以为自己知道，二是因得权威的引导而信明知自己不知的事——才能免受谬误、自负和不近人情的指责。

26. 我要问，假如凡不完全了解的事都不该信，子女如何能孝敬并以亲子之爱对待自己的父母呢？因为子女无法靠理性了解父母是生养他们的人。他们相信谁是自己的生身之父，是基于母亲的权威；相信谁是自己的生身之母，则必须相信接生妇、护士和佣人的话，而不是母亲本人，因为她的孩子可能被掉包，而且可受蒙蔽的人难道不也会

---

① "认可的事"拉丁原文作 *probat*。
② "固执"一词拉丁原文作 *opinationis*。

蒙蔽人么？然而，我们依然相信，且毫不怀疑自己承认无法知晓的事。因为人人都必然看到，若非如此，亲子之爱这一人类最神圣的纽带就会被极傲慢而可悲地冒犯了。有谁又会癫狂到这种地步，认为因相信了别人而对非亲生父母行了父母之道的人该受责备呢？相反，有谁不认为，因怕错爱非亲生父母的人而不去爱可能真是自己父母的人该被赶出家门呢？我还可以举出无数事例显示出，人们若果真的决心不相信任何自己不能完全知晓①的事，那么人类社会中便没有什么事物可以免受威胁了。

27. 请你倾听我相信更能使你心悦诚服的内容。在宗教——即认识与崇拜上帝——的问题上，不应跟从那些阻止我们信，却轻易以理性做许诺的人。毋庸置疑，人要么是愚拙的，要么是有智慧的。②但我所谓"智慧人"不是聪明能干的人，而是尽其所能对上帝和人自身获得清楚而确切之认识的人，是生活、行为与此认识相符的人。其余的人，无论他是巧、是拙，生活态度可取、不可取，我都要将他们归于愚拙之类。若是这样，任何稍有头脑的人都可以明白，愚拙人若听从智慧人的教导，比靠自己的判断而行更有功效，也更得益处。因为凡行得不当的事都是罪，而若非从正确的理念出发，人就行不出得当的

---

① "知晓"拉丁文作 tenere perceptum。
② 参阅《订正录》第一卷，第十四章，第四节："我还写道：'毋庸置疑，人要么是愚拙的，要么是智慧的。'此言似与我的第三部著作《论自由意志》（第二十四章）中所言'就仿佛在愚拙与智慧两种本性之间不存在着中间状态一样'相矛盾。但那里是就人类始祖亚当而言，探讨他最初被造时是智慧的，还是愚拙的，或两者皆非。因为我们无法明智地称一个被造没有缺欠的人为'愚拙的'，因为愚拙本身就是一大缺欠，同时也无法称一个可受引诱犯罪的人为'智慧的'。总之，我慎重地写道：'就仿佛在愚拙与智慧这两种天性之间不存在着中间状态一样。'这样说也是因想到婴儿的情形，尽管我们承认婴儿也带有原罪，却既不能恰当地称他们为智慧的，也不能称他们为愚拙的，因为他们尚未善用或误用自由意志。此处我说'要么是愚拙的，要么是智慧的'是指已然使用了理性的人——而理性是人区别于动物的分水岭——正像我们常说的'人人都希望自己快乐'一语中的'人'一样。我所发表的见解若有指尚无意愿的婴儿之虞，又如何站得住脚呢？"

事，而正确的理念就是善德。具有善德的人不是智慧在心的人，又是谁呢？所以，唯有智慧人不犯罪；而凡愚拙人都犯罪，除非他顺从智慧人，使自己的一切行为也能从正确的理念出发。愚拙人既像是在智慧人照管①之下的器具，就不应视自己为行动的主人。因此，对于所有人来说，不犯罪若比犯罪好，那么愚拙人对智慧人言听计从才会生活得更好一些。在较为不重要的事上——如买卖、农耕、嫁娶、生育②、教养子女——总之，在管理自己的世俗事务上尚且如此，更何况信仰上的事呢？分辨属世的事比分辨属天的事容易得多，而对于更神圣而非凡的事，我们就更应以尊敬之心顺服他们，若不顺服，我们的罪就会变得更恶劣和危险。由此③你可以看到，我们心所向往的若是美好而有信仰的生活，作为愚拙人，我们就只有一条路，那就是去寻求并顺从有智慧的人，那样我们才不会受自己内心愚拙的左右，乃至最终彻底摆脱那愚拙。

28. 此处再次提出了一大难题。我们愚拙人又如何有能力找到智慧人呢？尽管极少有人敢于公然自称为智者，但有很多人间接地自认为有智慧。然而恰好是在此问题上，在什么才是构成智慧的知识这一问题上，大家众说纷纭，以至得出的结论只能是，要么没有人是有智慧的，要么唯有他们自己才是智者。但在愚拙人寻找的时候，如何能判断谁才是智慧人呢？我完全无从知道愚拙人如何能就此作出如此判断。除非人知道何为智慧的标志，他就无法靠标志来辨认智者，而愚者对智慧又处于无知的状态。智慧不像金、银等实物，你即使不拥有它们，也可凭肉眼辨认出它们来；而智慧则不同，不拥有它的人就无

---

① "照管"一词拉丁原文作 *ministerium*。
② "生育"一词拉丁原文作 *suscipiendis*。
③ "由此"一词本笃会抄本作 *a modo*，英文译本所用抄本中作 *admodum*。

法用心灵的眼睛辨认它。我们以肉体感官可触知的是从外部呈现给我们的事物,我们虽不拥有这类事物,但用肉眼也可判断出它们是属于谁的。而靠理解才能认识的是心灵内在的事物,拥有这类事物不外乎于认识它。愚者不拥有智慧,所以也无从知晓智慧为何物,因为他无法用肉眼认识它。正因不认识它,也就不拥有它,也正因不拥有它,才成为愚者。因此,人只要处于不认识智慧的状态,到哪里也无法辨认出智慧来。只要是愚拙人,就不可能凭可靠的认识找到通过顺从他们而使自己摆脱愚昧之恶的智慧人。

29. 这难题如此之大,因我们探讨的是宗教的事,所以唯有上帝才能提供解决的办法。的确,除非我们相信上帝是宗教的对象,且人类的心智是靠他扶助,否则就根本无须探求什么是真正的宗教。请问,我们如此孜孜以求,寻找的究竟是什么呢?我们盼望得到的是什么?我们渴望达到的目标又是什么?我们是否根本不相信其存在,或根本不相信与我们有关的事物呢?没有比这种想法更荒诞无稽的了。假若你认为上帝要么不存在,即或存在也对我们漠不关心,难道还会在寻求真正的宗教一事上有勇气求助于我,或者至少不认为这样做是无谓的吗?而这件事如果非常重大,乃至除非我们全心全力去寻求便无可寻见,又如何呢?假如找到答案的难度极大,只因这是对寻求者心智的操练,为使他将来能更好地领受所寻得的真理,又如何呢?有什么比这真光更悦人眼目,更使人备感亲切的呢?然而,长期处于幽暗之中的人却无法承受这真光的照耀。有什么比食物、饮料更适宜被疾病消耗殆尽的身体呢?但我们看到,正从虚弱中康复之人的饮食却受到限制,免得饮食本身使曾让病人不思饮食的宿疾复萌。这里我们指的是正从病中恢复的人。对于重病患者,我们难道不会力劝他稍进饮食吗?若非相信那样才能使自己康复,他们肯定不会勉强自己听我们的劝告。若非相信自己所寻求的事物确实存在，你何曾会有心为这值得寻求的事不惜心血与烦劳呢？正因如此，公教庞大的教导体系才规定，人们在加入教会之前，首先要劝其信。

30. 我要请问那异端（既然我们所谈论的是那些欲被冠以"基督徒"之名的异端）他能向我提出怎样的理由，让我从信回到不信上去，好像我的信是轻率之举呢？他力图让我不信，力图让我相信真宗教不存在于人间，既不相信它的存在，我也就不会去寻求它。但我想，上帝愿意向寻求者显示出真宗教是存在的，正因如此经上才写着："寻找的，就寻见。"①所以，除非我有所信，否则就不应到禁止我相信的人那里去。当初是单纯的信心把我带到他那里去，而如今我不靠知识支持的单纯信心却让他不满，难道还有比这更荒谬的吗？

31. 什么？所有异端也都劝我信基督？难道还有比他们更自相矛盾的吗？在此问题上有两个方面应追问他们。第一，我必须质问他们，他们曾经许诺的理性在哪里？他们所指责的草率在哪里？他们假设的知识又在哪里？假如没有根据而相信任何人都是可鄙的，为什么你不给我根据而期望并力劝我相信你，让我轻易地跟从你的道理呢？你的道理是否也建筑在草率的基础之上呢？我指的是因我的信而不满的人。依我自己的判断，人在尚无能力接受理性之前，借着信培育自己的心去接受真理的种子，不仅是再有益不过的，且舍此，有病的灵魂便不能康复。但是这些人既将信基督看作是该受嘲笑且是极为轻率之举，又要带领我们信基督，可见其无耻之一斑。第二，我承认自己已信了基督，且相信基督所说都是千真万确的，尽管他的话不受理性的支持。请问异端，你是要以此为出发点来教导我吗？请容我自己先想

---

① 《马太福音》7∶8。

一想（我本人未见过基督本人，因他愿意向人们显现，据这些人，甚至很多普通人说，他们都亲眼见过他），我因这些目击者的见证而建立了对基督的信仰，难道只为带着这信仰去接受你的教训吗？我知道，我所相信的只有在世上万民中得到广泛证实的报道，这些人无论在哪里，都持守着大公教会的奥秘。既然我受公教之权威的影响，相信基督的教导是有益于人类的，我又何不向**他们**，而不是别人请教基督的命令呢？依照你们的主张，我不该相信基督过去、现在都存在着，难道我能指望**你们**可以提供关于基督教导的更佳解释么？我所信是建立在有人数、说法一致和历史悠久作有力支持的报道基础之上的。而你们的人数之少，说法之混乱，出现时间之短，无人怀疑你们提不出任何权威性的东西。哪里有如此滑稽的事——"相信那些吩咐你信基督的人，然后跟我们学习基督的教导"？我又何劳如此？从让我失望又一无所学的人那里我能学到的与其说是关于基督的事，不如说是被说服不要信他；唯有从指示我信基督的人那里，我才能学到关于基督的事。那些异端与其说是大言不惭，更不如说是滑稽可笑："你信了基督，由我来教你基督的命令。"假若我不信，你就无从教我任何关于他的事，不是吗？"可是你应该信啊。"你的意思是，因你的推荐我才信基督吗？"不是，我们只是用理性带领那些已经信了的人。"那么，我为什么要信他呢？"因为关于他的报道是有根据的。"我得悉这类报道是通过你们，还是通过其他人？你们说，"是通过其他人。"也就是说，我要先相信他们，为的是让你们来教导我？若不是有朋友特别警告我根本不要接近你们，因为你们的教义害死人，我或许真会请你们来教我。你们说："他们胡说。"可是，基督是他们未曾见到的，我该在基督的问题上相信他们，而你们是他们能见又不想见的，我却不该在你们的问题上相信他们，这又是什么道理呢？你们说："你要相信经文。"

不过，这些文字①若是新出现的、闻所未闻的，又是少数人向人们推荐的，且没有理由来证实，问题就不是我们是否该相信这些文字，而是是否该相信拿出这些文字的人了。因此，若只是你们少数不知何方人士推出一些所谓的"经文"来，我就不愿相信它们。同时，你们的做法也与自己"说明理由而不是强求信"的许诺相矛盾。你们只会再次提醒我注重提供报道的人数以及报道的同一性。求你们克制为自己扬名的顽固企图和难以驾驭的欲望，还是让我求教于广大信徒的领袖们吧。我会孜孜不倦地潜心研究他们提供的经文，而不是我不知所学的人提供的文字。奉劝这些人还是回到自己的阴暗角落里，不要再以真理为名设陷阱了，你们的一切努力只是想从连你们自己都奉为权威的人那里把人拉走而已。

32. 如果他们说除非有无可置疑的根据我们就不该信基督，他们就不是基督徒。因为这正是某些异教徒对我们的攻击所在，异教徒的攻击虽愚不可及，却不自相矛盾。有谁能容忍这些自称属于基督的人，他们争辩说，在他们为愚拙人就上帝拿出一清二楚的根据之前，人们什么都不该信。但从连这些异端也相信并传授的福音记载中我们却看到，基督自己对人的要求是要信他——这信先于一切，重于一切；因为他要与之建立关系的人首先要预备自己去领受上帝的奥秘。基督行许多伟大的神迹奇事目的何在？他自己说，神迹的目的不外乎让人们能因看到而信他。基督自己曾用愚拙人的信来带领他们，你却用理性？基督曾大声疾呼，告诫人们要信他，而你们却高声嚷着反对信他。他曾经赞扬信他的人，而你们却指责这些人。其他神迹暂且不谈，若不

---

① "文字"，拉丁原文作 *scripturæ* 。

是基督以水变酒①,人们不看他的神迹,怎会只凭他的教导就跟随他?我也不能不谈到他所说的,"你们信上帝,也当信我"②,否则,对那位不让主去他家里,相信单凭主的一句话仆人的病就会好的百夫长③,我们就要说他草率了。基督借神迹给了我们一剂良药,以医治我们败坏之极的性格;他借神迹在人面前为自己赢得了权威④,借这权威而赢得了人们对他的信,借这信吸引了大批的民众,借众多见证者而拥有悠久的历史,借悠久的历史强化了宗教,乃至无论是异端花样翻新的欺骗伎俩,还是各国历来以武力镇压的蠢行,统统都无法瓦解它。

33. 因此,尽管我不能教导你,却要不停地劝你(许多人都愿意表现得有智慧,却难明白自己是否愚拙),假如你的心向往幸福的人生,就唯有竭诚地叹息流泪向上帝祈求,求他从谬误之邪恶中解救你。只要你甘心遵从上帝的教训,获得幸福人生就容易很多,他的旨意是由公教教会以其强大的权威坚守他的教训。有智慧的人是心思意念与上帝密切相合的人,他们不让任何东西离间这种团契。因为上帝就是真理。人心若不与真理相交便无智慧可言。我们无法否认,在人类的愚拙与上帝至纯的真理之间,有人的智慧居于其间。上帝将智慧赐给谁,谁就会效仿上帝。而对愚拙人来说,近旁只有智慧人作为对他有益的效法榜样。如前所述,由于人凭理性很难明白谁是有智慧的,因此上帝就有必要将某些神迹带到人的肉眼面前,因为愚者用眼多于用脑。受到权威的激发,人们的生命和习性能首先得到洁净,进而才能接受理性的认知。因此,我们既需要人作效仿的榜样,又不能寄盼望

---

① 《约翰福音》2:7—9。
② 《约翰福音》14:1。
③ 《马太福音》8:8,9。
④ "权威",拉丁原文作 *meruit*。

于人。从仁慈而满有恩典的上帝的角度看，除赐下他至为圣洁、恒久不变的智慧，使他披戴人性，以便我们依附之外，还能有什么更好的办法吗？这智慧不仅以行神迹邀请我们跟从上帝，也忍耐某些用来阻止我们跟从上帝的东西。若不是全心热爱良善，便没有人能得到那最肯定的、至高的良善；而人若惧怕肉体和时运的邪恶，便无缘达此目标。基督借着他神奇的降生和行神迹激发了人对他的爱，又借着死与复活赶走了我们的惧怕。还有他所做的其他一切——若一一列举，未免占用篇幅过长——全是为向我们显明他正是这样的，好让我们明白，上帝的慈爱是何等的长阔高深，且人类又是从何等的软弱中被上帝提升起来。

34. 请相信我，这就是对人类灵魂最有裨益的权威。这权威先使我们的头脑从世上蜗居中提升，使我们从爱世界转为爱真神上帝。也唯有这权威能激发愚拙人朝着智慧疾行。既然我们凭自己无法明白那至纯的真理，受权威的蒙蔽就无疑是一件可悲的事，但不受激发而觉醒更可悲。若不是上帝主宰着人类事务，我们就无需为宗教枉费心思。而假如万物的外部形式使我们相信，它们必有一个至美的来源，假如我们内在的良心或在公众场合或私下里劝导我们，让每个清醒的头脑去寻求上帝、崇拜上帝，我们就不可失去这一盼望：上帝自己成为某种权威，踏着他自己这可靠的阶梯，我们就可以被提升到上帝那里去。我已多次谈过，上帝不是借着理性，因为愚拙人很难认识纯净的真理，而是通过两个途径激发我们：一是神迹，二是信徒之众。有谁否认，这两样对于智慧人来说不是必需的？但眼下探讨的是，我们如何才能变得有智慧，即如何归附于真理。这是污秽的心灵全然无法做到的，请容我就所谓"污秽"作一简明的解释：那就是恋慕上帝和灵魂之外的任何事。人越是从这污秽中得洁净，就越是能够得见真理。所以，希望以得见真理来洁净自己心灵是本末倒置的想法，因为洁净的目的是让人能看见。因此，上帝便在看不见真理的人身边树立了权威，目的是使人愿意被洁净，以适于看见真理。正如我稍前指出的那样，无人怀疑，一方面靠神迹，一方面靠信徒人数之众，才能达此目的。我所谓的"神迹"是指在为之震惊的人看来根本办不到或极不寻常的事。其中，尤其是为感官留下深刻印象的更适合于众人，泛言之，就是愚拙人。奇迹（包括神迹）又分两类：有些只是使人称奇，而有些同时又激发出人极大的感激之情和良愿。人若是见到有人在空中飞，只会感到惊愕，因为此事除观感本身之外，并未给目击者带来益处。可是，人若患了重病或绝症，有人一句吩咐便即刻使他痊愈，他对医治者的爱戴甚至会超越对自己瞬间痊愈的惊喜。披戴了真实人性的上帝向人类显现时多次行的便属后一种。他医治病人，洁净大麻风患者，使瘸子行走，使瞎眼的看见，使聋子听见。当时的人们亲眼见他变水为酒，用五个饼喂饱五千人，在海上行走，使死人复生。其中，有些是为人肉身得益而行的，赐人外在的好处；而另一些则是为人的灵魂得益而行的，赐人内在的好处。但所有神迹都是为因见证基督至高无上的权柄而使人类得益处而行的。那属天的权威当年就是这样将世人失丧的灵魂吸引到自己身边。你说，神迹何以如今不再发生？因为神迹若不神奇便无以打动人，而司空见惯的事就不再神奇。①请看，昼夜更替，四季变换，天体运行周而复始，树叶纷落又复萌，种子的生命力无穷，光之美、颜色、音韵、美味、香气各异纷呈，若有人初次看见或感知到这

---

① 参阅《订正录》第一卷，第十四章，第五节，"在另一处，我谈到我们的主耶稣在肉身中所行的神迹奇事，我这样写道：'你说，神迹何以如今不再发生？因为神迹若不神奇便无以打动人，而司空见惯的事就不再神奇。'我指的是基督当时行的那类伟大神迹如今并不全再有，并非指主耶稣如今不再行神迹。"

些，我们与之交谈便会发现，他因这些"奇事"的发生而惊讶得目瞪口呆；而我们却对这些现象早已司空见惯，不是因为我们对这些现象太容易了解（有什么比这一切的起因更难明白的呢），而是因为我们已"见怪不怪"了。所以，基督的神迹奇事最为适时地行了出来，为的是为数众多的信徒能受吸引而聚集，然后散布开去，那权柄从而能有效地作用于人们的习性。

35. 人的习性无论是怎样的，都具有左右人心思的强大能力。对于自己心中的恶念——这些恶念常因情欲过盛而生——我们反对、厌恶它容易，抛弃、改变它则难。你不认为人类对自己的状况过于漫不经心吗？你不认为不仅为数不多的饱学之士如此辩称，就连各国众多没有学识的男女也这样相信并主张：人不应将任何属地之物当作上帝崇拜，无论是可燃烧的，还是一切感官可及的事物。难道我们却要仅凭自己的理解力去寻求上帝么？人们认为禁食，甚至不应进极少的面包和水，也不应再限于白天，①而是持续数天；禁欲，甚至对婚姻生子也应不屑；忍耐，哪怕是十字架和烈火；慷慨，甚至继承来的物业也应分给穷人；最后，应完全轻看世界甚至盼望死去。但很少有人这样行，行得合宜、行得有智慧的则更少。但万民都听说、认同、拥护乃至爱戴能这样行的人，同时又责备自己软弱，不能这样行，这表明他们并非无心寻求上帝，也并非没有某些善德的火花。之所以如此是因上帝赐福，这祝福的赐下是借着先知的预言，借着基督道成肉身、他的教导，借着使徒的传道旅程，借着殉道士受辱、背十字架、流血牺牲，借着圣徒值得夸赞的生命……一切都应时地借着配称为伟大奇迹的事件和信德发生了。当我们因此看到上帝的大能帮助，看到它产生如此巨大的

---

① "白天"，拉丁原文作 quotidiana，即从清晨到傍晚的时段。

进展和果效时，难道还要怀疑是否应将自己置于他的教会怀抱之中吗？大公教会高居权威的顶峰，她自使徒督导的时代起①，经各位主教的接替②，甚至使全人类都归信基督。众异端潜伏于教会四围徒然地诋毁她，同时也受到异口同声的谴责，部分来自于万民的评判，部分来自于公教会议举足轻重的影响力，部分来自于神迹之壮观。因此不情愿承认公教会主导③地位的人不是极大的不虔不敬，就是狂妄。假如唯有信才能预备人的智慧和心灵去运用理性，此外没有可靠之路，那么，还有什么比抗拒权威更能表现出对上帝以极大代价提供的帮助不知感恩的呢？如果任何一门学问，无论它如何简单且微不足道，都需要经教师或师傅的传授才能真正掌握；对于充满属天奥秘④的圣经书卷，还有什么比不向教师、师傅学习解经却无端指责他们无知的人更表现出十足的鲁莽和傲慢呢？

36. 至此，假如不管我上述说理还是论述以何种方式感动了你，假如你真正关心自己（我相信如此），就希望你听我的忠告，带着敬虔的信心、活泼的盼望和单纯的爱，将自己托付给大公基督教会的优秀教师们；而且你要不停地向上帝祈求，仅仅是因上帝的慈爱我们才被造成人，仅仅是因他的公义我们才为自己的罪受罚，也仅仅是因他的仁慈我们才得赦免。在教会里，你永远不会感到缺少最有学识的真基督徒的教导、论述，各种书籍，以及安静默想的机会，借此你不难寻见自己孜孜以求的真理。你要完全抛弃那些喋喋不休的邪恶之徒，（我还能

---

① 此处作者所指，明显是使徒在普遍意义上的督导地位。圣西普里安的 *On the Unity of the Church*（§3, 4. 见牛津译本 p. 134 及注解）一书对此有所阐释。
② "接替"一词拉丁原文为复数形式 "*successiones*"。参阅 Con. Faustus, b. xiii. （第十三卷，第十三节；第三十二卷，第十九节；第三十三卷，第六、九节）。
③ "主导"，拉丁原文作 *primas*。
④ "属天奥秘"，拉丁原文作 *sacramentorum*。

用什么更温和的字眼来称呼他们吗?)他们过多地探寻邪恶之源,因而找到的只有邪恶。他们时常唤醒听讲者探讨这一问题,在后者被唤醒之后,他们却向听讲者传授有害的东西,在他们所讲的内容上,人们与其觉醒,不如永远沉睡。他们使昏睡变作狂乱,两者虽都是致命之疾,而有所不同的是,昏睡者死而不危害他人,而狂乱者却对许多健康人构成威胁,尤其是对那些想要扶助他的人。上帝既不是邪恶的创造者,也从不因自己所为而懊悔,他的心也从不被情绪的狂潮困扰,他的国度也不是地球的某一小部分;上帝既不赞同或操纵罪与恶行,他口中也从无谎言。摩尼教曾经就是用对旧约如此可怕的攻击来影响我们,他们攻击说旧约的教义体系与上述结论正相反,这种指控全是无中生有。姑且说他们责难是对的,可我后来发现的是什么呢?你只能认为,它们是受到攻击,但大公教会的教义体系却不受攻击。因此,在他们当中学来的真实的东西我就持守,虚假的我就排斥。但大公教会教我的内容有许多对那些冷血、粗俗的人来说是遥不可及的,即上帝不是物质的,他的任何部分都不能为肉眼所见;上帝的本体或性质无论如何都是恒久不变的,不是组合或塑造而成的。假如你认同于此(因为我们无法把上帝想成别样的),摩尼教的一切说辞就都被推翻了。但是,何以上帝既未生发也未造出恶,却没有任何性质或实体不是上帝生发或创造出来的,他又使我们从邪恶中得自由呢?所有这些都被理性必然地证明了,无可置疑。人要有善意,又有敬虔、和平的心,就定能明白如此深奥的事,尤其是对你以及与你同类的人来说。若没有这样的属灵素质,人对于如此命题则根本无法明白。而且这不是子虚乌有的杜撰,也不是只能满足幼稚人而非睿智人视听和心灵的波斯童话。真理完全不像摩尼教低能地认为的那样。不过,由于我的这篇论文早已超过了预想的篇幅,我还是就此结束本书的内容为好。

希望你记住，我尚未真正开始批驳摩尼教及其谬论，也尚未就公教教会加以全面阐述。本书的目的仅在于，尽我所能从你内心根除摩尼教曾对我们的影响——他们有关真正的基督徒的言论既恶毒又无知，完全是不实之词——同时也为促使你学习某些伟大的属天真理。所以，我们让本书停留在现有的形式，到你的心灵更平静的时候，或许我就可以论及其余的问题了。①

---

① 参阅《订正录》第一卷，第十四章，第六节。"在该书的末尾处，我写道，'不过，由于这篇论文……'等，此处，我的意思不是说以前从未对摩尼教进行过批驳，或未就大公教会的教义作过阐述，我此前发表的诸多著述都是见证，证明我在两个问题上均未保持沉默。此处的意思只是说，在这本写给他的著作中，我尚未着手批驳摩尼教及其荒谬论点，也尚未着手向他展示公教会的不寻常之处。我希望的是，有了这一起点，我就可以为他写其余的内容了。"

论信那未见之事

英译本导读

珀逊·尼奇拉

奥古斯丁在《致达里乌·克米特（Darium Comitem）的信》中提到此短篇论文。论文写于公元399年以晚，那一年霍诺留颁行了本文10.中所提到的废弃偶像的法律。论文各段概要如下：

1. 奥古斯丁在这篇基督教护教短文中首先指出，在有些人看来，对于基督教的信仰人们只应付之一笑，因为基督徒所信的是看不见的事。然而，有很多事人虽不能眼见，却依旧相信并明知其存在。

2. 人看得见呈现在眼前的事物，却只能用心灵本身去观看自己的意愿和思想，因为这些是藏在人内心里的事。而且人也无法看见他人的内心活动。作者问道，若然如此，你又如何能回应别人的善意呢？因为你无法看见别人的心意。人可以从别人的言行中看到其善意，却无法看到这善意本身，但仍相信自己一生并非没有友情相伴。而对方也指望自己的美意得到回应。换言之，朋友双方都指望自己的情意得到回应。

3. 人们可以这样说，尽管他看不到别人的心，却相信自己的朋友，这是因为他考验过这位朋友，证明他在危险中也没有抛弃自己。但假若有人为了证实朋友的友情而甘愿置身于险境之中，那说明他在考验、证实朋友的友谊之前，早已相信他的友谊了。我们相信朋友的良愿，哪怕他们对我们的善意没有经过证实。我们是相信，而不是看到他们对我们的善意。

4. 若要从人类事务中将此信心抽去，极大的无序和可怕的混乱便会接踵而来。人与人的友谊将会消亡，因为他们无法相信相互的善意。婚姻也将因此消亡，原因是夫妻彼此看不到对方的爱，从而无法相信彼此的情感。同样的情形也会影响到亲子关系以及其他亲缘关系。人若不相信自己看不见的善意和爱情，人类事务将会陷入无序的状态之中。还有许多其他事物，我们尽管不能眼见却相信其存在，如发生在过去的历史中或者我们不曾亲往的地方的事件。假若凡不能见的事，人就都不相信，人类社会则会消亡。正因如此，作者写道："对于眼不能见的属天之事，岂不更需要信心吗？"

5. 朋友善意的证据或许存在，但人却无法将它显示给别人看。证据虽看不见，但仍应相信其存在。奥古斯丁驳斥所谓"凡看不见的就不该信"的原则。他说，那些说我们毫无根据地信基督的人是错误的。奥古斯丁提到耶稣基督的家谱，他从童贞女而生，以及基督是以马内利（即"上帝与我们同在"）。人若愿意相信这是上帝降生，就不会怀疑童女生了子。作者援引《诗篇》14：6—17并写道，基督喜爱公义，恨恶罪恶。这就是为什么上帝用"喜乐油"膏了他。这是属灵的膏油，上帝以此膏了上帝，父用油膏了子。圣油（Chrism）和基督（Christ）都是由此而来，基督意思就是"受膏者"。

6. 之所以说不可见的事却可以相信，也因为关于基督的事早有预言，而且这些预言——应验了。

7. 耶稣的降生、受难、复活、升天均为犹太地的信徒亲眼所见。旧约对耶稣也有预言，还预言了他生平的许多特征（以赛亚书7：14；

创世记22：18；诗篇2：7、8；22：16、17、27、28，等等）。这些都是现在的人所不能见的，因为过去的事不能重演，但是人可以看见眼前基督的教会，经上就这教会写道，列国人都必将聚集到主上帝这里（耶利米书6：19）。他们不是凭着行走到上帝这里来，而是因着信而发现上帝就在他们心里。这些发生在教会里的事是人人都可看见的。

8. 奥古斯丁发现在教会与朋友的心意上存在着共同之处，朋友的心意虽不能见，却通过可见的标记而使人相信。教会是人人可见的，她所标志的是我们不能见的事。这些事在圣经中都已指明或有预言。这样，教会就是"往事的标记，未来的通报"。奥古斯丁列举了一系列将要来临的事，如大审判之日和死人复活。他说早先和末后的事是我们不能见的，而我们却能看见两者之间的事。先知们对这一切都有预言。由于我们看到两者之间的事应验了，从而可以相信这些事，那么我们相信先前和将来的事也是合乎逻辑的，因为先知们预见过去、未来之事和预见两者之间的事，其方式并无二致。

9. 犹太人读不懂圣经以及他们将基督钉在十字架上，也是先知早有预言的。

10. 奥古斯丁指明了如下事实：基督教正迅速向列国扩展，假神已被废止，基督的门徒为忠实于真理而不惜一死。正因如此，即便先知们没有这样说，人们也应相信基督就是上帝。然而，先知们预言了耶稣基督的神性。基督教的传播也在《诗篇》19：3、4中作了预言。尽管我们未能见到耶稣基督，却看到了这些事的应验。只有癫狂之人才不愿信这预言了遍及世界之信仰的神圣经文。

11. 奥古斯丁鼓励信徒让自己的信心不断增长，因为世界上的事多年前就有预告，永恒的事同样要像上帝所应许的那样兑现。作者警告读者，不要受异端或满是谬误的犹太人的蒙蔽。

正 文[*]

1. 有些人认为，基督教信仰只当付之一笑而不应信守。理由是，它指示给人们的内容是眼所不能见的，却要求人们信这些未见之事。在驳斥这些自以为头脑清醒而不见不信之人的同时，我们虽无法向人的视觉展示出所信的属天之事，然而却能向人的内心表明，基督教信仰的内容虽然眼不能见，却是应当信的。那些人的愚昧如此受制于自己肉体的眼睛，乃至凡眼不能见的，他们就认为不应当信。我们首先应提醒不见不信之人的是，有多少肉眼不能见的事，他们不仅相信，而且知道。其他暂且不论，只是在我们心里（这心灵的性状如何就是不可见的），便有多少事，我们仅凭信心去相信，或凭头脑就知道自己信或不信，尽管这些事与眼睛的视觉毫不相干，然而对我们心灵的眼睛来说，却是如此明了，如此清晰，如此确定无疑。那么，我们又为何不应相信肉体的眼睛虽不能见，却在我们无法用眼的情形下，确知自

---

[*] 有人认为本文非出自奥古斯丁之手，但因奥古斯丁在他的书信第二百三十一封——致达里乌·克米特（Darium Comitem）的信中提到本文，证实它确是奥古斯丁之作。本文似乎撰于399年以晚，理由是在正文第10节中对偶像一事有所论述，是年霍诺留[①]颁行了废除偶像的法律。——引自本笃会版本

读过巴特勒的《类比法》（Analogy）的人可从本文中看出相似的思维方式。

[①] Flavius Honorius，西罗马帝国皇帝，公元393—423年间在位。——中译者

己信或不信的事呢?

2. 他们争辩说:"那些心灵里的、凭心灵本身就可知晓的事,我们无需凭眼睛得知;而你告诉我们该信的事,你既没有从外部指明,让我们靠身体的眼睛可以了解,也不存在于我们的内心,让我们凭思考就可得知。"他们仿佛是在说,只有信的对象摆在眼前,才能让他相信我们要他信的事。既然我们应当信某些不可见的世俗之事,就有理由①眼见我们所信的永恒之事了。但不管这不见不信的人是谁,请你注意,你肉体之眼可见的是呈现在你面前的物体,因你的心意和想法就在你的心里,你用心灵本身便可知其存在。那么请告诉我,你是用什么眼睛看到朋友对你的心意的呢?因为肉体的眼睛是看不到任何心意的。难道你的心也能看见别人的内心活动吗?若是看不到,看不到的又不信,你又何以对朋友的善意投桃报李呢?你是否会说,从朋友的举动中,你看到了他的心意?如此说来,你要听其言,观其行,至于你朋友的心意,这看不到、听不见的东西,你仍要去相信。因为那心意无色无形可供目击,也无音韵可供耳听,它更不是你自己的,可凭你的内心活动②去体会。那么余下的结论只能是,不是眼见,不是听到,也不是自己固有的,而是你相信自己的生活并非没有友情相伴,也并非没有不计回报的感情馈赠与你。你不是说,除非用外在的感官或内在心灵可看到的东西,你就不该信吗?请看,在你自己的心灵以外,你相信一颗并非属于你自己的心灵,且付之以信心,对那颗心,你并没有令自己的感官或心灵去观看。你用自己的感官去辨认朋友的面貌,你用自己的心去了解自己的忠诚;但除非你对朋友也报之以忠诚,你

---

① "有理由",拉丁原文作 *mereamur*。
② "活动"一词拉丁原文作 *affectione*。

对朋友的忠诚就没有感激之心。凭着你对朋友的信心，你是可以相信他心里你看不见的事物的。当然，人也可能受假善意、真祸心的蒙骗；即或他并无害人之心，只是想从你那里得好处，也是虚假的善意，因为他心里存的不是爱。

3. 但是你说，朋友的心肠你虽不能眼见，你之所以相信他是朋友，是因为你考验了他，并得知，你在处于险境时，他以怎样的态度待你，并没有离弃你，证明他是你的朋友。那么在你看来，是否为了证实朋友对我们的爱，我们非让自己受苦不可呢？是否非经逆境之苦，就没人能享受挚友之乐呢？人自己若不受痛苦、恐惧的折磨，难道真的就不能享受他人的爱吗？是否唯有不幸才能证实朋友的真伪？若是那样，有真正的朋友怎会是幸事，而不是可怕的事呢？事实上，人在顺境中也会有朋友，但这友情在逆境中可以得到更可靠的证实。不过可以肯定的是，除非你相信朋友，也不会为证实他可靠而置自己于险境；于是，在为证实友情而投身险境时，你相信他已在证实之先了。请看，我们不应相信未见之事，①可我们依然相信朋友尚未得到确证的心肠；即便我们业已用自己的不幸证实他们是良善的，我们仍是这样相信而已，而不是亲眼看见他们对我们良善的心意；除非我们的信心大到可以作出这样的判断——我们用信心之眼所见的与我们所信相符。若是这样，我们就该信自己看不见的事了。

4. 这种信心若从人类事务中剔除，人类就势必看到自己处于何等严重的无序状态之中，可怕的大乱也势必接踵而来。原因是，假若看

---

① 此处拉丁原文似有毁缺。本笃会藏书中一抄本作 *si non vis rebus credere*。若将此处读作 *si non vis rebus non visis credere*，其含义则为，"因为你若不让我们相信未见之事，我们就不应相信，原因是"等。

不见的就不该信,有谁能享有相互的情感,因为爱①本身就是不可见的。若是那样,所有的友谊都将化为乌有,构成友谊的只不过是人们的互爱而已。人们若不相信这爱,并将这爱表示出来,又如何可能从他人那里得到爱呢?友谊既毁灭,人们心中的婚姻关系、亲族与亲属关系也将无存,因为维系如此关系的无疑是亲密的情感。配偶因此将无法互爱,原因是夫妻都不相信对方的爱,因为爱本身是眼不能见的。夫妻也不会盼望有子女,因为不相信辛苦得回报。子女即或出生并长大,若不是信心当受赞扬,而不是受轻率的责备,父母更不会去爱自己的子女,因为子女心中对他们的爱也是看不见的,因为爱本来就是不可见的。假若别人的爱是不肯定的,别人的心意应受怀疑,以至子女对父母、父母对子女不能互相予以应有的亲情,我又何须谈论其余的关系,如弟兄姐妹、女婿与岳父及其他以血缘或亲姻维系的关系呢,因为凡在别人内心不可见的既都被视为不存在,亲情爱意也不应被看作是理所当然的了。况且,这谨慎若使我们只因不能眼见别人的爱而不相信自己被爱,因而不以爱作回报,而且不觉得亏欠对方,就不再是一种能力②的标志,而是可恶的标志了。若是不见的就不该信,其危害足以使人类事务陷于混乱,甚至因不相信人的心意(心意无疑是看不见的)而彻底瓦解。那些责难我们信未见之事的人自己相信多少谣言、历史,相信多少他们未曾亲往之地的报道,我就无须赘述了。那些人休要再说"我们不信是因未曾看见"了。若是那样说,他们就不能不承认,连自己的亲生父母他们都不确知是谁。因为在这一点上,他们同样是相信了别人的说法,后者也无法向他们证明自己所

---

① "爱"一词拉丁原文作 dilectio。
② "能力"一词拉丁原文作 ingeniosa。

言是真，因为他们的父母之所以成为他们的父母早已是过去的事了。对于当时的事人们自己无从知觉，却又确信不疑地听信他人对往事的说法，若非如此，就难免导致对父母因不信而不敬了，然而，我们总是在相信这种不可见的事上显出草率。因此，我们若果真不见不信，连人类社会本身都会因和谐的丧失而无以存在，那么对于眼不得见的属天之事，岂不更需要信心么？对这些事若没有信心，就不再像背离张三李四的友谊那样简单，那样，人违背的是与其创造者之间生死攸关的敬虔关系，继而来之的则是灭顶之灾了。

5. 你会说，"朋友对我的善意虽不能见，却能从许多证据中推测出来；可是你想让我信的东西既不能见，你也没有证据显明。"与此同时，你承认因有着某些清楚的证据，有些事即使看不见也应当信，这是不容忽视的。因为，我即或像这样同意此说——即未必凡未见之事都不可信——所谓"凡不可见的就不该信"之说也因而不再站得住脚，被撇弃，被推翻了。他们实在是受了很大的蒙蔽，认为我们毫无有关基督的证据却又对他深信不疑。还有什么能比那些曾经预言、后又应验了的事更是明证的呢？你若认为关于基督的未见之事没有证据，因此你不该信，那就请你留意可见的事吧。教会她自己出于母亲之爱对你这样说：从整个世界，你都吃惊地看到我结出果子，不断增长，过去的我可不是你现在看见的这样。经上说："地上万国都必因你的后裔得福。"①上帝在祝福亚伯拉罕时，就作出了关于我的应许，因为我所遍及的万国都在基督的恩福之中。这基督就是亚伯拉罕的"后裔"，基督的家谱可以作证。简言之，基督的家谱显明，亚伯拉罕生以撒，以撒生雅各，雅各生了十二个儿子，以色列民族就是从他十二个儿子繁衍

---

① 《创世记》22：18。

而来，因为上帝赐名给雅各叫"以色列"。在雅各所生的十二个儿子之中，有一个儿子叫犹大，"犹太人"的名字便是由此而来，童贞女马利亚系犹太人所生，基督又是马利亚所生。看啊，正是在基督里——亚伯拉罕的后裔——万国都得福，你对此却要大惊小怪么？这基督是你本应唯恐不信的，你却仍然怕信他？或者你怀疑，或拒绝相信他从童女而生，你本应相信唯此才是上帝降世为人的方式。因为你们也相信先知早先的预言："必有童女怀孕生子，给他起名叫以马内利（就是'上帝与我们同在'的意思）。"①你若愿意信那生出的是上帝，就不会怀疑他是童女所生了。他没有放弃对宇宙的统治权柄，却以肉身降临到人世间。他使自己肉身母亲结果子，却没有夺去她的童贞。因为基督必须降世为人，而②他永远③是上帝，借着如此降生，他才成为为我们而降生的上帝。故此，先知还就这基督写道："上帝啊，你的宝座是永永远远的，你的国权是正直的。你喜爱公义，恨恶罪恶，所以上帝，就是你的上帝，用喜乐油膏你，胜过膏你的同伴。"④这是属灵的膏油，上帝用它膏了上帝，换言之，是父用油膏了子。这便是"Chrism"之名的由来，它源自膏油所代表的授权，我们知道这受膏者就是基督（Christ）。我就是那教会，同一篇诗篇说我要被引到王面前时，将预言之事当作已发生之事写道："有君王的女儿在你尊贵妇女之中；王后佩戴俄斐金饰站在你右边。"也就是在智慧的奥秘之中"佩戴俄斐金饰"。这诗篇对我这样说："女子啊，你要听，要想，要侧耳而听，忘记⑤你的民和你的父家，王就羡慕你的美貌，因为他是你的主，你当敬拜他。推罗的

---

① 《以赛亚书》7：14；《马太福音》1：23。
② 抄本中作 si，意即"如果"。
③ "永远"一词拉丁原文作 semper。
④ 《诗篇》45：6、7。
⑤ 中文和合本此处译作"不要忘记"。——中译者

女子必来送礼,民中的富足人也必向你求恩。王女在宫里极其荣华,她的衣服是用金线绣的。她要穿锦绣的衣服,被引到王前;随从她的陪伴童女也要被带到你面前。她们要欢喜快乐被引导,她们要进入王宫。你的子孙要接续你的列祖,你要立他们在全地作王。我必叫你的名被万代记念,所以万民要永永远远称谢你。"

6. 你难道未见这如今膝下满是子孙的王后吗？难道她没有看到先前听见的应许实现吗？这应许论到她时,如是说:"女子啊,你要听,也要看见。"难道她没有离弃世界古老的宗教崇拜吗？这应许论到她时,如是说:"忘记你的民和你的父家。"难道她没有到处认信基督为主吗？这应许论到她时,如是说:"王就羡慕你的美貌,因为他是你的主。"难道她没有看到万国万民都齐声向基督祈求、奉献吗？这应许论到这基督,如是说:"你当敬拜他,推罗的女子必来送礼。"富足人的骄傲难道不也被弃置一边,前来乞求教会的帮助吗？这应许论到他们时,如是说:"民中的富足人也必向你求恩。"难道基督没有告知王女,要她这样说:"我们在天上的父"①？她圣徒的内心难道不是在逐日更新吗？这应许论到他们时,说:"王女在宫里极其荣华",而她因自己传道者的声名,在外部也光耀夺目②,正如"用金线绣的……锦绣衣服。"如今基督的美名难道没有因他的馨香之气③而遍传天下吗？童女也被带到他面前预备成圣,这应许论到他,并对他说:"随从她的陪伴童女也要被带到你面前。"而且她们并没有像囚犯那样被带到他面前,诗人说:"她们要欢喜快乐被引导,她们要进入王宫。"这王后难道没有生养出众多的子孙吗？就他们而言,她或许有列祖,她要将这列祖

---

① 《马太福音》6:9;《哥林多后书》4:16。
② 本笃会版本中 *fulgentes* 一词为连接词 *fulgente*。
③ 《雅歌》1:3。

当作她在世界各地的首领，这应许对她说："你的子孙要接续你的列祖，我要立他们在全地作王。"他们的祷告是她作为母亲所称赞的，这祷告举荐自己的母亲，并以她为主题："我必叫你的名被万代记念，所以万民要永永远远称谢你。"因列祖在传道中从不间断地讲说她的名之缘故，难道在她里面没有召聚起如此广大的人群，不停地用自己的口对她发出感恩吗？这诗篇对她说："我必叫你的名被万代记念，所以万民要永永远远称谢你。"这些事难道不是再清楚不过地显明了吗？以至仇视教会的人无论将自己的视线移向哪里，都会清楚地看到如此景象，从而不得不承认一个明显的事实：你也许不无理由地声称没有人为你们显示证据，见了证据你才能信那些你不得见的事；但是你明明可见的那些事，岂不是很久以前就预言，并明显应验了的吗？真相难道不是清楚地向你显明，前有预言、后有成就①吗？余下不信的人啊，这都是为了让你能信那未见之事，并为自己所见之事赧颜。

7. 那教会对你说："请你留意我。"尽管你不情愿看见，你仍要留意你能看见的我。因为基督奇妙地从童贞女降生、受难、复活、升天，以及凡他来自上帝的言行，都是当时犹太地的信徒亲眼所见，都是他们知晓的。那些事你未见，故此拒绝相信。那么，就请你看这些事，用心思考你见到的一切吧。这些不是别人对你讲述的过去之事，也不是对你预言的将来之事，而是摆在你眼前的。怎么？全人类都争相投奔到那被钉十架者的名下，这属天的奇迹在你看来竟是了无意义或无足轻重，你竟认为这是微不足道的小事一桩？你未曾见旧约"必有童女

---

① 预言既可以说是"应验"（effect）了，也可以说是"成就"（fulfillment）了，若将拉丁文中的 vo-bis 读作 verbis，其文义则是："很显明，前有言，后有果。"奥古斯丁《论诗篇第 45 篇》（On Psalm 45）中对此有进一步的讲解。

怀孕生子"①的话,是就基督降世为人的预言和成就吗?可是你看到"地上万国都必因你的后裔得福"②的话,对亚伯拉罕这样预言,也这样成就了。你未曾见就基督奇妙作为的预言"你来看主的作为"③如何应验?可是你看到曾如此预言的事:"耶和华曾对我说:'你是我的儿子,我今日生你。你求我,我就将列国赐你为基业,将地极赐你为田产。'"④你未曾见关于基督受难的预言及其成就:"他们扎了我的手、我的脚。我的骨头,我都能数过,他们瞪着眼看我。他们分我的外衣,为我的里衣拈阄"⑤;可是你看到同一诗篇所预言的,如今明显地应验了:"地的四极都要想念耶和华,并且归顺他;列国的万族都要在你面前敬拜。因为国权是耶和华的,他是管理万国的。"⑥你未曾见关于基督复活的预言之成就?诗篇曾以他的口吻就他的出卖者和迫害者写道:"他来看我就说假话,他心存奸恶,走到外边才说出来。一切恨我的,都交头接耳地议论我;他们设计要害我。"⑦此处,为表明那些人徒然杀害了那即将复活者,他接着又说道:"他们说:'他已躺卧,必不能再起来。'"⑧稍后,他预言了他的出卖者(这内容也写在福音书中),说:"吃过我饭的,也用脚踢我。"随后又补充道:"耶和华啊,求你怜恤我,使我起来,好报复他们。"⑨基督睡去又苏醒——即复活——也应验了,他借另一诗篇中的同一预言说道:"我必安然躺下睡

---

① 《以赛亚书》7:14。
② 《创世记》22:18。
③ 《诗篇》46:8。
④ 《诗篇》2:7、8;《希伯来书》1:5;5:5;《使徒行传》13:33。
⑤ 《诗篇》22:16—18;《约翰福音》19:23、24。
⑥ 《诗篇》22:27、28。
⑦ 《诗篇》41:6、7。
⑧ 《诗篇》41:8。
⑨ 《诗篇》41:9、10。

觉，因为独有你耶和华使我安然居住。"①但这些你都不曾见，可是你见到他的教会，就这教会，同样方式的预言也应验了："耶和华啊，列国人必从地极来到你这里，说：'我们列祖所承受的，不过是虚假，是虚空无益之物。'"②这些事无论你是否情愿，都看到了。即便你仍相信那些偶像是（或曾是）有益的；你必定看到无数外邦人离开、丢弃或粉碎了那些虚空之物，正如旧约所说："我们列祖所承受的，不过是虚假，是虚空无益之物。人岂可为自己制造神呢？其实这不是神。"③你没有想到万国必要聚集到上帝的一个处所是早已有预言的吗？这预言说："列国人必从地极来到你这里。"你若有头脑就要明白，基督徒的上帝就是至高的真神上帝，列国的人并非凭走路，而是凭着信而到他这里来。请看，另一位先知预言了这一景象，他说："耶和华必向他们显可畏之威，因他必叫世上的诸神瘦弱，列国海岛的居民各在自己的地方敬拜他。"④但是，一位诗人说："列国人必从地极来到你这里"；另一位说："列国海岛的居民各在自己的地方敬拜他。"由此可见，他们到上帝这里来，并非指离开自己的家乡，因为一旦信了他，他们会发现上帝就在他们心里。你不曾见就基督升天的预言是如何成就的，那预言说："上帝啊，愿你崇高过于诸天。"⑤可是你看到了这诗篇紧接着便谈到的事："愿你的荣耀高过全地。"就基督所预言的那些事都已发生，并过去了，你都不曾见到，可是当下发生在他教会里的事，你不否认你已看到。我为你指出的过去和现在的事都是早有预言的，但两者的成就我则无法尽都指给你看，因为我无法再现过去发生的事。

---

① 《诗篇》4：8。
② 《耶利米书》16：19。
③ 《耶利米书》16：19，20。
④ 《西番雅书》2：11。
⑤ 《诗篇》108：5。

8. 但是，正如人借可见的记号而相信朋友不可见的心意一样，如今可见的教会也是一切未见之事的记号，然而这些事却在古老的书卷中指明了，而且书卷对教会本身也作了预言，她是往事的标记，也是未来的报信者。因为如今不再可见的往事与现今无法看见全貌的事，在先知预言这些事的时代，没有一件是可见的。因此，自从这些事开始如预言的那样应验之日起，就基督和教会所预言的，从已发生的到正在发生的，就这样依应有的顺序接连发生了。属于这序列的尚有关于大审判之日的，关于死人复活的，关于属魔鬼的不敬不虔者受永刑的，关于属基督的敬虔者的受永远赏赐的，诸如此类已预言之事尚未到来。我们既亲眼见到为过去、将来之事作见证的两者之间的事，为什么不应信我们未见的过去的和将来的事呢？而在先知书中，就先前的事，两者之间的事，及末后的事，我们都听到或读到了早先有关的预言。除非不信的人判断那些预言都是基督徒所写，为的是让自己所信之事更具权威性，让人将这些看作是事发之前就有应许的。

9. 他们若对此有所怀疑，就请他们去仔细考察敌视基督教的犹太人的圣经抄本①吧。请他们在其中读一读我们提到过的内容吧，这些内容预告了我们所信的基督的事，也预告了有关教会的事，我们从中看到这信仰艰难的起点，直到天国永恒的祝福。但请他们在读这些经文时，不要因这些书卷的拥有者不解其意而见怪，是他们仇视的态度使他们一叶障目。他们不会明白是同一批先知早年预言的，是必然要像其他预言一样成就的，而且经上帝隐藏而公正的审判，他们必定受到应有的惩罚。那位他们钉在十字架上，又拿苦胆调和的醋给他喝的基督，虽被钉在十字架上，却因他本要从黑暗引向光明之人的缘故，对

---

① "抄本"，拉丁原文作 *codices*。

父说："赦免他们！因为他们所作的，他们不晓得。"①又因鉴于更隐藏的原因要离弃他之人的缘故，他借先知很久以前就预言说："他们拿苦胆给我当食物；我渴了，他们拿醋给我喝。愿他们的筵席在他们面前变为网罗，在他们平安的时候变为机槛。愿他们的眼睛昏蒙，不得看见；愿你使他们的腰常常战抖。"②于是，他们就带着对我们所信之事的清楚见证，昏蒙地四处漂流，靠着他们，那些见证将会得到证实，在这些见证中，他们自己却不被接纳。因此，上帝的安排是，为免使这些文献佚失，犹太人的群体没有被涂抹掉，而是让他们携带着赐我们恩典的预言流落到世界各地，以更大的说服力说服不信的人，使我们在各地都受益。即便是就我所说的这件事，你也要按照先知预言的领受，这位先知说："不要杀他们，恐怕我的民忘记。求你用你的能力使他们四散。"③因此，犹太人未被杀绝，是因为他们没有忘记所读、所听到的事。假若他们彻底忘记了自己读不懂的圣经，在犹太人自己的礼仪中他们就会被灭尽了；原因是，犹太人若对律法、先知书一无所知，就无法对我们产生益处。所以他们没有被杀绝，而是四散他乡。这样，他们虽不信自己本可赖以得救的事，却将对我们有帮助的事保存在他们的记忆里。在他们的书卷中，他们是对我们信仰的支持者；在他们的内心中，他们是我们的仇视者；在他们的抄本中，是为我们所作的见证。

10. 即令先前没有关于基督和教会的见证，当我们看到上帝之光出人意外地照亮人类（如今假神被离弃，它们的神像在各处被打碎，它们的神庙被推倒或改作他用，诸多虚妄的膜拜从人们的积习中被根

---

① 《路加福音》23：34。
② 《诗篇》69：21—23。
③ 《诗篇》59：11。

除），在万民都跪拜唯一的真神上帝之时，有谁能不为之所动而归信他呢？上述事的发生，是这样一个人导致的，他被人戏弄、捉拿、捆绑、鞭打、猛击、辱骂、钉十字架、杀害；他的门徒——此人从平民百姓①中拣选了一些无知的渔夫和税吏，并借他们传他的福音——传讲他的复活、升天，他们断言这一切是他们亲眼所见，而且他们被圣灵充满，用从未学过的语言传扬这福音。那些听到他们传福音的人，一部分信了，一部分不信，且激烈地对抗这些传讲者。福音的传播人在宁为真理而死却忠实自己的信仰的同时，不以恶报恶，而是百般忍耐，不靠击杀别人，而是靠被杀取胜。整个世界因此而归信这宗教，必死之人的心——无论是男是女，无论是小人物还是大人物，无论学富五车者还是目不识丁者，无论是智者还是愚者，无论是强壮的还是软弱的，无论是贵族还是贱民，无论是有地位的还是没有地位的——都向这福音回转。教会在万民中如此兴旺壮大，乃至如今反对公教信仰本身的顽固集团、各种谬误兴起对抗基督教真理，无不打着基督的旗号；上帝若不是借这些对抗者给我们有益的操练，就不会容他们的谬误在世界上萌生出来。纵使上帝让整个先知书都在预言这样的事发生，那被钉十字架的若不是披戴人性的上帝，岂能有如此之大的效能呢？但上帝之爱的极大奥秘既然早有先知和报信的预言在先，借着他们来自上帝的声音，这些事早已作了宣告；当事情正如先前宣告的那样应验了的时候，有谁又如此愚蠢地硬说使徒就基督所言是不实之词呢？使徒所传的基督降临的方式正如先知早年预告的那样，先知们也没有就使徒缄口不言。在谈到使徒时，先知们说："无人听不到他们的声音和言

---

① "平民百姓"，拉丁原文作 *idiotas*。

语,他们的声音遍及天下,他们的言语传到地极。"①不管怎样说,我们看到这话在世上应验了,尽管我们未能亲眼见过成为肉身的基督。因此,有谁不愿信赖那预告了世界性之信仰的圣经呢?除非他是因癫狂而瞎了眼,或是因顽梗而硬了心。

11. 而亲爱的弟兄,你拥有这信仰,或刚刚获得这信仰。你要让这信仰在你里面得到滋养、得到增长。因为早年上帝预言的世间之事如何应验,他所应许的永恒之事也将如何应验。不要让一些人哄骗你,不管是虚妄的异教徒,谬误的犹太人,诡诈的异端,抑或公教内部的不良分子,后一类仇敌越是在我们中间,贻害就越大。为免使软弱之人在此问题上受困惑,上帝的预言也没有就此默不作声。在雅歌里,那新郎对新娘说,也就是主基督对教会说:"我的佳偶在女子中,好像百合花在荆棘内。"②他说的不是"在外人中",而是"在女子"(daughters)中,并且"有耳可听的,就应当听。"③正如那圣福音所言:"网撒在海里④,聚拢各样水族,人就拉上岸来";意思是说,到了世界末后的日子,好鱼要将自己从恶鱼中分别出来——从内心而不是从形式上,靠的是改变恶习而不是让那圣网破裂——免得如今已受上帝接纳的人混同于他所弃绝的,到网拉上岸分拣时,发现自己得到的不是永生,而是永远的刑罚。

---

① 《诗篇》19:3、4。(中文译文依照英文 New Revised Standard Version 圣经。——中译者)
② 《雅歌》2:2。
③ 《马太福音》13:9。
④ 《马太福音》13:47—50。

译 后 记

若说曾有一人在奠基西方思想文化体系中起到了无可比拟的作用，那么，此人非奥古斯丁（Aurelius Augustinus, 354—430）莫属。奥古斯丁所奠基的思想体系一千六百年来深刻地影响着世界生活的各个领域，其核心主要体现在神学思想上。奥古斯丁对世界的影响乃是这核心结出的硕果。

19世纪著名神学家希德（William G. T. Shedd）称本书所载《论信望爱》等六篇教义论文——连同《三位一体论》（On the Holy Trinity）——为"奥古斯丁最重要的教义著作，可向读者呈现出基督教教义的概貌。"[①]这六篇论文篇幅不长，然而信徒却可从中系统地了解自己所信，非信徒亦可从中知晓基督教信仰生命力的源头之所在。

奥古斯丁在教义上的寻求，是建立在他对上帝本身的寻求以及对圣经启示的笃信之上。奥古斯丁虽博学长思，但他认为："人类的真正

---

① Nicene and Post Nicene Fathers of the Christian Church, Vol. III, Preface.

智慧是敬虔。"①言外之意，人类只有敬畏造物主，才能获得有益的知识、判断和创造力。他认为人的理性思维能力是上帝所赐，但若脱离对上帝的信仰，人的理性则难免陷入邪僻与谬误。②若说作者的如此见地系他博大精深背后的底蕴，而他的博大精深又大大地促进了千百年来西方，乃至世界文明的长足进步，那么今天，他的见地或许亦有引发我们国人深思的余地。

本书为译者留下的另一深刻印象是奥古斯丁对真理的热爱与执著追求。他说："我立志只为真理而活。"③他认为真理是人类福祉的根本所在，若没有真理，人就只能在自己的肉体中焦虑不安。本文集中各篇是作者就基督教信仰之真相的真诚探求、阐发、教导、争辩的结果。耶稣所谓"寻找的就寻见"④，想必是指奥古斯丁这般专诚寻求真理的人。

从本文集中，读者也不难看到这位伟大思想家的拳拳爱心。无论他的受书、教导对象是友人（如《信之功用》），还是素不相识的求教者（如《论信望爱》及《论信经》）；无论他面前的是来自各教会的主教（如《论信仰与信经》），还是贩夫走卒，甚至是带着错误、虚假的动机前来受教的人（如《论向初学者传授教义》），他的"爱心都是相同的"，同样愿意付出自己的"谦卑与劳苦"，而且"满心欢喜地接受使命"⑤。他解释个中原因说："主若责令我为他使之成为我弟兄的人提供任何形式的帮助，以操练我藉主的丰富所获得的能力，我就感到责

---

① 《论信望爱》第二章。
② 参阅《信之功用》。
③ 《信之功用》第四节。
④ 《马太福音》7：8。
⑤ 《论向初学者传授教义》第十五章，第二十三节。

无旁贷。"①他认为他的爱心来自于"圣灵浇灌在我心中的上帝之爱"②。

奥古斯丁生于北非的塔迦斯特城,该城当时属罗马帝国的领地。除种种其他影响之外,从奥古斯丁父母的身上,我们可约略看出这位伟大思想家是如何造就而成的。他的母亲是一位虔诚的基督徒,在他曲折的成长过程中,他的母亲曾多次为他流泪代祷。奥古斯丁虽曾一度放弃自幼的信仰,生活放荡,但他同时也渴求真理。最终,在他归向上帝的意志与肉体的私欲激战之时,一个孩童的唱诵声音催促他打开圣经来读。他读到的经文又恰好是:"不可荒宴醉酒,不可好色邪荡,不可争竞嫉妒;总要披戴主耶稣基督,不要为肉体安排,去放纵私欲。"③这经文使他摆脱了沉沦,回到了上帝面前。而这奇异的经历后来成为他的自传体祷文《忏悔录》中的经典章节。④由于奥古斯丁的父亲坚持让儿子接受最好的罗马式教育,奥氏自幼在文学、历史、哲学、拉丁文、修辞学等方面都打下了坚实的基础,他在少年时代就表现出在古典文学与修辞学上的出众天分。学成后,他在迦太基、罗马、米兰等地教授修辞学。然而,正是在他归入基督并获得新生后,才写下了涉及诸多领域而影响深远的众多著作和讲章。

本书译自沙夫（Philip Schaff）编纂的题为《尼西亚会议时期及后尼西亚会议时期基督教教父文集》第三卷的前半部分——《奥古斯丁教义文集》。⑤该文集各篇分别由肖教授（Pro. J. F. Shaw）、萨蒙德博士（S. D. F. Salmond D. D.）及柯尼施牧师（Rev. C. L. Cornish）于19

---

① 《论向初学者传授教义》第一章,第二节。
② 《论向初学者传授教义》第十四章,第二十二节。
③ 《罗马书》13：13—14。
④ 《忏悔录》VIII. Xii, 28—30。
⑤ 见320页注1。

世纪后半叶自拉丁文译成英文。该文集原载有七篇论文,其中的第一篇《三位一体论》的中文版已另行翻译出版。

在翻译如此性质的一本文集时,译者深感自己的才疏学浅。但若因此而推托,使国人失去或晚得相信可随这本著作而来的福分,译者也深觉有愧于国人。剩下的只有竭诚努力,力图将作者所阐发的思想内容和信息尽可能准确地转呈给中文读者。若发现译文有误或欠妥之处,请读者不吝赐教,以便再版时加以修正。

六篇中的《论信望爱手册》一文的翻译多处参考杨懋春的同名译作,①在此谨致诚挚的谢意。

许一新

2009 年 4 月

---

① 收于《奥古斯丁选集》,香港基督教文艺出版社,1996 年版。